清华大学优秀博士学位论文丛书

# 智能治理与公众认同：
# 城市大脑的社会合法性研究

魏钰明（Wei Yuming）著

Intelligent Governance and Public Recognition:
The Social Legitimacy of the City Brain

清华大学出版社
北京

## 内容简介

本书从我国地方政府利用城市大脑开展的智能治理实践出发,通过对公众认同形成过程的探究,揭示了个人素质、技术嵌入与政府声誉建构行动影响公众主观感知,进而推动城市大脑社会合法性形成的路径,回答了一系列具有现实紧迫性的公共管理问题:在智能治理日益风行的今天,哪些因素会影响到公众个体对于智能治理社会合法性的判断?在政府试图构建智能治理社会合法性的努力中,又有哪些行动更容易取得预想效果?

版权所有,侵权必究。举报: 010-62782989, beiqinquan@tup.tsinghua.edu.cn。

图书在版编目(CIP)数据

智能治理与公众认同:城市大脑的社会合法性研究/魏钰明著. —北京:清华大学出版社,2023.10(2024.7重印)
(清华大学优秀博士学位论文丛书)
ISBN 978-7-302-64557-3

Ⅰ. ①智… Ⅱ. ①魏… Ⅲ. ①智慧城市—城市管理—研究—中国 Ⅳ. ①C912.81

中国国家版本馆 CIP 数据核字(2023)第 178053 号

责任编辑:商成果
封面设计:傅瑞学
责任校对:薄军霞
责任印制:刘海龙

出版发行:清华大学出版社
    网　　址:https://www.tup.com.cn, https://www.wqxuetang.com
    地　　址:北京清华大学学研大厦A座　　邮　　编:100084
    社 总 机:010-83470000　　邮　　购:010-62786544
    投稿与读者服务:010-62776969, c-service@tup.tsinghua.edu.cn
    质量反馈:010-62772015, zhiliang@tup.tsinghua.edu.cn
印 装 者:三河市东方印刷有限公司
经　　销:全国新华书店
开　　本:155mm×235mm　　印　张:20.5　　字　数:356千字
版　　次:2023年10月第1版　　印　次:2024年7月第2次印刷
定　　价:119.00元

产品编号:096739-01

献给我的母亲

本书得到了科技创新2030"新一代人工智能"重大项目"人工智能综合影响社会实验研究"(2020AAA0105400)、国家自然科学基金创新研究群体项目"中国公共政策理论与治理机制研究"(71721002)、中国科协高端科技创新智库青年项目"新兴科技伦理治理'社会实验'路径研究"(2021ZZZLFZB1207001)、清华大学"水木学者"计划(2021SM089)以及"清华大学优秀博士学位论文丛书"出版项目的支持。

# 一流博士生教育
# 体现一流大学人才培养的高度(代丛书序)①

人才培养是大学的根本任务。只有培养出一流人才的高校,才能够成为世界一流大学。本科教育是培养一流人才最重要的基础,是一流大学的底色,体现了学校的传统和特色。博士生教育是学历教育的最高层次,体现出一所大学人才培养的高度,代表着一个国家的人才培养水平。清华大学正在全面推进综合改革,深化教育教学改革,探索建立完善的博士生选拔培养机制,不断提升博士生培养质量。

**学术精神的培养是博士生教育的根本**

学术精神是大学精神的重要组成部分,是学者与学术群体在学术活动中坚守的价值准则。大学对学术精神的追求,反映了一所大学对学术的重视、对真理的热爱和对功利性目标的摒弃。博士生教育要培养有志于追求学术的人,其根本在于学术精神的培养。

无论古今中外,博士这一称号都和学问、学术紧密联系在一起,和知识探索密切相关。我国的博士一词起源于2000多年前的战国时期,是一种学官名。博士任职者负责保管文献档案、编撰著述,须知识渊博并负有传授学问的职责。东汉学者应劭在《汉官仪》中写道:"博者,通博古今;士者,辩于然否。"后来,人们逐渐把精通某种职业的专门人才称为博士。博士作为一种学位,最早产生于12世纪,最初它是加入教师行会的一种资格证书。19世纪初,德国柏林大学成立,其哲学院取代了以往神学院在大学中的地位,在大学发展的历史上首次产生了由哲学院授予的哲学博士学位,并赋予了哲学博士深层次的教育内涵,即推崇学术自由、创造新知识。哲学博士的设立标志着现代博士生教育的开端,博士则被定义为独立从事学术研究、具备创造新知识能力的人,是学术精神的传承者和光大者。

---

① 本文首发于《光明日报》,2017年12月5日。

博士生学习期间是培养学术精神最重要的阶段。博士生需要接受严谨的学术训练，开展深入的学术研究，并通过发表学术论文、参与学术活动及博士论文答辩等环节，证明自身的学术能力。更重要的是，博士生要培养学术志趣，把对学术的热爱融入生命之中，把捍卫真理作为毕生的追求。博士生更要学会如何面对干扰和诱惑，远离功利，保持安静、从容的心态。学术精神，特别是其中所蕴含的科学理性精神、学术奉献精神，不仅对博士生未来的学术事业至关重要，对博士生一生的发展都大有裨益。

**独创性和批判性思维是博士生最重要的素质**

博士生需要具备很多素质，包括逻辑推理、言语表达、沟通协作等，但是最重要的素质是独创性和批判性思维。

学术重视传承，但更看重突破和创新。博士生作为学术事业的后备力量，要立志于追求独创性。独创意味着独立和创造，没有独立精神，往往很难产生创造性的成果。1929年6月3日，在清华大学国学院导师王国维逝世二周年之际，国学院师生为纪念这位杰出的学者，募款修造"海宁王静安先生纪念碑"，同为国学院导师的陈寅恪先生撰写了碑铭，其中写道："先生之著述，或有时而不章；先生之学说，或有时而可商；惟此独立之精神，自由之思想，历千万祀，与天壤而同久，共三光而永光。"这是对于一位学者的极高评价。中国著名的史学家、文学家司马迁所讲的"究天人之际，通古今之变，成一家之言"也是强调要在古今贯通中形成自己独立的见解，并努力达到新的高度。博士生应该以"独立之精神、自由之思想"来要求自己，不断创造新的学术成果。

诺贝尔物理学奖获得者杨振宁先生曾在20世纪80年代初对到访纽约州立大学石溪分校的90多名中国学生、学者提出："独创性是科学工作者最重要的素质。"杨先生主张做研究的人一定要有独创的精神、独到的见解和独立研究的能力。在科技如此发达的今天，学术上的独创性变得越来越难，也愈加珍贵和重要。博士生要树立敢为天下先的志向，在独创性上下功夫，勇于挑战最前沿的科学问题。

批判性思维是一种遵循逻辑规则、不断质疑和反省的思维方式，具有批判性思维的人勇于挑战自己，敢于挑战权威。批判性思维的缺乏往往被认为是中国学生特有的弱项，也是我们在博士生培养方面存在的一个普遍问题。2001年，美国卡内基基金会开展了一项"卡内基博士生教育创新计划"，针对博士生教育进行调研，并发布了研究报告。该报告指出：在美国和欧洲,培养学生保持批判而质疑的眼光看待自己、同行和导师的观点同样非常不容易,批判性思维的培养必须成为博士生培养项目的组成部分。

对于博士生而言,批判性思维的养成要从如何面对权威开始。为了鼓励学生质疑学术权威、挑战现有学术范式,培养学生的挑战精神和创新能力,清华大学在2013年发起"巅峰对话",由学生自主邀请各学科领域具有国际影响力的学术大师与清华学生同台对话。该活动迄今已经举办了21期,先后邀请17位诺贝尔奖、3位图灵奖、1位菲尔兹奖获得者参与对话。诺贝尔化学奖得主巴里·夏普莱斯(Barry Sharpless)在2013年11月来清华参加"巅峰对话"时,对于清华学生的质疑精神印象深刻。他在接受媒体采访时谈道:"清华的学生无所畏惧,请原谅我的措辞,但他们真的很有胆量。"这是我听到的对清华学生的最高评价,博士生就应该具备这样的勇气和能力。培养批判性思维更难的一层是要有勇气不断否定自己,有一种不断超越自己的精神。爱因斯坦说:"在真理的认识方面,任何以权威自居的人,必将在上帝的嬉笑中垮台。"这句名言应该成为每一位从事学术研究的博士生的箴言。

**提高博士生培养质量有赖于构建全方位的博士生教育体系**

一流的博士生教育要有一流的教育理念,需要构建全方位的教育体系,把教育理念落实到博士生培养的各个环节中。

在博士生选拔方面,不能简单按考分录取,而是要侧重评价学术志趣和创新潜力。知识结构固然重要,但学术志趣和创新潜力更关键,考分不能完全反映学生的学术潜质。清华大学在经过多年试点探索的基础上,于2016年开始全面实行博士生招生"申请-审核"制,从原来的按照考试分数招收博士生,转变为按科研创新能力、专业学术潜质招收,并给予院系、学科、导师更大的自主权。《清华大学"申请-审核"制实施办法》明晰了导师和院系在考核、遴选和推荐上的权力和职责,同时确定了规范的流程及监管要求。

在博士生指导教师资格确认方面,不能论资排辈,要更看重教师的学术活力及研究工作的前沿性。博士生教育质量的提升关键在于教师,要让更多、更优秀的教师参与到博士生教育中来。清华大学从2009年开始探索将博士生导师评定权下放到各学位评定分委员会,允许评聘一部分优秀副教授担任博士生导师。近年来,学校在推进教师人事制度改革过程中,明确教研系列助理教授可以独立指导博士生,让富有创造活力的青年教师指导优秀的青年学生,师生相互促进、共同成长。

在促进博士生交流方面，要努力突破学科领域的界限，注重搭建跨学科的平台。跨学科交流是激发博士生学术创造力的重要途径，博士生要努力提升在交叉学科领域开展科研工作的能力。清华大学于2014年创办了"微沙龙"平台，同学们可以通过微信平台随时发布学术话题，寻觅学术伙伴。3年来，博士生参与和发起"微沙龙"12000多场，参与博士生达38000多人次。"微沙龙"促进了不同学科学生之间的思想碰撞，激发了同学们的学术志趣。清华于2002年创办了博士生论坛，论坛由同学自己组织，师生共同参与。博士生论坛持续举办了500期，开展了18000多场学术报告，切实起到了师生互动、教学相长、学科交融、促进交流的作用。学校积极资助博士生到世界一流大学开展交流与合作研究，超过60%的博士生有海外访学经历。清华于2011年设立了发展中国家博士生项目，鼓励学生到发展中国家亲身体验和调研，在全球化背景下研究发展中国家的各类问题。

在博士学位评定方面，权力要进一步下放，学术判断应该由各领域的学者来负责。院系二级学术单位应该在评定博士论文水平上拥有更多的权力，也应担负更多的责任。清华大学从2015年开始把学位论文的评审职责授权给各学位评定分委员会，学位论文质量和学位评审过程主要由各学位分委员会进行把关，校学位委员会负责学位管理整体工作，负责制度建设和争议事项处理。

全面提高人才培养能力是建设世界一流大学的核心。博士生培养质量的提升是大学办学质量提升的重要标志。我们要高度重视、充分发挥博士生教育的战略性、引领性作用，面向世界、勇于进取，树立自信、保持特色，不断推动一流大学的人才培养迈向新的高度。

清华大学校长
2017年12月5日

# 丛书序二

以学术型人才培养为主的博士生教育,肩负着培养具有国际竞争力的高层次学术创新人才的重任,是国家发展战略的重要组成部分,是清华大学人才培养的重中之重。

作为首批设立研究生院的高校,清华大学自20世纪80年代初开始,立足国家和社会需要,结合校内实际情况,不断推动博士生教育改革。为了提供适宜博士生成长的学术环境,我校一方面不断地营造浓厚的学术氛围,另一方面大力推动培养模式创新探索。我校从多年前就已开始运行一系列博士生培养专项基金和特色项目,激励博士生潜心学术、锐意创新,拓宽博士生的国际视野,倡导跨学科研究与交流,不断提升博士生培养质量。

博士生是最具创造力的学术研究新生力量,思维活跃,求真求实。他们在导师的指导下进入本领域研究前沿,汲取本领域最新的研究成果,拓宽人类的认知边界,不断取得创新性成果。这套优秀博士学位论文丛书,不仅是我校博士生研究工作前沿成果的体现,也是我校博士生学术精神传承和光大的体现。

这套丛书的每一篇论文均来自学校新近每年评选的校级优秀博士学位论文。为了鼓励创新,激励优秀的博士生脱颖而出,同时激励导师悉心指导,我校评选校级优秀博士学位论文已有20多年。评选出的优秀博士学位论文代表了我校各学科最优秀的博士学位论文的水平。为了传播优秀的博士学位论文成果,更好地推动学术交流与学科建设,促进博士生未来发展和成长,清华大学研究生院与清华大学出版社合作出版这些优秀的博士学位论文。

感谢清华大学出版社,悉心地为每位作者提供专业、细致的写作和出版指导,使这些博士论文以专著方式呈现在读者面前,促进了这些最新的优秀研究成果的快速广泛传播。相信本套丛书的出版可以为国内外各相关领域或交叉领域的在读研究生和科研人员提供有益的参考,为相关学科领域的发展和优秀科研成果的转化起到积极的推动作用。

感谢丛书作者的导师们。这些优秀的博士学位论文,从选题、研究到成文,离不开导师的精心指导。我校优秀的师生导学传统,成就了一项项优秀的研究成果,成就了一大批青年学者,也成就了清华的学术研究。感谢导师们为每篇论文精心撰写序言,帮助读者更好地理解论文。

感谢丛书的作者们。他们优秀的学术成果,连同鲜活的思想、创新的精神、严谨的学风,都为致力于学术研究的后来者树立了榜样。他们本着精益求精的精神,对论文进行了细致的修改完善,使之在具备科学性、前沿性的同时,更具系统性和可读性。

这套丛书涵盖清华众多学科,从论文的选题能够感受到作者们积极参与国家重大战略、社会发展问题、新兴产业创新等的研究热情,能够感受到作者们的国际视野和人文情怀。相信这些年轻作者们勇于承担学术创新重任的社会责任感能够感染和带动越来越多的博士生,将论文书写在祖国的大地上。

祝愿丛书的作者们、读者们和所有从事学术研究的同行们在未来的道路上坚持梦想,百折不挠!在服务国家、奉献社会和造福人类的事业中不断创新,做新时代的引领者。

相信每一位读者在阅读这一本本学术著作的时候,在汲取学术创新成果、享受学术之美的同时,能够将其中所蕴含的科学理性精神和学术奉献精神传播和发扬出去。

清华大学研究生院院长

2018 年 1 月 5 日

# 导师序言

魏钰明博士是我指导的非常杰出的优秀学生。十年来,我见证了他从一个刚踏上学术之路的新手成长为知识能力和研究气质兼备的青年才俊的蝶变过程。如今,这本凝聚了他读博期间研究心血的博士论文,即将作为他的第一本学术专著出版。我作为他的导师,应邀为此书作序,感到十分喜悦和欣慰。

科学与社会的关系问题,一直是公共科技政策研究的重点领域之一。让科技发展成果更好地造福人类,是每一位科学研究者的责任和使命。在我从事科技政策研究的三十多年时间里,我一直思考如何从社会科学,特别是公共管理学科的角度发力,让科学技术更富有人文情怀。在新技术推动人类社会快速向智能化转型的今天,以人工智能为代表的众多颠覆性技术创新全面、深刻重构传统的社会结构,给人类的未来带来一系列深层次的影响。因此,规范地研究科学技术的社会影响,用科学的方法解决科技发展带来的问题,建设一个更有人文温度的智能社会,已经成为十分紧迫的时代命题。

自攻读博士以来,魏钰明围绕智能社会治理的理论探索、人工智能社会实验的方法创新等研究议题持续深耕,取得了一系列突出成果。2018年至2019年他在美国哈佛大学访学期间,进一步加深了对智能社会治理相关问题紧迫性的认识,他先后六次往返于中美两国,与我集中研讨、共同攻关撰写政策报告。在长期研究和学术积累的基础上,经过十余轮论证,2019年春,魏钰明与我和来自清华大学、浙江大学、北京大学、中国人民大学、国务院发展研究中心等机构的多位专家学者,共同发起了"开展人工智能社会实验,探索智能社会治理的中国道路"的倡议。这个倡议得到了社会各界的积极响应,人工智能社会实验工作迅速在全国展开,实现了公共政策研究从"理论研究—政策建议—政治决策—行政执行—组织实施—科学反馈"的全循环。他还选取城市大脑这个新兴应用场景,率先开展了人工智能社会实验的实证研究探索,力求从小切口入手,厘清智能社会治理中技术、政府与公众的多重关系。

在一个动态变化的前沿领域进行博士论文研究,往往需要付出更多的汗水和努力。在困难面前,魏钰明博士始终保持着勤奋认真、积极进取的态度,即便在母亲罹患癌症、家庭非常艰苦的处境下,他也坚守着对学术知识的热爱和追求,克服重重心理压力和现实坎坷,参与了大量科研工作。他利用前期的研究积累与我合作完成的一篇文章,历经七十多次的修改打磨,最终发表在公共管理领域旗舰期刊 Public Administration 上,成为该刊少有的由中国大陆学者独立发表的原创论文。

凭借优异的表现,他以人文社科领域唯一研究生获奖人的身份,获评了2020 年度清华大学学生最高荣誉"特等奖学金"。在他毕业前夕我与他谈心时,他把自己在学术之路上取得的进步归功于我时常对学生们说的两句话。一句话是"文章千古事,得失寸心知",这让他立志静下心来,数年磨一剑,精益求精,做出高水平、高质量学术成果,勇敢地向学术高峰发起挑战。另一句是"理论是灰色的,唯有实践之树常青",这让他能够坚持把研究做在基层实践一线,先后前往 16 个省(直辖市)的 40 个县(市、区)调研,在对社会现象的反复观察中发现问题,及时结合自己的专业知识,秉持对国家和社会负责的态度,把论文写在祖国大地上。身为老师,在听到学生这样反馈的那一刻,我的心里涌起一种使命达成的满足与感动。

这本由魏钰明的博士论文修改而成的学术著作,是他在博士阶段创新研究成果的结晶。在本书中,魏钰明博士以社会智能化转型中的政府治理创新为背景,以公众对于政府借助城市大脑进行个人数据归集和开发利用的合法性认同为切入点,基于对我国地方政府实践案例的深入观察和分析,系统研究了在政府建设城市大脑,并对公众个人信息数据进行采集、整合、利用的过程中,技术、政府与公众三者的互动及其对城市大脑社会合法性的影响。

这项研究综合运用质性案例、调查问卷和实验数据分析,创新建构了城市大脑社会合法性理论模型,剖析了颠覆性技术社会合法性形成的内部机制和外部制度要素,收获了两点"不同寻常"的发现:一是不同于当前流行的"中国公众对隐私不敏感,愿意用隐私换取便利"的观点,公众让渡个人信息数据,并不是为了追求便利,而是出于对政府公平公正的信赖,正因为此,隐私意识越高的公众,对城市大脑和政府智能治理实践的合法性认同反而也越高;二是区别于"舆论宣传有助于增进公众认同"的常识性认知,对城市大脑声誉的过度塑造和宣传,反而会抑制公众对城市大脑和政府智能治理实践合法性认同的形成。这两点发现，为理解并回应社会智能化转型背景下公众的真实需求与关切，进一步改善政府智能治理实践提供了有价值的理论参考和政策启示。

作为人工智能社会实验与智能社会治理研究中一项阶段性成果，这本书始终秉持"关注人、关心人"的价值理念，以朴实生动的语言、科学严密的逻辑，深度揭示了在智能技术嵌入政府治理的宏观背景下，公众个体内心的波澜起伏，也启迪广大的研究者与实践者，重新将目光投向历史巨轮下平凡而普通，却又满怀善意与憧憬的芸芸众生。对智能社会治理中的技术、政府、人及其互动关系感兴趣的读者，阅读魏钰明博士的这本著作，必定能够从中获得很多启发。

技术、政府和公众是三个完全不同的概念。技术是一种生产要素，是改变社会的动力；政府是治理的主体，是维持社会有序运转的重要力量；公众是社会的基本要素，也是政府治理和技术影响的对象。但在智能时代，技术引发的社会变革让这三者成为一个有机整体，突破了传统公共行政、新公共管理、新公共服务涵盖的知识领域，推动智能社会治理这个全新的理论体系、研究范式、学科方向的诞生。

希望魏钰明博士能将此书当作以学术为业的开端，云程发轫、奋楫笃行。也期待着有更多的专家学者，在人工智能社会实验这一前瞻性的时代工程中挺立潮头，为建设有人文温度的智能社会，促进国家治理体系和治理能力现代化贡献智慧和力量。

是为序。

2022年5月于清华园

# 摘 要

传统技术统治论和技术工具论认为,技术提升治理能力与效率,给社会带来便利的赋能作用,可以使技术变革获得公众认同与社会合法性。然而,在智能技术推动政府治理创新过程中,越来越多的公众开始关注智能技术对个人隐私安全造成的威胁,并不认同技术带来的治理成效,智能治理面临社会合法性危机。基于此,本研究提出的研究问题是:在技术促动社会转型的背景下,智能治理如何实现社会合法性?本研究以公众对于城市大脑及其应用的合法性认同为切入点,探索在政府借助城市大脑采集、整合公众个人信息数据采集过程中,技术、政治与公众三者的互动关系及其对城市大脑社会合法性的影响。

在系统梳理现有文献基础上,本研究围绕我国城市大脑建设实践,对16个省(直辖市)140余位相关人员进行深度访谈,对典型案例进行了为期3个月的参与式观察,结合面向530名公众开展的问卷调查和面向2007名被试开展的等组后测设计情景模拟问卷实验,利用混合研究路径,循序渐进地回答了三个问题:(1)公众对于智能治理的社会合法性问题具有什么样的态度和表现?(2)智能治理社会合法性形成的内在机制是什么?(3)政府的干预行动能否以及如何影响智能治理的社会合法性?

本研究构建了城市大脑社会合法性形成机制的理论模型,解释了个人素质、技术嵌入与政府声誉建构等因素影响公众主观感知,进而推动社会合法性形成的路径。主要研究结论如下:第一,政府利用城市大脑进行智能治理的实践会激发治理效率与合法性之间的张力,社会合法性决定了智能治理能否持续推进,随着智能治理实践的深入,公众态度从期待转向忧虑与抗拒,促使政府采取行动塑造城市大脑的社会合法性;第二,城市大脑社会合法性的形成受公众个人兴趣、隐私意识以及所处环境中技术嵌入成效的影响,主观感知对社会合法性的形成具有中介作用,技术嵌入对社会合法性的形成具有调节作用;第三,在政府对绩效声誉、程序声誉、道德声誉的建构行动中,只有程序声誉的建构有助于提升城市大脑的社会合法性,而从社会合法性形成的内在机制来看,三种声誉的建构行动对城市大脑社会合法性的认同均会产生反向调节作用,进一步加剧公众的复杂心态。

本研究整合了社会接受与社会许可的相关概念,提出了城市大脑社会合法性的解释框架,从公众认同的视角,揭示了城市大脑及其应用社会合法性的形成机制。基于对中国智能治理实践案例的深入研究和公众调查数据的分析,提出了公众隐私意识与智能治理社会合法性关系新的解释逻辑,强调了"以人民为中心"的价值追求。

**关键词**:智能治理;公众认同;城市大脑;社会合法性

# Abstract

Drawing from theories of technological determinism and instrumentalism, technology is believed to have the potential to improve governance capacity and efficiency, enhance societal convenience, and subsequently establish public recognition and social legitimacy. However, the proliferation of intelligent technologies in governance has resulted in an increasing number of individuals expressing concerns about their personal privacy and security, and harboring doubts about the effectiveness of technology in governance, ultimately leading to a social legitimacy crisis for intelligent governance. Thus, this study aims to address the research question: how can intelligent governance establish social legitimacy amidst technological advancement and societal transformation? Centering on the public's perception of the legitimacy of the City Brain, this study explores the interactions among technology, politics, and the public during the government's utilization of the City Brain for the collection and integration of personal information, and examines how these factors influence the social legitimacy of the City Brain.

After a systematic literature review, this study conducts in-depth interviews with over 140 relevant individuals from 16 provinces and cities, and participates in a 3-month immersive observation of the typical case, all of which are focused on the practice of constructing the City Brain in China. In addition, the study administered a questionnaire survey to 530 members of the public, and conducted a post-test design scenario simulation questionnaire experiment involving 2007 participants. By utilizing a mixed research approach, this study gradually answers three research questions: (1) What are the attitudes and behaviors of the public towards the social legitimacy of intelligent governance? (2) What is the intrinsic mechanism behind the formation of social legitimacy for intelligent governance? (3) Can and how do government intervention actions influence the social legitimacy of intelligent governance?

This study develops a theoretical model for the formation mechanism of the social legitimacy of the City Brain. Specifically, the model explains how individual quality, technology embeddedness, and government reputation influence public subjective perception and facilitate the formation of social legitimacy. The main conclusions are as follows: Firstly, the practice of intelligent governance using the City Brain by the government can stimulate the tension between governance efficiency and legitimacy. The sustainability of intelligent governance is contingent on its social legitimacy. As the practice of intelligent governance deepens, public attitudes evolve from expectation to concern and resistance, prompting the government to take action to shape the social legitimacy of the City Brain. Secondly, the formation of the social legitimacy of the City Brain is influenced by the public's personal interests, privacy awareness, and the technology embeddedness in the environment. The subjective perception serves as a mediating factor in the formation of social legitimacy, while the technology embeddedness has a moderating effect. Thirdly, among the government's actions in constructing performative reputation, procedural reputation, and moral reputation, only procedural reputation contributes to enhancing the social legitimacy of the City Brain. In terms of the intrinsic mechanism underlying the formation of social legitimacy, all reputation-building actions have a reverse moderating effect, further exacerbating the public's complex mentality.

This study synthesizes the relevant concepts of "social acceptance" and "social license to operate", and puts forward a theoretical framework for elucidating the social legitimacy of the City Brain, shedding light on the formation mechanism of the social legitimacy from the perspective of public recognition. Drawing upon an in-depth analysis of intelligent governance practices in China and survey data from the public, this study provides a novel theoretical account of the relationship between public privacy awareness and the social legitimacy of intelligent governance, emphasizing the "people-centered" value orientation.

**Key words**: Intelligent governance; Public recognition; the City Brain; Social legitimacy

# 目 录

插图索引 …………………………………………………………… 27
表格索引 …………………………………………………………… 31

**第 1 章 绪论：技术、政府与社会的互动** …………………………… 1
  1.1 研究背景 ……………………………………………………… 1
    1.1.1 起点：科学技术的"双刃剑"效应与治理大讨论 …… 1
    1.1.2 现实背景：智能治理面临的挑战 ………………………… 3
    1.1.3 理论背景：技术赋能与政治抉择 ………………………… 8
  1.2 研究问题的提出 ……………………………………………… 11
  1.3 研究内容与研究方法 ………………………………………… 12
    1.3.1 概念厘定 …………………………………………………… 12
    1.3.2 研究对象 …………………………………………………… 14
    1.3.3 技术路线 …………………………………………………… 15
  1.4 篇章结构 ……………………………………………………… 17

**第 2 章 文献综述** ………………………………………………………… 19
  2.1 技术变革的社会影响 ………………………………………… 19
    2.1.1 技术与社会互动关系的宏观构想 ………………………… 19
    2.1.2 技术政治功能的哲学论争 ………………………………… 22
    2.1.3 智能技术引发的新现象与新问题 ………………………… 25
  2.2 合法性的社会建构 …………………………………………… 30
    2.2.1 "正当性"的现代意义 …………………………………… 30
    2.2.2 "社会合法性"的两重意涵 ……………………………… 33
    2.2.3 "公众认同"的诱因 ……………………………………… 40
  2.3 政府的合法性塑造 …………………………………………… 45
    2.3.1 政府声誉与社会合法性 …………………………………… 45

2.3.2　政府声誉构建的途径 ………………………… 48
　　2.3.3　政府影响公众认知的机制 …………………… 50
2.4　本章小结 …………………………………………………… 51

## 第3章　对城市大脑的探索性案例研究 ………………………… 53
3.1　研究方法与资料获取 ……………………………………… 53
3.2　城市大脑建设的背景和进展 ……………………………… 57
　　3.2.1　从"智慧城市"到"城市大脑" ……………… 57
　　3.2.2　城市大脑的"技术嵌入"及其影响 …………… 71
3.3　城市大脑治理创新与公众反馈 …………………………… 82
　　3.3.1　Z市D县城市大脑的创新成效 ………………… 82
　　3.3.2　治理能力与合法性之间的"张力" …………… 85
　　3.3.3　重塑智能治理社会合法性的策略 ……………… 92
3.4　本章小结 …………………………………………………… 96

## 第4章　理论模型建构与研究假设 ……………………………… 98
4.1　初始理论模型：社会合法性的理论回溯 ………………… 98
　　4.1.1　社会接受理论对于"技术属性"的重视 ……… 99
　　4.1.2　社会许可理论对于"组织行为特征"的强调 … 109
　　4.1.3　"社会合法性"概念模型的创建 ……………… 116
4.2　理论模型的完善：基于案例的研究 ……………………… 119
　　4.2.1　兴趣与隐私：影响公众关注的要素 …………… 120
　　4.2.2　技术嵌入：治理技术的特殊性 ………………… 120
　　4.2.3　声誉建构：对既定路径的调节 ………………… 122
4.3　本章小结 …………………………………………………… 129

## 第5章　社会合法性形成机制的多元回归分析 ………………… 130
5.1　研究方法 …………………………………………………… 130
　　5.1.1　问卷设计 …………………………………………… 130
　　5.1.2　问卷发放与数据采集 ……………………………… 132
　　5.1.3　变量测度 …………………………………………… 133
　　5.1.4　分析方法 …………………………………………… 140

## 5.2 描述性分析结果 ································· 143
### 5.2.1 公众对城市大脑及其应用合法性认同的描述性
分析 ································· 143
### 5.2.2 自变量的描述性分析 ····················· 143
### 5.2.3 中介变量的描述性分析 ····················· 144
### 5.2.4 控制变量的描述性分析 ····················· 146
## 5.3 信度与效度检验结果 ································· 147
### 5.3.1 信度检验 ································· 147
### 5.3.2 效度检验 ································· 147
## 5.4 多元线性回归分析结果 ································· 150
### 5.4.1 变量相关性分析 ································· 150
### 5.4.2 正当性感知影响因素回归分析 ················· 151
### 5.4.3 利益感知影响因素回归分析 ················· 153
### 5.4.4 风险感知影响因素回归分析 ················· 154
### 5.4.5 主观感知对合法性认同回归分析 ················· 156
### 5.4.6 正当性感知中介效应回归分析 ················· 158
### 5.4.7 利益感知中介效应回归分析 ················· 159
### 5.4.8 风险感知中介效应回归分析 ················· 162
### 5.4.9 技术嵌入调节效应回归分析 ················· 167
## 5.5 本章小结 ································· 174

# 第6章 基于随机问卷实验的政府干预效果检验 ············· 177
## 6.1 研究方法 ································· 177
### 6.1.1 实验设计 ································· 178
### 6.1.2 被试样本 ································· 182
### 6.1.3 分析方法 ································· 188
## 6.2 对绩效声誉策略的效果检验 ····················· 189
### 6.2.1 基于描述性统计和 $t$ 检验的观测 ··············· 190
### 6.2.2 绩效声誉干预对主观感知与合法性认同关系的调节
效应检验 ································· 192
### 6.2.3 绩效声誉干预对现实条件与合法性认同关系的调节
效应检验 ································· 193

6.3 对程序声誉策略的效果检验 199
 6.3.1 基于描述性统计和 $t$ 检验的观测 200
 6.3.2 程序声誉干预对主观感知与合法性认同关系的调节效应检验 201
 6.3.3 程序声誉干预对现实条件与合法性认同关系的调节效应检验 202
6.4 对道德声誉策略的效果检验 208
 6.4.1 基于描述性统计和 $t$ 检验的观测 209
 6.4.2 道德声誉干预对主观感知与合法性认同关系的调节效应检验 210
 6.4.3 道德声誉干预对现实条件与合法性认同关系的调节效应检验 211
6.5 本章小结 217

## 第 7 章 讨论与结论 221
7.1 讨论 221
 7.1.1 从"技术赋能"到"技术嵌入" 221
 7.1.2 是"隐私危机"还是"安全屏障" 224
 7.1.3 追求"绩效创新"还是"社会正义" 226
7.2 主要结论 229
7.3 研究创新与不足 231
 7.3.1 研究创新 231
 7.3.2 研究不足 232
 7.3.3 研究展望 233

参考文献 234

附录 A 调查问卷 259

附录 B 访谈提纲(中央机关) 268

附录 C 访谈提纲(地方政府) 269

附录 D　焦点小组讨论提纲 ································· 272

附录 E　中央和国家部委智慧城市相关政策 ················· 273

附录 F　智慧城市相关国家标准清单 ······················· 283

后记 ···················································· 288

# 插 图 索 引

图 1-1　互联网国际出口带宽(单位:太比特/秒) ⋯⋯⋯⋯⋯⋯ 6
图 1-2　2020 年全球主要国家数字经济占 GDP 比重 ⋯⋯⋯⋯ 6
图 1-3　本研究的技术路线 ⋯⋯⋯⋯⋯⋯⋯⋯⋯⋯⋯⋯⋯⋯ 16
图 1-4　本研究的篇章结构 ⋯⋯⋯⋯⋯⋯⋯⋯⋯⋯⋯⋯⋯⋯ 18
图 2-1　社会接受度的影响因素及作用机制 ⋯⋯⋯⋯⋯⋯⋯ 37
图 2-2　金字塔模型 ⋯⋯⋯⋯⋯⋯⋯⋯⋯⋯⋯⋯⋯⋯⋯⋯⋯ 39
图 2-3　社会许可的钻石模型 ⋯⋯⋯⋯⋯⋯⋯⋯⋯⋯⋯⋯⋯ 40
图 2-4　理性行为理论模型 ⋯⋯⋯⋯⋯⋯⋯⋯⋯⋯⋯⋯⋯⋯ 43
图 2-5　计划行为理论模型 ⋯⋯⋯⋯⋯⋯⋯⋯⋯⋯⋯⋯⋯⋯ 43
图 2-6　影响公众认同的不同类型因素 ⋯⋯⋯⋯⋯⋯⋯⋯⋯ 44
图 2-7　政府声誉管理修正模型 ⋯⋯⋯⋯⋯⋯⋯⋯⋯⋯⋯⋯ 48
图 3-1　案例设计的类型区分 ⋯⋯⋯⋯⋯⋯⋯⋯⋯⋯⋯⋯⋯ 55
图 3-2　我国政府信息化建设基本框架示意图 ⋯⋯⋯⋯⋯⋯ 58
图 3-3　智慧城市政策主题词云图 ⋯⋯⋯⋯⋯⋯⋯⋯⋯⋯⋯ 62
图 3-4　智慧城市相关国家标准数量统计 ⋯⋯⋯⋯⋯⋯⋯⋯ 62
图 3-5　城市神经网络示意图 ⋯⋯⋯⋯⋯⋯⋯⋯⋯⋯⋯⋯⋯ 64
图 3-6　城市大脑基本技术架构 ⋯⋯⋯⋯⋯⋯⋯⋯⋯⋯⋯⋯ 67
图 3-7　杭州城市大脑建设工作组织架构 ⋯⋯⋯⋯⋯⋯⋯⋯ 69
图 3-8　技术—政治互相嵌入的路径 ⋯⋯⋯⋯⋯⋯⋯⋯⋯⋯ 78
图 3-9　D 县城市大脑运行态势展示图 ⋯⋯⋯⋯⋯⋯⋯⋯⋯ 83
图 3-10　行人闯红灯曝光系统 ⋯⋯⋯⋯⋯⋯⋯⋯⋯⋯⋯⋯ 90
图 3-11　失信被执行人曝光系统 ⋯⋯⋯⋯⋯⋯⋯⋯⋯⋯⋯ 90
图 4-1　技术接受度模型 ⋯⋯⋯⋯⋯⋯⋯⋯⋯⋯⋯⋯⋯⋯ 100
图 4-2　整合性技术接受度模型(TAM3) ⋯⋯⋯⋯⋯⋯⋯⋯ 100
图 4-3　拓展版技术接受度模型(TAM2) ⋯⋯⋯⋯⋯⋯⋯⋯ 102
图 4-4　感知易用性的决定因素模型 ⋯⋯⋯⋯⋯⋯⋯⋯⋯ 103

图 4-5　整合性技术接受度模型(TAM3)变量关系与作用机制 ……… 104
图 4-6　技术接受与使用整合理论模型 …………………………… 106
图 4-7　风险设施的社会接受度模型 ……………………………… 107
图 4-8　风险社会中社会接受度的"社会行动"模型 ……………… 108
图 4-9　社会许可的"箭矢模型" …………………………………… 111
图 4-10　基于信任的社会许可模型 ………………………………… 113
图 4-11　社会许可形成的损益平衡框架 …………………………… 114
图 4-12　政府行为影响社会许可效果的评估框架 ………………… 115
图 4-13　"社会合法性"初始概念模型 ……………………………… 119
图 4-14　"城市大脑社会合法性"理论模型 ………………………… 123
图 5-1　正当性感知影响因素概念模型及检验结果 ……………… 152
图 5-2　利益感知影响因素概念模型及检验结果 ………………… 153
图 5-3　风险感知影响因素概念模型及检验结果 ………………… 155
图 5-4　主观感知对合法性认同概念模型及检验结果 …………… 157
图 5-5　正当性感知中介效应概念模型及检验结果 ……………… 159
图 5-6　利益感知中介效应概念模型及检验结果 ………………… 162
图 5-7　风险感知中介效应概念模型及检验结果 ………………… 164
图 5-8　技术嵌入性对个人兴趣调节效应假设概念模型及检验
　　　　结果 ………………………………………………………… 168
图 5-9　技术嵌入性对隐私意识调节效应假设概念模型 ………… 171
图 6-1　绩效声誉干预在个人兴趣对合法性认同的影响中的调节效应
　　　　模型与检验结果 …………………………………………… 194
图 6-2　绩效声誉干预在隐私意识对合法性认同的影响中的调节效应
　　　　模型与检验结果 …………………………………………… 194
图 6-3　绩效声誉干预在技术嵌入性对合法性认同的影响中的调节效应
　　　　模型与检验结果 …………………………………………… 197
图 6-4　程序声誉干预在个人兴趣对合法性认同的影响中的调节效应
　　　　模型与检验结果 …………………………………………… 203
图 6-5　程序声誉干预在隐私意识对合法性认同的影响中的调节效应
　　　　模型与检验结果 …………………………………………… 203
图 6-6　程序声誉干预在技术嵌入性对合法性认同的影响中的调节效应
　　　　模型与检验结果 …………………………………………… 206

图 6-7 道德声誉干预在个人兴趣对合法性认同的影响中的调节效应
模型与检验结果 ·················································· 212

图 6-8 道德声誉干预在隐私意识对合法性认同的影响中的调节效应
模型与检验结果 ·················································· 212

图 6-9 道德声誉干预在技术嵌入性对合法性认同的影响中的调节效应
模型与检验结果 ·················································· 215

# 表 格 索 引

| 表 2-1 | 正当性判断标准、正当性取得方式与社会行动类型的对应关系 | 31 |
| --- | --- | --- |
| 表 2-2 | 社会接受、社会许可、社会合法性概念陈述对比 | 34 |
| 表 3-1 | 质性研究资料来源 | 57 |
| 表 3-2 | 智慧城市内涵框架 | 59 |
| 表 3-3 | 我国智慧城市试点名称及数量(截至 2016 年年底不完全统计) | 60 |
| 表 3-4 | 全国城市大脑建设布局与技术方案供应商情况 | 71 |
| 表 4-1 | 相关变量分类与定义 | 104 |
| 表 4-2 | 衡量社会许可的 15 项修订陈述 | 110 |
| 表 4-3 | "箭矢模型"四项因素及其对社会许可的影响 | 111 |
| 表 5-1 | 正当性感知变量测度 | 137 |
| 表 5-2 | 利益感知变量测度 | 138 |
| 表 5-3 | 风险感知变量测度 | 139 |
| 表 5-4 | 公众对城市大脑及其应用合法性认同的描述性统计结果($N=530$) | 143 |
| 表 5-5 | 各自变量描述性统计结果($N=530$) | 144 |
| 表 5-6 | 正当性感知描述性统计结果($N=530$) | 145 |
| 表 5-7 | 利益感知描述性统计结果($N=530$) | 145 |
| 表 5-8 | 风险感知描述性统计结果($N=530$) | 146 |
| 表 5-9 | 各控制变量描述性统计结果($N=530$) | 146 |
| 表 5-10 | 主观感知变量信度检验结果($N=530$) | 147 |
| 表 5-11 | KMO 检验和 Bartlett 球形检验结果(正当性感知) | 148 |
| 表 5-12 | 关于正当性感知的成分矩阵 | 148 |
| 表 5-13 | KMO 检验和 Bartlett 球形检验结果(利益感知) | 149 |
| 表 5-14 | 关于利益感知的成分矩阵 | 149 |
| 表 5-15 | KMO 检验和 Bartlett 球形检验结果(风险感知) | 149 |

| | | |
|---|---|---|
| 表 5-16 | 关于风险感知的成分矩阵 …………………………… | 150 |
| 表 5-17 | 变量间相关性(皮尔森-双侧)分析结果($N=530$)……… | 150 |
| 表 5-18 | 以个人素质、技术嵌入性为自变量,以正当性感知为因变量的回归结果 …………………………………………… | 152 |
| 表 5-19 | 以个人素质、技术嵌入性为自变量,以利益感知为因变量的回归结果 …………………………………………… | 154 |
| 表 5-20 | 以个人素质、技术嵌入性为自变量,以风险感知为因变量的回归结果 …………………………………………… | 155 |
| 表 5-21 | 以正当性感知、利益感知、风险感知为自变量,以合法性认同为因变量的回归结果 ……………………………… | 157 |
| 表 5-22 | 正当性感知的中介效应检验结果 ……………………… | 160 |
| 表 5-23 | 正当性感知直接效应、间接效应与总效应估计表(非标准化解) ………………………………………… | 161 |
| 表 5-24 | 利益感知的中介效应检验结果 ………………………… | 163 |
| 表 5-25 | 利益感知直接效应、间接效应与总效应估计表(非标准化解) ………………………………………… | 164 |
| 表 5-26 | 风险感知的中介效应检验结果 ………………………… | 165 |
| 表 5-27 | 风险感知直接效应、间接效应与总效应估计表(非标准化解) ………………………………………… | 166 |
| 表 5-28 | 以"个人兴趣"为自变量的条件过程模型回归结果 ……… | 169 |
| 表 5-29 | 主观感知变量在个人兴趣与合法性认同之间的间接效应(标准化解) …………………………………………… | 170 |
| 表 5-30 | 以"隐私意识"为自变量的条件过程模型回归结果 ……… | 172 |
| 表 5-31 | 主观感知变量在隐私意识与合法性认同之间的间接效应(标准化解) …………………………………………… | 173 |
| 表 5-32 | 第一组至第八组研究假设及检验通过情况 …………… | 174 |
| 表 6-1 | 被试样本的基本情况分布 ……………………………… | 183 |
| 表 6-2 | 被试样本方差齐性检验 ………………………………… | 184 |
| 表 6-3 | 被试样本方差分析结果 ………………………………… | 185 |
| 表 6-4 | Tamhane's T2 检验 …………………………………… | 186 |
| 表 6-5 | 对照组与绩效声誉干预组公众主观感知与合法性认同差异 ……………………………………………………… | 191 |
| 表 6-6 | 绩效声誉干预组与对照组独立样本 $t$ 检验结果 ……… | 191 |

| 表 6-7 | 绩效声誉干预对主观感知与合法性认同的调节效应检验 …… | 192 |
| --- | --- | --- |
| 表 6-8 | 以"个人兴趣"为自变量,以绩效声誉干预为调节变量的条件过程模型回归结果 …………………………………………… | 195 |
| 表 6-9 | 以"隐私意识"为自变量,以绩效声誉干预为调节变量的条件过程模型回归结果 …………………………………………… | 196 |
| 表 6-10 | 以"技术嵌入性"为自变量,以绩效声誉干预为调节变量的条件过程模型回归结果 …………………………………… | 198 |
| 表 6-11 | 对照组与程序声誉干预组公众主观感知与合法性认同差异 ……………………………………………………………… | 200 |
| 表 6-12 | 程序声誉干预组与对照组独立样本 $t$ 检验结果…………… | 201 |
| 表 6-13 | 程序声誉干预对主观感知与合法性认同的调节效应检验 … | 202 |
| 表 6-14 | 以"个人兴趣"为自变量,以程序声誉干预为调节变量的条件过程模型回归结果 …………………………………… | 204 |
| 表 6-15 | 以"隐私意识"为自变量,以程序声誉干预为调节变量的条件过程模型回归结果 …………………………………… | 205 |
| 表 6-16 | 以"技术嵌入性"为自变量,以程序声誉干预为调节变量的条件过程模型回归结果 …………………………………… | 207 |
| 表 6-17 | 对照组与道德声誉干预组公众主观感知与合法性认同差异 ……………………………………………………………… | 209 |
| 表 6-18 | 道德声誉干预组与对照组独立样本 $t$ 检验结果…………… | 210 |
| 表 6-19 | 道德声誉干预对主观感知与合法性认同的调节效应检验 … | 211 |
| 表 6-20 | 以"个人兴趣"为自变量,以道德声誉干预为调节变量的条件过程模型回归结果 …………………………………… | 213 |
| 表 6-21 | 以"隐私意识"为自变量,以道德声誉干预为调节变量的条件过程模型回归结果 …………………………………… | 214 |
| 表 6-22 | 以"技术嵌入性"为自变量,以道德声誉干预为调节变量的条件过程模型回归结果 …………………………………… | 216 |
| 表 6-23 | 第九组至第十七组研究假设及检验通过情况 ……………… | 218 |

# 第1章 绪论：技术、政府与社会的互动

> "科学技术的发展本身既为我们揭开了改善人类生活的前景，也为我们开辟了毁灭人类的可能性。"
>
> ——贝尔纳(John Desmond Bernal)，《科学的社会功能》，1939

本章是本研究的绪论部分，主要介绍了研究背景、研究问题、研究内容与方法、研究意义以及篇章结构。在大数据、人工智能等新兴技术推动人类社会转型的过程中，技术的"双刃剑"效应引发了社会各界对于"用新兴技术来治理"和"对新兴技术的治理"的大讨论。这其中潜藏着一个重要问题，即"政府治理效率的提升是否能够影响治理的社会合法性"。伴随着技术的发展，政府治理创新实践也在快速向前推进，城市大脑等技术与政治相结合的新事物不断涌现。但公众对于这些新事物和新实践究竟报以什么样的态度？我们又该如何理解公众在智能治理语境下的角色与作用，寻找与公众需求相契合的治理路径？这是本研究试图探索和回答的问题。

## 1.1 研究背景

### 1.1.1 起点：科学技术的"双刃剑"效应与治理大讨论

回顾历史，科学技术既是推动生产力发展和人类文明进步的加速器，也让人类饱尝两极分化、环境污染、伦理失范之苦。这种"双刃剑"效应警示我们，在利用科学技术成果时必须始终保持严谨审慎的态度，以促进科技创新服务于人类福祉为核心秉持。

近年来，得益于基础研究的积累和科研条件的进步，物联网、大数据、云计算、人工智能、区块链等一批知识基础实现跃迁、落地应用可能给社会带来变革性甚至颠覆性影响的新兴技术(Emerging Technologies)涌现出来(Day & Schoemaker, 2000)。这些新兴技术在提升个人生活品质、提高经济生产效率、强化社会治理与公共服务能力等方面拥有巨大的潜力。但另

一方面,这些新兴技术在发展路径和社会影响方面的不确定性及其演化和衍生过程中的复杂性,加剧了解释和预测技术后果的困难,也给人类社会带来了新的风险(丁大尉等,2013)。

新兴技术的发展给公共治理带来了新的命题,引发了各界对于"治理"的大讨论,"技术治理""数字治理""智能治理""智慧治理"等一系列概念勃然而兴(黄萃等,2017;鲍静、贾开,2019;吕德文,2019;常保国、戚姝,2020)。目前的讨论集中于两个视角:一是如何在新兴技术应用过程中,加强对技术本身的治理,以防止技术对社会造成负面影响(Dafoe,2018;薛澜、赵静,2019;梁正等,2020;朱旭峰,2020);二是如何将新兴技术成果应用于政府治理以推动治理创新(江小涓,2018;谭海波、孟庆国,2018;Wirtz & Müller,2019)。前一个视角关注的是技术变革背景下治理体系的拓展与完善,后一个视角关注的是技术赋能带来的治理能力的提升。但已有文献对于这两个视角下议题的讨论往往是相互独立的(禹信、崔之元,2020)。在实践中,"对新兴技术的治理"和"用新兴技术来治理"也经常被人为地区隔成两个不同的业务领域,分属于不同的政府部门。

两个视角的割裂,使得当前"对新兴技术的治理"的讨论多呈现出"宏大叙事"的特征,在对未来情境进行建构的基础上,结合人类社会发展的历史进程,展开哲学思辨与理论演绎(Gasser & Almeida,2017;Perry & Uuk,2019),虽发人深省,却因为不接地气而略显空洞,难以付诸实践。"用新兴技术来治理",又如同脱缰野马一般,在公私权利划分和技术使用界限尚未明确的情况下,相关的应用实践已经飞速蔓延至人类社会生活的各个领域,既激发了人们的想象力,也使新兴技术带来的价值冲突、社会风险逐渐显露出来(李文钊,2020;本清松、彭小兵,2020)。

在利用技术之前就树立对技术规范和应用伦理的清晰认知,是降低技术负面影响、保障"技术向善"的前提;通过技术应用与社会互动过程中反馈的信息,发现既有知识、制度的不足,则是进一步完善技术规范和应用伦理的基础。"对新兴技术的治理"和"用新兴技术来治理"两者相辅相成,共同构成了一个螺旋上升的循环,促进治理体系和治理能力同步迈向现代化。当前的治理大讨论之所以形成两个视角割裂的状态,究其根本,是因为大家把视线过分聚焦于"技术"的潜能,而忽视了与技术进行互动的主体,也是构成社会的基本要素——"人"的作用(韩水法,2019)。

"治理"的要义在于多元主体的共同参与,特别是要保障公众的参与权,扩大公民及其组织的话语权和决定权(Fung,2006;张文显,2014)。由于新兴技术的前沿性,公众对其知之甚少,在对"治理什么""如何治理"的议题讨论中,来自公众的声音并未受到占据话语主导权的精英阶层重视。但公众是"人"这一概念在社会体系中的具象,公众对于新兴技术应用接受度的边界,代表了技术规范和应用伦理的"底线"(苏竣,2014:48)。技术应用过程中对公众产生的影响,以及公众对于相关规制政策、监管制度的评价,则是社会反馈的直观表现和主要来源(Mehr et al.,2017)。因此,"对新兴技术的治理"和"用新兴技术来治理"的关键,是要政府协调好技术与公众的关系。

在新兴技术推动新一轮社会变革的浪潮中,尽管已经有一些学者提出了"以公众为中心"的观点(Mehr et al.,2017;Eggers et al.,2017),但公众在技术与社会互动中的角色如何体现?如何发挥公众的主体性作用?这些问题依然是现有研究中的空白,也使得"以公众为中心"沦为空谈。加强对"人"这一微观基础性要素的重视,从治理大讨论的热潮复归于理性的实证探索,在对新兴技术潜能的无限遐想中把目光转向社会公众,把对公众声音的关注和对公众扮演角色的思考重新引入"对新兴技术的治理"和"用新兴技术来治理"的讨论中,是将这两个维度连接起来,在放大技术正面效应的同时有效降低技术的负面影响,并最终实现治理体系和治理能力现代化目标的必要环节。

基于此,探究公众对新兴技术引发治理变革的认知、态度,理解公众在新治理语境下的角色与作用,寻找与公众需求相契合的治理路径,成为本研究的起点。

### 1.1.2 现实背景:智能治理面临的挑战

**1. 治理创新实践中的"盲点"**

在大数据与人工智能等新兴技术的带动下,新一轮科技革命与产业变革浪潮快速推进,新兴技术发展成果应用实践的普及,正推动人类社会向数字化、网络化、智能化加速跃升。在众多新兴技术成果中,"城市大脑"(City Brain)作为近年来大数据智能发展的典型应用,因其高数据集成性和对城市治理产生的颠覆性影响而备受关注。城市大脑是创新运用大数据、云计算、人工智能等新兴技术,赋能现代城市治理,构建的智能治理平台中枢。它在整合归集政府、企业和社会大数据的基础上,对数据进行智能融合计算,进而实现对城市运行实况监控、风险预测预警、应急决策指挥、公共资源调配、精准公共服务、"城市病"治理等功能(傅荣校,2018)。

自2016年杭州率先部署城市大脑以来,城市大脑已经在提高城市交通运行效率,提升城市安防与应急能力等方面发挥了巨大作用。随着城市全域数据资源归集网络的打通,城市大脑数据资源池和服务功能库更加丰富,已经演变成为城市全域运行数据中台和业务中台,具备了对城市全域运行状态进行实时监测和管理决策的功能(张建锋,2019:15)。目前,全国多个城市已经将城市大脑作为域内政府数字化与智能化转型建设布局的重点,并在此基础上大力推进政府数据归集和业务应用模块开发创新,提升城市治理的智能化水平。

作为一项集成了多种新兴技术成果的智能应用,城市大脑为赋能政府治理智能化创新带来了巨大的空间。但与此同时,由于城市大脑归集的数据中有很大一部分是公众个体数据,而城市大脑辅助决策的结果最终会直接对公众产生影响,数据安全保障和个人隐私权利保护这两项"对新兴技术的治理"的关键任务和目标,也贯穿城市大脑从布局到应用的全生命周期。因此,城市大脑既是"用新兴技术来治理"的典型案例,也是让"对新兴技术的治理"落地的重要实践应用场景。

笔者在实地调研过程中发现,尽管地方政府在利用城市大脑推动政府数据归集和业务应用开发方面具有很高的积极性,但受限于传统的"条块分割""层级分明"的行政思维,加之专业性技术知识的缺乏,导致很多地区面临着"不知道哪些数据该整合归集"和"归集了大量数据,但不知道怎么用"的困惑(CQ01-20180911)①。很多地方官员疲于应付各类量化考核指标,对于公众态度、公众需求、公众权利保护等"重要但不紧急"的问题,只能"尽量往后放一放"(DQ02-20200731)。在没有对公众真实态度与想法进行充分调研的背景下,社会上甚至出现了"中国人对隐私问题不敏感,愿意通过交换隐私获得便捷与效率"②的论调。

一些地区花费高昂的成本,开发出五花八门的业务平台、业务应用、小程序。但由于对公众真实需求了解不充分,基于政府业务开发的应用程序大多数是低频应用,政府部门也缺乏及时更新迭代以增强用户体验的动力,难以获得良好的公众认同,最终在与商业化应用程序的竞争中被淘汰出局。

---

① 本书引用受访人原话时,对受访人编码格式为(对象类别-编号-访谈时间),例如 CQ01-20180911,代表重庆市编号为 01 的受访人于 2018 年 9 月 11 日接受访谈时的内容记录,后续章节相关内容均以此方式进行编码。

② 新华时评:《"隐私换便利",用户真愿意?》,新华网(2018-03-28/2020-12-20),http://www.xinhuanet.com/politics/2018-03/28/c_1122605705.htm。

也有一些地区,由于缺乏明确的技术使用伦理规范和公众权利保护意识,在探索数据利用的过程中过于冒进。例如,为了促进公众遵守交通规则,地方政府会利用高精视频监控系统,抓拍违反交通规则的行人,并通过精准人脸识别和数据比对,从城市大脑数据平台调取行人的身份证、家庭住址等个人隐私信息,在公共电子屏上对违反者的面貌特征、个人信息进行公开"亮相",甚至纳入个人征信记录,作为惩戒措施。还有一些地区,在没有充分征求公众意见的情况下,就以建设"智慧城市""智慧社区"为理由,将高清摄像头、人脸识别系统等安装在居民楼入口处。这些举措因为涉及侵犯公众个人隐私而备受争议,也引发了一些公民团体的抵制和国际社会的广泛批评(Zimmer,2005;Elmaghraby & Losavio,2014;Creemers,2017;Su et al.,2021)。

从已有的治理创新实践来看,公众需求和公众权利保护在一定程度上已经成为政府行动中的"盲点"。而对公众角色的忽视,则导致当前的利用新兴技术赋能于治理创新的实践呈现出"智慧"与"反智"(强调技术的完成度而忽略了用户体验)、"丰富"与"匮乏"(应用服务与产品门类繁多而真正刚需的服务匮乏)、"控制"与"失控"(希望以平台与系统实现治理与服务的规范有序但由数据要素带来的不确定风险增加)(汪玉凯,2020)的矛盾特征,既制约了治理创新的深入拓展,也使得智能治理面临着潜在的公众信任危机。

**2. "数据要素"的法律与政策漏洞**

在各级政府大力推动新兴技术赋能治理创新的同时,作为新兴技术重要"燃料"之一的"数据"的价值也越来越受到社会各界重视。联合国贸易和发展会议(United Nations Conference on Trade and Development,UNCTAD)2021年9月29日发布的《2021年数字经济报告——跨境数据流动与发展:数据为谁流动》(*Digital Economy Report 2021—Cross-border data flows and development:For whom the data flow*)显示,数据在全球流动的规模正快速增长(如图1-1所示),数据成为继土地和能源之后最重要的战略核心资源,直接推动了数字经济的繁荣。目前,数字经济已经在全球主要国家的国民经济中占据了相当高的比重(如图1-2所示)。中国共产党第十九届四中全会决议通过的《中共中央关于坚持和完善中国特色社会主义制度、推进国家治理体系和治理能力现代化若干重大问题的决定》,首次增列了"数据"作为生产要素,"反映了随着经济活动数字化转型加快,数据对提高生产效率的乘数作用凸现,成为最具时代特征新生产要素的重要变化"(刘鹤,2019)。

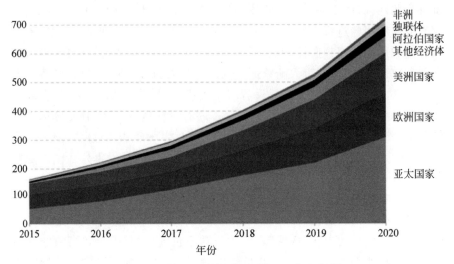

图 1-1　互联网国际出口带宽（单位：太比特/秒）

资料来源：联合国贸易和发展会议（UNCTAD）：《2021 年数字经济报告》（英文版 *Digital Economy Report* 2021），第 19 页。

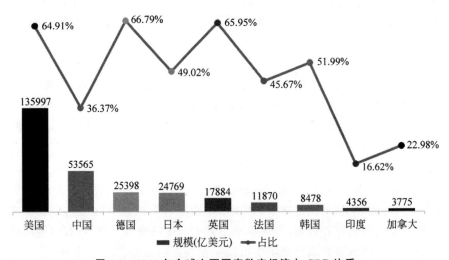

图 1-2　2020 年全球主要国家数字经济占 GDP 比重

资料来源：笔者根据 2021 年 8 月中国信息通信研究院发布《全球数字经济白皮书——疫情冲击下的复苏新曙光》相关数据绘制。

数据生产要素地位的明确，使得推动数据要素顺利流动和高效配置、充分发挥数据价值成为政府的一项重要任务。2020 年 4 月和 5 月，中共中央、国务院先后印发的《中共中央国务院关于构建更加完善的要素市场化配置体制机制的意见》(中发〔2020〕9号)和《中共中央国务院关于新时代加快完善社会主义市场经济体制的意见》(中发〔2020〕10号)两个重要文件,都强调了要加快培育数据要素市场,推进政府数据开放共享,提升社会数据资源价值,加强数据资源整合和安全保护,建立数据资源清单管理机制,完善数据权属界定、开放共享、交易流通等标准和措施。

为了充分发挥数据要素的价值,全国多个省、直辖市、自治区及下属各级地方政府相继新设了大数据局等专门负责数据管理的机构,并在利用城市大脑整合归集政务数据、社会数据的过程中,探索制定数据资源清单,建立数据共享开放机制,试图通过借助企业和社会的专业力量,弥补政府在技术研发和产品运营方面的短板,促进数据资源得到充分开发和利用。一些地方政府提出了"从土地财政向数据财政转变"的口号,开始着手打造数据资产交易产业链,推动"数据变现"(王叁寿,2019)。

值得注意的是,数据资源化、要素化的一个重要前提是明确与数据资源相关的各种权利和责任的归属,清晰界定数据所有者、管理者和使用者的权责和行动边界。尽管2020年5月颁布的《中华人民共和国民法典》和已经向社会公布的《数据安全法(草案)》《个人信息保护法(草案)》等法律与政策文件,对数据安全和个人信息安全保护等问题作出了一系列明文规定,但相关表述仍然较为原则化、碎片化,其中涉及的一些重要概念的定义较为模糊,可操作性不强(梁正、吴培熠,2020)。对于如何确定数据资源的资产属性、数据权属标准规范、可采用的定价方法等具体问题,目前还缺乏明确的法律、政策依据和成熟的解决方案(张鹏、蒋余浩,2020)。

法律与政策的不完备,导致当前各地政府为提升数据资源价值而采取的诸多行动,呈现出对公众权利保障明显不足的特征。一方面,为了尽快实现数据变现,在一些财政收入相对较低的地区,甚至出现了"用数据换技术"的做法,即政府把当地数据资源的使用权限作为交换条件,让企业无偿帮助他们建设城市大脑,开发相关业务应用(张会平等,2019)。但这些数据中可能包含了大量涉及公众个人信息的数据,这些数据的所有权属于公众个人,政府在未获授权的情况下,并不具有对这些数据进行处置的权利。此外,政府在拿数据向企业换技术时,缺乏对等技术能力和技术预见,处于技术优势的科技企业在使用公共数据期间如果侵害了公共利益,政府很难对企业进行有效监管和制约(本清松、彭小兵,2020)。另一方面,在面向社会公众进行公益性的数据共享和数据开放时,一些政府部门又会因为"自己需要承担很大的风险却得不到什么收益"而不敢做、不愿做,采取"能不共享就不共享,能不开放就不开放"的应对策略(HU03-20200720),公众想要获取数据信息总是困难重重,最终反而阻碍了数据要素价值的充分发挥。

显然,无论是当前的政府创新实践,还是现有的法律与政策,都还缺乏对于社会智能化转型过程中公众需求、利益与权利的系统化认识和重视,这导致了对公共利益保障和维护的缺位,智能治理在一定程度上存在"目标偏移"的问题。

### 1.1.3 理论背景:技术赋能与政治抉择

**1. 走向人文主义的公共管理**

近代科学诞生以来的人类发展史,一直伴随着科学主义(Scientism)和人文主义(Humanism)之争。1930年,萨顿(George Sarton)指出:"我们这个时代最可怕的冲突就是两种看法不同的人之间的冲突,一方面是文学家、史学家、哲学家这些所谓的人文学者,另一方面是科学家。由于双方的不宽容和科学正在迅猛发展这一事实,这种分歧只能加深。"(萨顿,1989:49)。这里对"人文学者"和"科学家"更加准确的定义应该是人文主义者和科学主义者。

科学主义主张,科学技术的进步及其在现实社会中的应用,能够对经济社会发展产生巨大的推动作用,强调把促进科技发展视为首要目标(苏竣,2014:51)。这一思潮随着实证主义哲学、社会物理学以及逻辑经验哲学的发展逐渐被推向极端,演变为科学万能论,认为科学技术能够解决一切社会问题和人生问题(李醒民,2013)。通过技术领域的兴盛与扩张,可以把原来被认为属于伦理学乃至宗教的终极性问题,当作技术问题来处理(陈芬,2004:64)。因此,要为科学技术的发展创造尽可能宽松、自由的氛围,包容技术发展对常规的突破和对人类伦理价值观念的冲击。

人文主义主张把"人"的价值与福祉的实现放在首要位置。透过对工业社会两极分化、两次世界大战以及生态环境恶化等恶果的反思,强调科技的发展一方面产生了可见、可感的外在生活困境,直接威胁人类的生存空间和生命安全;另一方面,也滋生了基于人自身的异化现象和精神危机,人类已经形成共识的活动原则与社会规范开始受到质疑与挑战(苏竣,2014:55)。因此,科学技术的发展必须"以人为本",把人视为目的而不是手段(李醒民,2013)。发展科学技术和应用技术成果时都必须进行审慎的风险评估,及时关注公众的态度、认知与想法,并对公众进行适度的引导。一旦出现违背基本伦理原则的情况,就需要及时加以干预,以避免对人类的生存发展造成危害。

科学主义与人文主义两种思潮,也对公共管理的价值主张产生了深刻影响。在著名的"西蒙—瓦尔多之争"(the Simon-Waldo Debate)中,公共行政理论与实践的未来之路究竟应该更科学还是更人文,是两位"横跨20世纪后半叶公共行政学研究的巨擘"(Frederickson,2001)辩论的核心(Simon et al.,1952;Waldo,1952;Harmon,1989)。但从传统公共行政到今天的治理理论,公共管理的价值主张明显呈现出一种从科学主义向人文主义转向的趋势(颜佳华、王升平,2007)。传统公共行政将"效率"视为基本价值追求,以"专业化"与"非人格化"为显著特征的政治与行政"二分法"、科学管理理论和理性官僚体制,无不反映出科学主义的唯技术倾向。新公共行政学开始注重"人性",强调公共行政应该将社会公平作为核心价值与目的。新公共管理强调兼顾效率与公平的绩效观,试图实现科学主义与人文主义的平衡(Dunleavy & Hood,1994;Bryson et al.,2014;谭海波,2012)。此后的新公共服务与治理理论对于行政伦理、公民权利、多元参与、平等协商等要素的关注,则是把人文主义理念深刻嵌入了公共管理的价值根基之中(Fung,2006;颜佳华、王升平,2007;王佃利、展振华,2016)。

在讨论新兴技术与"治理"间的相互关系时,坚守人文主义价值取向尤为重要。历史上,核能、转基因等技术的发展曾深受科学主义影响,社会一度陷入追逐其价值收益的狂热。然而,核事故的巨大破坏力和转基因风险的暴露,激发了人文主义的觉醒,核能、转基因迅速被冠以污名化的标签而受到公众的普遍抵制,发展陷入停滞(刘玉强等,2018)。赋能于智能治理的新兴技术在创新治理手段和工具,提升治理能力方面的作用毋庸置疑,但正如贝克(2018:15)所言:"在现代化进程中,生产力的指数式增长,使危险和潜在威胁的释放达到了一个我们前所未知的程度。"

新兴技术的应用是否真正对公众有益,又是否会将社会公众置于新的危险境地,是公共管理的研究者和实践者必须考虑的问题。然而,如前所述,现有的实践仍然看重的是"技术合理性"与"工具合理性",作为"目的合理性"的基础的公众权利和利益,却被有意或无意地忽视了(谭海波,2012)。随着社会的演进,采取措施把智能治理背后潜藏的危机扼杀在摇篮里,避免其重蹈核能、转基因等技术的覆辙,已经成为当下公共管理研究和实践的迫切需求。

**2. 对智能治理社会合法性的反思**

人文主义对于公共管理"目的合理性"的强调,体现了对"合法性"

(Legitimacy)的重视。最早对合法性作出系统阐述的马克斯·韦伯(Max Weber)(1997a:241)从政治学的视角将其定义为政府治理的合理性与公民对政府组织及其行为的认同的总和。公民对政府行为是否符合社会建构的规范、价值和信念体系的看法与接受程度是构成合法性的基础(Suchman,1995;Christensen et al.,2016)。

实现合法性是政府治理的一项基础性任务(张康之,2002)。根据韦伯(1997a)的观点,合法性的确立包括两个方面:一是价值塑造,即建构一套有关正当的秩序与价值的信念;二是价值认同,就是要让社会公众的行为受到这种信念体系的支配。而作为社会基础构成要素的公众的认同,也被称为"社会合法性"(Hearit,1995;Deephouse,1996)。

在技术、政治与社会关系的传统理论解释中,有两个流派:一是技术统治论,认为技术对社会具有形塑作用,促使社会对技术带来的治理变革"习以为常",从而实现社会合法性(Hughes,1994;马尔库塞,1989;哈贝马斯,1999;霍克海默、阿道尔诺,2006);另一个是技术工具论,认为技术作为政治的工具,为政府治理的"理所当然"正名,促使政府治理获得社会合法性。在农业时代,封闭的社会结构和"靠天吃饭"的生产形式,塑造出"君为天子""君权神授"等价值信念,成为君主统治合法性的基础。工业时代,高度发达的社会分工和基于契约精神的市场经济,催生了以尊重个体权利的民主和遵守正式规则的法治为核心的现代合法性观念和以保护个人权利为宗旨的"法理型权威"(韦伯,1997b:793)。

技术统治论和技术工具论都强调了"技术赋能政府治理,形塑公众认知"的逻辑,认为技术提升治理能力与效率,给社会带来便利的"赋能作用",就可以使技术引发的种种变革自然地获得公众认同与社会合法性。但这种逻辑并未充分考虑公众的真实态度、价值偏好与理性判断。而当前社会智能化转型面临着两个新趋势:一是人类社会虚与实的界限进一步模糊,传统基于人际互动而形成的组织与社会关系正在被逐渐解构,每个独立的个体甚至都可以被"二维码"化,拥有数据信息资源和技术优势的企业的社会影响力和控制力快速增强,行动者网络逐渐替代传统决策中的等级关系,政府从绝对权威转变为利益协调者(俞可平,2000;Lyall,2017;陈劲等,2020);二是公众教育水平的提升,个人素质的提高也使得公众更加理性,在智能技术推动政府治理创新过程中,越来越多的公众开始关注智能技术对个人隐私安全造成的威胁,理性思考技术带来的损益平衡,并不轻易认同技术带来的治理成效,智能治理正面临潜在的社会合法性危机(van

Zoonen,2016；刘永谋,2019）。这些趋势正在与现代合法性观念和既有社会权力结构形成冲突，激发了重塑政府治理社会合法性的需求。

当前围绕智能治理的大讨论，尽管已经形成了"用新兴技术来治理"能够提升治理能力和公共服务质量的共识（Wirtz & Müller,2019）。然而，治理能力和效率的提升是否意味着治理的社会合法性增强？在前述现实背景中，作为"操盘手"的实践者对公众权益的"暂时搁置"，以及作为权益所有者的公众"话语缺失"，导致"治理的社会合法性"问题在相关讨论中罕有提及。关注"对新兴技术的治理"的学者，虽然意识到了新兴技术应用可能引致的数据安全、算法歧视、隐私侵犯等问题，却很少将这些问题与"社会合法性"关联起来（梁正等,2020）。

从组织的视角来看，社会合法性具有追求组织有效性和强调组织要符合社会公认制度规范的双重意涵（Meyer & Rowan,1977）。在新兴技术赋能于政府治理的大背景下，利用技术带来的治理能力，以回应公众真实态度与需求为导向，向社会公众展现智能化情境下政府组织的有效性和合规性特征，确立科学技术主导的刚性治理和社会价值主导的弹性治理之间的平衡（高奇琦,2020），寻求公众的支持与认同，是构建智能治理社会合法性的关键所在。

## 1.2　研究问题的提出

正如英国著名学者、科学学奠基人贝尔纳（John Desmond Bernal）(1982:317)在其著作《科学的社会功能》中所言："科学技术的发展本身既为我们揭开了改善人类生活的前景，也为我们开辟了毁灭人类的可能性。"新兴技术在提升治理能力上的效果和潜力都十分显著，但在此背景下，治理的社会合法性会发生什么样的变化却是一个未知数。公众究竟是会因为治理能力和公共服务效率提升而加强对政府行为合理化的认同并愿意为此让渡一部分个人数据信息权益；还是会因为政府行为的触角过分伸向私域，对公众个人权益形成威胁而心生反感？这是当下智能治理正在面对并亟须解决的问题。

本研究试图在利用"公众权益"这一要素桥接"用新兴技术来治理"和"对新兴技术的治理"两大议题的基础上，结合对技术社会功能的思考，对其中的科学命题进行提炼细化，进而提出本研究的理论问题：**在新兴技术促动社会变革的情境下，智能治理如何实现社会合法性？**具体可以分解为三个研究问题：

（1）在新兴技术嵌入治理实践的过程中，公众对于智能治理的社会合法性问题具有什么样的态度和表现？

（2）在社会智能化转型背景下，智能治理社会合法性形成的内在机制是什么？

（3）政府的干预行动能否以及如何影响智能治理的社会合法性？

只有深入理解这些问题，才能在现实中为走出智能治理的公众信任危机、克服智能治理的"目标偏移"问题、塑造智能治理的社会合法性找寻破解之道。

## 1.3　研究内容与研究方法

### 1.3.1　概念厘定

本研究涉及一系列较为抽象的学术概念和术语，为了便于理解相关内容，有必要在此提前进行界定和澄清。

一是**"智能治理"** 的概念。"治理"（Governance）一词起源于古希腊文词语"Kybenan"与拉丁文词语"Kybernets"，意思是掌舵、引导、操纵（瓮士洪、顾丽梅，2013）。在政治学发展史上，经历了从关注"治理"转向关注"统治"最终又回到对"治理"的关注的转变。古希腊时代的"治理"意指通过一种外在强制力，引导公众正确生活，解决公众遇到的问题，使一切井然有序，而这种强制力的拥有者可能是治邦者、舵手、牧人等，目的在于让被照料者服从照料者的引导（彭亚平，2019）。启蒙运动与近代科学诞生以来，公众开始意识到可以通过科学、理性实现自主引导和控制，国家和政府的使命在于利用强制力保护人类共同体的财产与安全，对个人和社会进行"统治"（韦伯，1997b：263）。随着后工业化时代到来和后现代主义兴起，"治理"再度为社会所重视。1989 年，世界银行报告 *Sub-Saharan Africa：From Crisis to Sustainable Growth*（《撒哈拉以南非洲：从危机到可持续增长》）提出"治理危机"（Crisis in Governance）的概念，其中对于治理的讨论依然强调如何引导社会作出正确选择。但此后不同学科、不同流派对治理热潮的追逐，使得治理"面临着变成一个空洞的缺乏理论基础的时髦术语的危险"（Fukuyama，2013）。1995 年联合国全球治理委员会（Commission on Global Governance）发布的报告 *Our Global Neighborhood*（《天涯成比邻》）将现代的"治理"概念定义为，"个人和体制，以及各种公共和私营部门，管理其共同事务的诸多方式的综合"。与"统治""管理"的概念相比，治理代表一种新的趋势,即国家与社会的关系从命令转向合作,国家的中心地位被国家、社会和市场的新组合所取代,政府外部的力量的作用更加突出(王诗宗,2009:41)。从历史发展的脉络来看,"治理"蕴含着双重含义,原意是指国家通过权力运作和观念教育塑造理想公民;新的治理理论则强调突破传统官僚制层级限制,寻求组织、技术、程序、制度的变革创新(Bryson et al, 2014;彭亚平,2019)。本研究关注的"智能治理",则是智能要素和治理要素的结合,**意指利用大数据、云计算、人工智能、区块链等新兴技术,推动政府政策决策过程和公共服务供给更加精准高效,公众参与更加便捷有效的公共治理新模式。**

二是"**治理能力**"的概念。如前所述,新兴技术对治理能力的提升已经是社会各界的共识,但目前尚未形成对治理能力的统一定义。"治理"一词突出的是多主体特性,而现有关于治理能力内涵的讨论,侧重点仍是政府在治理活动中所显示出的活动质量(李景鹏,2014)。一些学者基于对政府能力的类型划分,将治理能力区分为财税汲取能力、合法性塑造能力、社会管制与干预能力、政治强制能力等不同类别(王绍光、胡鞍钢,1993;胡宁生、张成福,1998;福山,2007;汪仕凯,2014)。王浦劬(2014)指出,治理能力应超越传统的政府能力这个单一维度,兼顾政治权力主体进行治理和公民权利主体参与治理的双重需求。在中国特有的政治环境下,需要政府在履行统治职能的同时,培养公民对于权利和义务的认知,创设公民行使和维护权利的途径(王名、刘国翰,2014)。简言之,**治理能力就是政府运用技术和政策推动治理目标实现的能力,这里的治理目标既包括了促进制度革新,也包括了塑造理想公民。**

三是"**合法性**"的概念。"合法性"是现代理论社会学和政治学中的一个核心概念。已有讨论基于应用场域的区别,对合法性的概念进行了不同维度的区分,包括了政治与行政的合法性、组织合法性、社会合法性以及法律意义上的合法性等。较之于"治理能力"这个概念对政府行为的侧重,**本研究对"合法性"的关注则更偏向于公众的反馈与认同,因而将其进一步聚焦在"社会合法性"的维度**。最早对"合法性"这一概念作出系统阐述的韦伯,主要关注的是政治与行政的合法性问题。韦伯(1997a:239)指出,合法性是一种可以被信仰的合乎理性的价值,是公众对于政治秩序的认同和服从。而这种认同的形成,是因为其具备被认可的价值,而非物质利益的驱动(哈贝马斯,1989:188)。在组织管理领域,合法性被定义为文化与社会环境对组织的支持程度(Meyer & Scott, 1983)。而社会合法性的概念,是指在既有的社会规范和价值信念系统中,作为社会基本组成要素的公众对一个实体行为及其结果是否"正当"的感知或假定(Parsons,1960;Suchman,1995)。公众对于正当性的感知决定了行动者能否获得社会承认,而这种社会承认又决定了行动者的行动能否顺利地开展下去(蒋凌飞等,2016)。对于是否"正当"的判断,与一定历史时期的生产力水平和社会规范结构相关联,这些因素的改变,也会引发新的合法性诉求,如果行动者无法满足新的期望,就会陷入合法性危机(哈贝马斯,2009:100)。本研究中的"社会合法性",也嵌入了社会智能化转型过程中公众合法性诉求的动态变化,意指**政府组织在利用新兴技术和政策实现治理目标的过程中,公众对于相关技术及政府行为是否可取、适当的认知**。

四是**城市大脑**的概念。作为本研究选取的研究实例,本研究中的城市大脑不仅包括了由阿里巴巴集团率先开发,并由杭州市最先引进使用的"杭州城市数据大脑",还涵盖了中国境内其他城市和地区基于大数据、云计算、物联网、人工智能等新兴技术融合的智能治理创新应用中枢平台,它们能够为政府城市精细化管理、交通疏导、社会安全、应急管理、医疗健康、文化旅游、基础教育、便民金融、环境保护等职能的履行和公众参与提供支撑。准确来说,**本研究的城市大脑是基于大数据智能的数字政府 2.0 概念,也是新一代智慧城市建设的核心**。与传统数字政府追求的"信息化"概念相区别的是,城市大脑更强调"集成",包括技术集成、数据集成和业务模块集成,以及在集成基础上实现的全息感知和智能决策(张建锋,2019:44)。受晋升锦标赛(周黎安,2007)等因素的影响,一些地区可能会通过"赶超型创新"的方式(黄晓春、周黎安,2019),提出城市大脑之外的新名称。但在本研究中,将具有上述功能的智能应用中枢平台,统一定义为城市大脑。

### 1.3.2 研究对象

本研究的研究对象是公众对于城市大脑及其应用的社会合法性认同,具体包括公众对于需要通过采集整合公众个人数据信息才能工作的城市大脑的接受度,公众对政府利用城市大脑数据信息辅助公共服务的认可度,以及对政府利用城市大脑数据信息创造经济价值的认可度,这三个维度的主观认同共同构成了公众对于城市大脑的社会合法性认同。从实证角度,本研究首先选取我国城市大脑建设的现实案例,进行深入质性研究,明确城市大脑社会合法性问题产生的原因和影响公众对于城市大脑社会合法性认同的因素。此后,通过网络问卷"调查—实验"的方式,以参与网络问卷"调查—实验"的 2007 位受访者为研究对象,进一步探讨哪些因素影响公众对于城市大脑的社会合法性认同,以及公众的合法性认同能否被政府的合法性塑造行为所影响。

### 1.3.3 技术路线

社会科学研究具有建构主义和实证主义两种范式。建构主义强调研究者依据对现实现象的观察和归纳,得出具有普遍解释力的结论,遵循的是归纳的逻辑。实证主义则遵循演绎的逻辑,强调基于既有理论提出研究假设,并通过实证研究对假设进行检验。

尽管围绕公众心理认知的形成和政府对合法性塑造的研究已经较为丰富,通过文献综述可以提取出对关于公众合法性认同的影响因素以及政府影响公众的相关行为策略,但由于本研究涉及的领域较为新颖,目前全国各地城市大脑建设都还处于刚刚起步的阶段,学术界关于城市大脑以及公众对于城市大脑态度和认知的研究也较为罕见,对于城市大脑建设过程中的具体现象及面临的问题缺乏经验描述和实证记录,已有研究总结的影响因素和政府行为在城市大脑社会合法性分析中的适用度存在较大不确定性。因此,本研究采用建构主义和实证主义相结合的实证主义研究范式,首先运用质性案例研究方法发掘城市大脑建设实践中的新问题、新现象,提取关键要素和变量,将基于质性研究获得的经验知识嵌入通过文献综述建构的理论模型,对理论模型进行修正和丰富,提出相应的研究假设,再利用定量研究方法与实验方法,对所提出的理论模型进行假设检验。

具体研究技术路线如下:

(1)通过对关键人物的访谈和对典型案例的参与式观察,获取相关质性研究资料,对我国城市大脑建设进行案例研究,重点对典型案例地区在建设城市大脑过程中的智能治理实践情况和合法性问题进行发掘,以识别在城市大脑建设情境下,对公众认同与社会合法性可能产生影响的关键因素以及政府为塑造合法性而进行的行为探索。将所获得的经验知识,嵌入基于对已有文献进行梳理而建立的初始理论模型之中。

(2)在对理论模型进行补充完善的基础上,利用通过网络途径向社会公众发放的调查问卷数据,采取描述性统计、多元回归分析等方法,对公众合法性认同形成的内在机制进行分析,检验理论模型中相对应的研究假设。

(3)进一步采用基于等组后测设计的情景模拟问卷实验法,对从质性研究中提炼的政府对合法性塑造与声誉建构的三种外部干预策略的效果及其对公众主观感知和合法性认同的影响机制进行分析,检验理论模型中对应的研究假设。

(4)结合焦点小组讨论和深度访谈获得的相关信息,剖析公众认知与态度变化的机制,进一步对实证研究的结论进行验证,形成本研究的最终结论。

本研究的技术路线如图1-3所示。

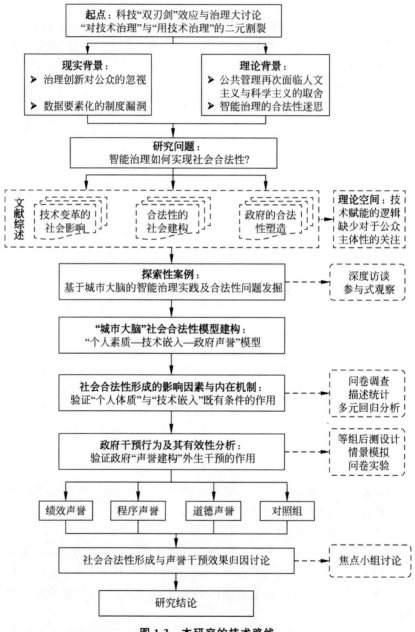

图1-3 本研究的技术路线

## 1.4 篇章结构

基于研究问题和研究思路，本书共分为七章，主要内容安排如下。

第1章，绪论：技术、政府与社会的互动。结合当前的实践和理论背景，提出本研究的研究问题，并对相关概念、研究对象、研究方法与技术路线做出简要介绍。

第2章，文献综述。围绕第1章对技术、政府与社会互动的引论和对相关概念的界定，深入探究已有文献对于技术社会影响、合法性的社会建构以及政府对合法性塑造的讨论与解释，识别技术、政府与社会的互动关系与理论脉络。

第3章，对城市大脑的探索性案例研究。通过质性案例研究的方法，梳理城市大脑带来的治理创新和引致的风险，结合对Z市D县城市大脑赋能治理创新的典型案例的深描，刻画城市大脑提升治理能力与效率的具体表征，分析"技术变革"促动"治理变革"过程中潜藏的合法性危机，识别地方政府为化解合法性危机尝试采取的策略与行动。

第4章，理论模型建构与研究假设，通过对已有关于社会合法性理论的回溯与梳理，嵌入通过质性研究提取出的关键变量和政府声誉建构的行动策略，构建理论模型，形成本研究的假设。

第5章，社会合法性形成机制的多元回归分析。在大样本问卷调查的基础上，通过描述性分析、信度效度检验、因子分析和多元回归分析，揭示验证已经存在的现实条件（个人素质、技术嵌入）对公众主观感知与社会合法性的影响。

第6章，基于随机问卷实验的政府干预效果检验。利用等组后测设计情景模拟问卷实验的方法，对不同组别的被试分别施加不同的绩效、程序和道德干预策略，并将干预后的结果数据与对照组数据进行对比分析，探讨不同声誉干预策略对社会合法性形成内在机制的影响。

第7章，讨论与结论。借助与已有理论的再次对话，以及在质性研究过程中面向公众开展焦点小组讨论的相关记录，对本研究的实证结果作进一步的解释与讨论，形成本研究的最终结论。

本书篇章结构如图1-4所示。

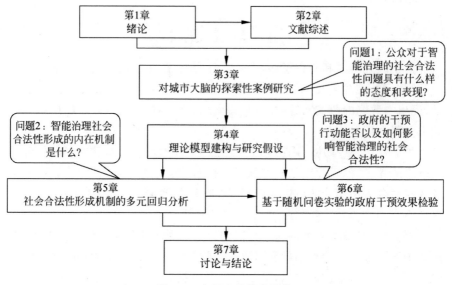

图 1-4　本研究的篇章结构

# 第 2 章 文献综述

"自尊来自理性并经由思考而加强,理性使人关注自我,远离那些让他痛苦或难受的一切事物。"

——卢梭(Jean-Jacques Rousseau),《论人类不平等的起源和基础》,1755

本章是本研究的文献综述部分。在解答本研究提出的三个问题之前,需要捋清的问题是,从古至今,人们对于技术的形成和发展,以及在此过程中技术与社会之间的关系究竟报以什么样的思考和认知?人们对于技术与社会关系的认知,是否会影响人们对于特定事物或组织行为产生或存在的合法性的理解和认同?特别是当"特定事物"和"组织行为"被进一步聚焦至新兴技术产物和政府行为时,技术、政治与社会公众会呈现出一种什么样的互动状态?技术与政治是如何共同作用于公众的?

## 2.1 技术变革的社会影响

在技术社会学的视野下,技术是一种特定的社会现象,技术社会学意图解释技术与社会系统交互作用的动力机制,由此衍生出了技术的社会影响和技术的社会建构两条研究路径(李三虎,2015)。本研究主要关注的是新兴技术赋能于治理实践带来的社会效应,因此,将在对技术的社会建构属性进行解释的基础上,重点循着技术的社会影响这一路径展开理论追索,探求"技术"作为一种脱胎于人类社会发展进程的独立要素,如何在与政府和社会的互动中,对政府与社会公众产生深刻而长久的影响。

### 2.1.1 技术与社会互动关系的宏观构想

**1. 早期对技术社会功能的探索与迷思**

关于技术和社会的互动关系问题,最早可以追溯到古希腊学者对于"技艺"(Techne)的功能探讨。"技艺"是古希腊哲学中一个重要的基础概念,但在柏拉图和亚里士多德的论述中,技艺的指代却十分宽泛,同时涵盖了知识(Phronesis)、科学(Episteme)、智慧(Sophia)等不同的意思。这一概念的独特之处在于它尤其强调对非经验性客观知识的实际应用(毕祖曜,2019)。换言之,技艺来自对现实事物的观察和思考而形成的理念与认知(柏拉图,2003:473)。按照功能划分,技艺既包括生产一切生活必需品,艺术创造,以及医术、航海术等能够为各方面提供保护的基础性技艺,也包括发现拥有极致"精确性"或"纯洁性"程度的"理论科学"和指导城邦社会秩序的"治理术"等指示性技艺(廖申白,2006;赵墨典、包国光,2019)。无论是哪种类型的技艺,都在持续地对人类社会的运转和发展产生深刻影响。

近代科学形成以后,西方国家通过两次工业革命,逐步建立起以机器技术为基础的工业体系,技术给人类社会带来的变革性影响凸显,激发了社会各界对技术与社会间关系的普遍关注。Ogburn(1922)和Gilfillan(1935)等学者通过对科技发展史上科学发现和技术发明的案例收集和实证分析指出,技术变革的发生和新技术的出现往往深受社会需求影响,是社会发展到一定阶段的必然结果,而并非个人灵感的迸发。此后,关注科学与社会之间关系的科学社会学研究者,也从技术发明的过程、科学知识与技术的关系等不同的角度广泛论述了社会制度、社会兴趣、社会认可、既有科学技术遗产等社会性因素与技术的交互作用,初步形成了"科学技术推动社会变化,而社会变革又进一步影响新的技术形态"的反馈循环(贝尔纳,1982,2015;巴伯,1991;默顿,2000)。

但工业化带给社会的巨大变化和高效率运转,使得人们逐渐陷入对技术能力的迷信,形成了"技治主义"(Technocracy)和"技术决定论"(Technological Determinism)思潮,认为科学技术具有自身的逻辑和演进路径,整个社会都置身于技术构造的新环境中,由技术所规范和统治,社会的进步最终是由技术决定的(Ellul,1962)。这种思潮甚至引发了人们对于劳动完全由技术替代后人类步入"闲暇社会"的美好想象(Nimkoff,1964:575)。但在深受德国批判社会学传统影响的法兰克福学派看来,科学技术对实用和效率等工具理性的追求,最终将在发达工业社会里异化成统治和奴役的新形式,强化统治者进行极权统治的合理性(Habermas,1971:84)。对于技术社会功能的学术讨论,在一定程度陷入了"技术乐观主义"和"技术悲观主义"相互争论的迷思。

**2. 技术社会学诞生以来的路线分野**

20 世纪 60 年代开始,第三次科技革命的兴起使得技术革命与社会进步的关系问题成为科学社会学包容不下的一个重大现实问题而尖锐突出出来(王过渡,1986),特别是科学知识的社会建构主义本身遭遇了"反身性"困境[①]。由此催生了技术社会学分化成为一门独立的学科[②],从整体化形式的角度,特别是从技术的内部和技术形成的特定社会背景,考察技术与社会的互动关系,形成了"技术—社会系统"、技术的"行动者—网络"和"技术的社会建构"三种研究路线(莫少群,2003)。

"技术—社会系统"(Socio-technical Systems)路线将技术与科学、社会看作一个整体,强调技术本身并非一个"自主性"实体,而是一个包含了物质性人工物品、各种组织机构、规章制度以及各种职业角色的人员等要素的"社会技术集"(Sociotechnical Ensembles),技术与社会的关系就是系统内不同要素之间的互动演化。这一路线的代表人物休斯(Thomas P. Hughes)利用"技术动量"(Technology Momentum)的概念解释技术与社会的互动。一方面,社会要素是技术系统获得动量的来源,技术系统通过从社会中获得动量而不断强大。另一方面,技术系统也可以通过自身的强大动量形塑社会,使得社会运转嵌入由特定技术引来的路径锁定,吸引人们为适应其特征展开各种规划(Hughes,1994;杨海红等,2020)。

"行动者—网络"(Actor-network)路线认为,技术研究本身可以被视为一项社会学分析的工具,技术与政治、经济、文化等社会构成要素相互联结,

---

① 科学知识的"反身性"困境源自贝斯学派代表人物柯林斯(H. Collins)提出的科学知识经验相对主义。他认为,科学知识的产生是社会建构的产物,是基于特定条件下社会磋商的结果,不存在客观标准。但这种解释忽略了科学知识中自然规律的客观性。既然科学知识是社会建构出来的,科学研究也就无法保证其客观性,失去了存在的价值。这种矛盾的结果就是科学知识社会学的"反身性"困境。平齐(T. J. Pinch)和比克(W. E. Bijker)(2012)等将科学知识与技术加以区别,认为科学知识是客观的,但技术活动则是社会建构出来的,与自然联系不大,从而瓦解了科学知识的"反身性"困境。

② 在技术社会学的讨论中,科学与技术一般被视为两个不同的概念。科学是人类认识世界的知识和方法体系,技术是人类改造世界的知识和技艺体系(王过渡,1986)。科学的根本职能在于认知职能,目的是探索揭示自然界未知的客观规律,科学相对于社会具有较强的独立性。而技术的根本职能是借助人工实现对自然界的控制、利用和改造,技术的形成往往取决于社会生产和生活需要,技术对社会具有绝对的依赖性。技术直接与社会进行互动,而科学则是通过指导技术而间接与社会进行互动。这种区别使得科学社会学与技术社会学成为两个不同的理论体系,而技术对社会的依赖性也是"技术社会建构"产生的基础。

形成一个异质(Heterogeneity)行动者组成的网络。这个网络中包含了人类行动者和非人类行动者,这些行动者共同形成一个巨大的行动网络。不同的行动者依靠转换彼此的位置实现联结并制造出不同的社会构象。换言之,所谓的"社会"并没有实体的存在,其实质就是不断形成、变化的行动者联结,而技术则是构成这种联结和推动联结变化、消亡的重要因素之一(Latour,2006)。

"技术的社会建构"(The social construction of technology,SCOT)路线则侧重于探寻技术产生的社会学解释。平齐(T. J. Pinch)和比克(W. E. Bijker)(2012)将柯林斯(H. Collins)的经验相对主义观点引入对技术的分析,认为技术就是由各种不同社会因素建构的产物,技术的形成是对社会层面经济的、政治的和文化的需求的反映,与自然的联系不大(Bijker & Law, 1992:121)。不同社会集团的利益和冲突会造成不同的技术发明与设计,导致技术设计处于一种"不确定"(Under-determination)的状态,不同的社会群体由于价值观不同,也会对同一种技术产生不同的解释,导致对技术产物的"解释柔性"(Interpretative-flexibility),不存在稳定的、预设好的技术发展目的(郑晓松,2017)。技术的社会建构主义强调了社会因素对技术的影响,关注技术的起源,但忽略了对技术后果及社会影响的考量,因而引起大量批评。

20世纪90年代以来,高新技术的兴起使得许多研究者重新开始强化对技术的社会影响问题的关注,社会建构主义的论调逐渐淡化。而人类学家、文化研究者的介入和后现代主义、后结构主义等理论思潮的兴起,使技术社会学的研究呈现出跨学科、多元化的特点。不同学科学者开始从技术的公众认知、信息、生物等颠覆性技术社会影响、技术的文化与社会论争等现实情境下的微观表征切入,探究技术对于社会行动和社会文化的建构意义(莫少群,2003)。在技术社会学的视野向技术的社会影响复归的过程中,越来越多的研究将对技术发展给社会带来影响的观察拓展至新技术成果的全生命周期,围绕技术引发的社会问题,反推现象产生的动因和机制,以建设性技术评估(Constructive Technology Assessment)的方法,反馈于技术发展路径的优化(Schot & Rip,1997)。

### 2.1.2 技术政治功能的哲学论争

在对技术与社会关系持续数十年的讨论,特别是关于技术对社会影响的讨论中,学者们始终关注的一个核心问题是技术与社会统治的关系。这里关于技术对社会统治的影响包括两个方面,一是统治的具体形式与形态,二是被统治者观念变化的机制。这两个方面,与韦伯对于"合法性"概念的解释密切相关。

**1. 技术统治论**

以法兰克福学派为代表的西方左翼学者,普遍对技术持有一种较为悲观的态度,认为技术虽然脱胎于社会发展,但最终能够取代传统的政治暴力手段,成为新的统治形式(陈振明,1997)。卢卡奇(Georg Lukács)(1996:15)认为,科学技术在应用于改造自然方面,可以推动科技的进一步发展。但如果被应用在社会层面,就会变成资产阶级的统治工具。因为在工业化生产过程中,劳动分工的精细化、机械化,会导致工人的活动丧失自主性,进而丧失自由意志,将被支配看作理所当然合理的事(卢卡奇,1996:151)。霍克海默(M. Max Horkheimer)和阿道尔诺(Theoder W. Adorno)(2006:107)强调了技术统治的"内化"过程,认为技术发展促进了生产工具的精确化、复杂化,导致人变成被机器操纵、奴役的对象,借此,统治者的意志和命令被逐渐内化为一种公认的心理认知而获得被统治者的自觉遵从,公众自觉成为"顺民",不再需要倚靠传统的暴力。

对技术统治作出系统论述的是马尔库塞(Herbert Marcuse)和哈贝马斯(Jürgen Habermas)。马尔库塞(1989a:106)指出:"不仅技术的应用而且技术本身,就是统治——有计划的、科学的、可靠的、慎重的控制。技术总是一种历史—社会工程,一个社会和它的统治利益打算和对人和物所做的事情都在它里面设计着。"他认为,工业社会中的政府,利用工业文明中的科技和机械生产率,对社会的经济、政治、文化以及人们的私生活、人际关系等方方面面进行着"工业—心理学"控制。人们在对绩效和效率的服从中,变成了大机器系统中按部就班的零件,丧失了自主性和创造性,固化于单面的思维方式,变成单面人,社会也变成单面社会,都沦为技术的囚徒(马尔库塞,1989b:5)。

哈贝马斯特别分析了科学技术对社会统治"合理化"的影响。他认为,韦伯将"合理化"看作统治者利用科学技术成果,对社会制度进行改造和控制,以实现强制的统治合理性的观点是片面的,实际上是把"合理化"与"合理性"的概念混为一谈。工业化过程中资本主义统治的合理化是在技术发展过程中自然形成的,人们在社会交往过程中逐渐形成这样一种观念:科学的、技术的安排就是最合理的,因此,对技术机制的自觉服从的工具理性成为一种社会共识和意识形态,保护了统治的合理性(哈贝马斯,1999:72)。

**2. 技术的中立性与工具论**

与法兰克福学派对于技术的悲观情绪不同,马克思(Karl Marx)和韦伯对于技术的认知带有更加强烈的中立色彩,在他们的观点中,技术作为人类创造的产物,具有社会属性,承载了人的知识、意志、观念等社会价值,这是技术与纯粹的"自然物"的根本区别;但"技术本身"相对于使用技术的目的具有中立性,技术创造的过程仅仅是一个对"技术"这种人造物赋予有限的社会意义的过程,并没有明确的目的指向性与价值倾向性(吴致远,2013)。

马克思将科学技术视为"最高意义上的革命力量",技术增强了人类改造自然的能力,加速了产业革命,而产业革命又为新社会的形成创造了物质基础,推动了社会的变革。换言之,技术并非一种意识形态,而是一种生产力和工具,能够为社会的变革提供物质支持(马克思,1978:111)。技术在政治和军事领域中的属性与经济领域的工具和机器一样具体和物质(Mouzelis,1999:45)。雅斯贝尔斯(Karl Jaspers,2019:135)指出,技术的价值在于其"使能"(Enable)作用,即它具有帮助人们实现目标的能力。但技术是给人类社会创造更大价值还是带来更大风险,取决于技术活动中的组织和个人对待和利用技术的方式。根据马克思的观点,资本主义的使用方式是科学技术成为资产阶级统治工具的主要原因,只有根本改变技术的资本主义使用方式,技术才能消除消极作用,真正为人民服务(陈振明,1991)。

韦伯(2006:372)特别强调"事实—价值"二分,科学技术是价值中立的,但统治者可以利用科学技术发展带来的繁荣,为统治的合法性张目。合法性的获得并非通过技术发展自然发生,而是统治者权术与权谋得以实现的结果(韦伯,1997b:217)。韦伯将"技术"概念的外延从科学领域拓展到社会领域,人类社会专业化、工具性、可测量、可计算的规范、流程、产出也都可以看作"技术"。合法化过程中,"社会技术"发挥着主导作用,科学技术则是增强社会技术效能的工具和补充(赵大宇、田鹏颖,2005)。

福柯(Michel Foucault)(1999:235)则更加直接地表达,科学技术被权力的拥有者(统治者)用于开发"规训"之术,让权力在人们内心自动运行。传统权力只能依靠残酷刑法等暴力手段恐吓人们,以获得人们肉体的服从。而技术的发展,则让统治者具有了让人们在精神上服从的能力。统治者可以通过"监视"调动人们的恐惧心理,在不施加真实惩罚的情况下,就让人们变得服从。

总的来看,在技术社会学的视野下,技术并非自然形成的,而是顺应社会发展需求而被人们创造的产物,承载了一定的社会价值负荷。但对于技术产生之后如何影响社会,特别是如何在政府治理上发挥作用,学术界还存在不同的观点。一种较为流行的观点对技术持批判的态度,认为技术对社会的影响是自发的,技术本身最终将演化为一种合理的统治形式,人们的认同和服从是技术导致的结果。另一种观点则认为,技术对社会的影响来源于人为的操纵,技术只是统治者强化政府治理的工具和辅助力量,促使人们认同和服从的原因不是技术,而是统治者的权术。

在新兴智能技术被大量运用于治理实践,以及整个社会正朝着智能化快速转型的时代背景下,技术社会学中关于技术与社会辩证关系以及技术政治功能的探讨,为本研究发掘智能化时代的技术在政府与社会关系中扮演的角色,提供了基础性的理论视角。

### 2.1.3 智能技术引发的新现象与新问题

**1. 智能技术的赋能与颠覆效应**

历史上,每一轮科技革命的爆发和新兴技术的涌现,都会让人类深刻体验到科技进步引致的"繁荣"与"风险"之间巨大的撕裂感。近年来,随着大数据、人工智能等新兴信息技术的相继涌现,激发了众多学者对于这类颠覆性技术(Disruptive Technologies)创新对人类政治与社会生活的赋能与颠覆效应的关注,也为探讨技术与社会的关系注入了新的思想(Christensen,2013;陈振明,2015;王学昭等,2020)。其中,融合了大数据、云计算的算力、智能算法三重要素,且具有与内燃机或电动机相似的"使能"作用,能够对任何领域的技术能力进行强化的智能技术尤其受到关注(Lyu,2020;苏竣等,2020)。

对于当前引领新一轮科技革命和产业变革的智能技术巨大的赋能作用,国内外研究已经就此类技术在提升个人生活品质和科学素养(Tegmark,2017;孙伟平,2017)、提高经济生产效率(Aghion et al.,2017;Acemoglu and Restrepo,2018)、强化社会治理与公共服务能力(Wirtz and Müller,2019;高奇琦,2020)等方面的赋能效用进行了丰富而详尽的论述。

在微观公众个人层面,基于大数据检索、模式识别、自然语言处理等技术的产品应用日渐成熟并广泛分布在家居照护、商务服务、个性文娱等领域,这些技术成果能够通过自动收集和记录用户的习惯,识别用户偏好,从而为用户提供更加便捷、高效率、个性化的服务与互动,帮助公众摆脱当前"信息海洋"与"知识匮乏"对峙的困境,并且将人类从繁复的劳动中解放出来。人类的思维不再被固化到日常重复的工作中,可以使其更专注于劳动价值含量高的领域(孙伟平,2017;肖峰,2018)。而人类也将在更加频繁、日常的人机互动中进一步建立对技术利益与风险的清晰认知,个人科学素养得到潜移默化的提升,公众将能够以更加科学理性的态度对待技术创新和社会进步(张劲松,2017;喻丰、许丽颖,2020)。

而在中观产业与组织层面,智能技术带来的最大改变,在于其进一步打破了虚与实的界限,在人机互动的新情境下,重构了传统基于人际互动而形成的组织关系。一方面,相关技术成果在金融、安防、教育、医疗、交通等领域的应用普及(黄萃等,2017;蒋璐伊等,2018;刘复兴,2019),增强了信息资源的数字化、网络化、智能化,打破了传统组织信息流动的诸多壁垒,推动组织从线下向线上转移,进一步促进了组织结构的扁平化。在此背景下,原本繁杂冗长的业务流程,可以借助信息资源的归集实现系统化梳理、整合与精简(Echeverría & Tabarés,2017;Makridakis,2017)。另一方面,这些技术成果所具备的超强信息储存、超级模仿和深度自我学习能力,也在一定程度上实现了对组织中劳动者的功能性替代,在增强相关业务的处理效能和质量的同时,推动着行业和组织中分工和责任的重构(Moniz & Krings,2016;Acemoglu and Restrepo,2018;郭凯明,2019)。

在宏观治理与政策层面,智能技术在社会治理中的应用,实现了对政府和社会的双向赋能(Androutsopoulou et al.,2019;Matheus et al.,2020;戴思源、孟天广,2020)。对数据挖掘、获取与分析能力的拓展,特别是城市大脑等智能中枢平台对整个社会信息资源的统筹,能够缓解信息在逐层传递过程中的扭曲和失真,使决策者能够快速、准确地掌握全局信息、做出决策,提高政府应急响应的效率和质量(戈德史密斯、克劳福德,2019;张建锋,2019)。而公众日常使用的智能设备与城市大脑智能中枢间建立的数据传输连接,也为公众直接参与社会治理开辟了新的渠道,公共政策决策逐渐从封闭、神秘化走向透明、规范化,智能技术辅助、多主体参与、超越政府中心主义的智慧治理已经显示出旺盛生命力(黄萃等,2017;郁建兴、黄飚,2019)。

但智能技术的有效性建立在海量数据训练和算法设计之上。数据本身是一种人造的资源,数据的性质、数量和质量容易受到其产生环境的制度安排的影响(许成钢,2018)。算法设计是基于"大数据集"进行训练学习以形成"规则集"的过程,也容易陷入对产生"大数据集"的社会环境的路径依赖,陷入"自我强化的困境",导致算法的有偏性(贾开,2019)。智能技术对现代社会的强烈映射,使得其依然无法摆脱自反性现代化的逻辑困局(贝克,2018)。从数据收集的环节开始,人类就面临着不可避免的信息泄露、对技术不适应、伦理失范等新风险(Pasquale,2015)。而在技术社会影响治理的终端环节,由于智能技术的知识复杂性和颠覆性,当前也存在信息不对称、规范共识难达成、政府职责不匹配等困境(Gasser and Almeida,2017)。

在具体表现上,包括数据和算法在内的智能技术通常被特定的机构垄断。这些机构可能会出于自利而非公益的目的,扭曲数据和算法的流动轨迹,有选择性地向公众提供他们想让公众获得的信息,甚至操纵公共舆论,导致"信息茧房"效应,影响用户的价值判断和行为偏好(唐钧,2019)。公众个人隐私也在各类智能应用不断追踪采集个人生理特征、行为习惯等信息数据的过程中暴露无遗(Elmaghraby & Losavio,2014;van Zoonen,2016)。当前,青年人群对智能机器、智能设备的依赖和沉迷趋势日渐明显,这可能导致公众专项工作训练减少,懒惰性增强,精神意志和注意力涣散,甚至丧失发生危机时手动处理的能力(Harford,2017:179)。此外,受社会经济等背景条件影响,当前的智能技术产品分布依然存在严重的区域和人群差异,低学历人群、高龄人群、贫困人群获取和掌握这些新应用、新知识较为困难,新的"数字鸿沟"已经显现,弱势群体的社会疏离感不降反增(Fuei,2017;郎友兴,2020)。

智能技术、智能机器和设施在特定行业和组织中的大规模应用,也使得组织需要解决"新成员"进入带来的诸多新问题。一是智能机器实现劳动替代后,原有劳工的就业问题(Acemoglu and Restrepo,2018,2020)。最新的实证案例表明,这种智能化替代造成的失业,难以被所谓的技能培训和再教育所弥补(Sharif & Huang,2019)。二是新成员的权责划分问题,在现有法律框架下,承担工作任务的智能机器与智能系统并不是责任主体,不具有独立承担法律责任的属性和能力,如何准确定义不同任务环节中的责任承担主体及其权责划分,是智能技术带给组织管理的新挑战,组织规约、成员分工、权力清单与责任清单都面临着颠覆性调整与重建的需求(Čerka et al.,2015;Moniz & Krings,2016;Walczak,2016;Gürkaynak et al.,2017)。

在政府治理实践中,虚与实界限的模糊,使得一切社会事物都具有被"数据化"的可能,每个个体和组织都可以被一个二维码及其背后覆盖的信息"代替"。智能技术赋能政府通过对这些数据信息的控制,实现对个体的全面监测和控制(Guenduez et al.,2020),但政府与社会互动中的人文关怀却无法通过信息控制实现(Andrews,2019)。而在数据挖掘与分析方式不断丰富、数据信息的商业应用渠道不断拓宽、万物皆可数据化的背景下,数据的价值优势凸显,成为一种新的生产要素与财富资源,也引发了不同主体间的数据资源"抢夺大战"(Günther et al.,2017)。不择手段地获取数据、不计后果地利用数据的现象数见不鲜,带来严峻的系统性风险,加剧了社会转型的不确定性,导致了"数据殖民主义"的扩张(Couldry & Mejias,2019;苗争鸣等,2020)。

当前,智能技术给微观个体和中观组织带来的影响加速汇聚,并在宏观层面集中涌现,给整个社会的政治、经济、法律秩序都造成新的冲击,迫切需要有效治理的及时跟进(Scherer,2015)。在技术与社会的互动角力中,究竟是应该遵循技术中立的思路,发挥人的主动性,将技术发展带来的突破限制在现有的伦理规范框架下,以回应公众对于技术服务于人类福祉的关切;还是应该按照技术统治论的观点,顺应技术创新带来的颠覆与破坏,重构社会的伦理道德体系,以超然的态度迎接"奇点"的来临(Kurzweil,2005;庞金友,2020)?思考和完善处于智能转型期的社会价值体系,确立技术应用的"度",以保障技术赋能与颠覆效应之间的稳定平衡,是社会智能化转型过程中政府治理面临的一项核心议题(Bryson & Winfield,2017;何明升,2018)。

**2. "新技术治理"的忧思**

如果说为智能技术的应用划定明确的界限是保障智能技术健康发展并促进人类福祉提升的基础,那么这一基础成立的前提则是确保作为规则制定者和裁判的政府自身的客观公正性(刘永谋,2019)。福柯(1999:198)的观点认为,统治者必然会借助技术之力,强化规训与惩罚之术。吉登斯(Anthony Giddens,1998:59)将国家信息控制和监控活动的极度膨胀看作现代国家的特色之一。而智能技术则能够帮助政府将无处不在的监视和控制推向极致,尽可能扩大技术利用的范围,对于统治而言似乎是更为有利的(van Zoonen,2016;Giddens、熊美娟,2008;钱德勒、科塔达,2008)。哈贝马斯(1999:104)指出,政治决策从对现实需求的自我理解出发,决定着技术进步的方向。在这种情况下,如何保证政府不会假借监管之名,在限制其他主体利用技术的同时,不断扩大自己的权限而演化为"数字利维坦"

(Digital Leviathan)(肖滨,2009;郦彦辉,2015)?

受意识形态的影响,东西方社会在利用智能技术进行政府治理活动方面的理解一直存在较大差异(Wu et al.,2020;Aho & Duffield,2020)。20世纪后半叶,西方国家曾发起利用科学技术成果对公共治理进行改造(这一维度被称为"科学管理"),让具有较高技术知识水平的"专家"掌握政治和行政权力(这一维度也被称为"专家政治")的"技术治理运动"(Technocracy Movement),但这一运动因为过分迷信技术专制,陷入"技术决定论"的误区,缺乏对人性的尊重和人文关怀而饱受批评(Lyon,1993;Keith,1998;刘永谋,2016)。在大数据、人工智能等技术热潮兴起的背景下,西方民主体制的社会舆论长期以来对于政府可能利用各种新技术手段暗中强化对民众的控制,建立极权统治的阴谋论观点的担忧也再度引发关注(Lyon,2014;Wood,2015;Harari,2018)。刘永谋(2019)将这一现象称为"新技术治理的隐忧"。

为避免智能技术滥用和无序发展给人类社会造成危害,社会各界已经采取了一些行动,为智能技术的应用"划界"。美国电气和电子工程师协会(IEEE)于2016年率先发布了世界首个《人工智能道德准则设计草案》(*Ethically Aligned Design*)。2017年1月,斯蒂文·霍金(Stephen Hawking)、埃隆·马斯克(Elon Musk)等人领衔,数千位人工智能和机器人领域的专家联合签署了《阿西洛马人工智能原则》(*Asilomar AI Principles*)。针对公共数据采集和人工智能技术开发的规范化,欧盟先后制定了《通用数据保护条例》(*General Data Protection Regulation*,GDPR)和《可信赖人工智能的伦理准则》(*Ethics Guidelines for Trustworthy AI*)。

在受"大政府"文化影响深刻的东方国家(秦晖,2005),社会公众对于政府采取新兴技术手段进行治理的做法的态度较为包容(Greitens,2013;Gurinskaya,2020;Wu et al.,2020)。中国、俄罗斯、新加坡等国家近年来在利用诸如"城市大脑"等智能技术成果,发展和扩大政府政治控制和社会监控能力方面取得了较为突出的成绩(Liang et al.,2018;Gurinskaya,2020;Tan,2020)。尽管新加坡个人数据保护委员会发布了亚洲首个《人工智能监管框架规范》(*A Proposed Model AI Governance Framework*),中国也于2019年发布了相应的《新一代人工智能治理原则》,用以规范社会各界对智能技术的应用,但西方国家仍以借助智能技术强化独裁的"数字威权主义"(Digital Authoritarianism)(Polyakova & Meserole,2019;Kendall-Taylor et al.,2020;Lilkov,2020)等带有批判性的词汇评价中国等国家的行为。

从现有的研究来看,社会各界对于"新技术治理"的忧思实质上是对政府利用技术的行为合法性的考量(Jansson & Erlingsson,2014;Suzor et al.,2018;王小芳、王磊,2019)。智能技术的赋能作用,为政府治理宽度和深度的拓展都创造了巨大可能性(关婷等,2019),但技术能力的实现建立在公众让渡个人信息和公共信息权属的基础上(Van Zoone,2016;谭九生、杨建武,2020)。Bradford 等(2020)学者的研究表明,公众对于政府利用个人信息数据进行社会治理行为的认可需要以信任和合法性为前提。目前,赋能于政府治理的智能技术对于社会公众仍然是一种较为新颖的事物,公众对相关信息的了解并不深入,公众的信任和接受度还可以维持在较高的水平(Acquisti & Brandimarte,2015)。然而当公众知识水平提升,对智能治理中的个人损益情况了解更加深入,或者出现类似于核能、转基因等技术危机触发信任体系瓦解,就可能使智能治理陷入"塔西佗陷阱"(Tacitus Trap)(王小芳、王磊,2019)。政府如何塑造智能治理的社会合法性,增强公众对于政府行为的信任和认同,还有待于进行更加深入的探索。

## 2.2 合法性的社会建构

"合法性"是一个内涵非常复杂的概念,在实际讨论中,根据所涉及学科的差异而存在广义和狭义的区分,广义的合法性概念主要讨论社会秩序、价值规范系统,强调基于社会共识形成的规则和道理;狭义的合法性立足于政治学视角,主要关注国家统治与政治秩序的正当性(高丙中,2000)。本研究主要讨论广义的合法性,并从"行动实施者"与"行动接受者"两个方面,对其作出两个维度的划分。韦伯在提出"合法性"概念伊始就指出,合法性具有两重内涵:对于命令的发出者或行动的实施者,合法性代表"是否正当"的问题;对于命令的服从者与行动的接受者,则是一个价值认同的问题(张康之,2002)。换言之,命令者与行动者向社会展现出的形式上抑或是实质上的"正当性",以及作为服从者和接受者的公众内心的"价值判断"抑或"认同",是构成和影响合法性的两大基础。

### 2.2.1 "正当性"的现代意义

"正当性"的拉丁词源为"legitimare",相对应的英文词语是"legitimacy"。在政治学与公共管理领域,这一词语亦常被译为"合法性"。但正当性比法律教义学中意指合乎法律性的"合法性"(Legality)的意涵更加宽泛，Legitimacy 指代的合法性中的"法"，是"自然法"，包括了公平、正义、理性、权利等价值原则(韦伯，1997a：65)。正当性是一个法哲学、政治哲学层面的概念，为既有法律与统治秩序寻求道德论证，包括了"是否合乎道德性"的伦理价值判断、"是否合规律性"的科学价值判断和"是否合乎法律性"的规范价值判断三重含义(刘杨，2008)。基于正当性的标准，可以对制度、观念、行为作出价值评判。

韦伯(1997a：66)指出，"正当性"可能以四种形式展现：一是基于传统的，过去一直存在的事物；二是基于情绪的和感情的信仰；三是基于价值理性，即自然法的信仰；四是基于对现行的章程，即实在法的信仰。这种"信仰"是一定时期的社会公民，对于现存制度体系是最适合于当下社会需求的一种共识(李普塞特，1997：55)，每个人都发自内心确信遵守这种制度体系是应该的，而不是因为不遵守会受到惩罚(阿尔蒙德、鲍威尔，2007：36)。

韦伯(1997b：141)根据统治"正当性"基础的差异，把合法统治分为三种类型：传统型、魅力型和合理型。对传统型统治正当性的经典描述是"君权神授"，魅力型统治的正当性源自个人英雄主义的"克里斯马权威"(Charismatic Authority)，现有法律与章程所规定的制度和指令权利则是合理型统治正当性的来源。随着时代发展，社会对于正当性的价值判断标准也在发生变化。郑戈(2006：124)指出，正当性的判断标准、正当性的取得方式与社会行动的类型密切相关，它们之间的关联如表 2-1 所示。

表 2-1　正当性判断标准、正当性取得方式与社会行动类型的对应关系

| 社会行动类型 | 正当性取得方式 | 正当性的判断标准 |
| --- | --- | --- |
| 传统 | 传统 | 传统 |
| 情感 | 情感 | 个人魅力 |
| 价值理性 | 价值 | 自然法 |
| 工具理性 | 合乎法律 | 法律—理性 |

资料来源：郑戈：《法律与现代人的命运：马克斯·韦伯法律思想研究导论》，北京：法律出版社，2006 年，第 124 页。

工业革命推动人类进入现代化社会以来，人类对于"正当性"的认知发生了重大的转变。民族国家的兴起、货币交换与市场贸易主导的经济、劳动分工的出现、传统宗教世界观的衰落，使得理性化与世俗化成为现代社会的典型特征(霍尔，2006：43)。传统社会当中超越现实世俗世界和物质空间

的"神圣"价值瓦解,人的主体性地位得以确立,人的理性、信念、价值获得了自主性,人代替传统世界中的"神明"成为自己精神和命运的主宰。正如韦伯(1998:48)所言:"我们这个时代,因为它所独有的理性化和理智化,最主要的是因为世界已被祛魅,它的命运便是,那些终极的、高贵的价值,已从公共生活中销声匿迹,它们或者遁入神秘生活的超验领域,或者走进了个人之间直接的私人交往的友爱之中。"

工业化时代,科学技术和科学逻辑在帮助人类改造自然、指导人类规范社会生活方面产生的巨大成效,使得"逻辑充满世界"(维特根斯坦,1996),工具理性成为人类判断正当性的主要标准(孙利天等,2016)。映射于公共管理领域实践,就形成了对高效率、专业化、非人格化等唯科学主义理念的极致追求,这也成为"正当性"在公共行政领域的现代意义(颜佳华、王升平,2007)。

然而,对于工具理性的过分崇尚,也引致了新的社会问题。生态破坏、两极分化、经济危机、世界大战……对理性社会的美好想象被各种难以预料的风险打破,现代性超越了经典工业时代的设想,进入自反性现代化过程,并缔造了一种"风险社会"的新形态(贝克,2018),引发人们对于现代化中"正当性"的深刻反思。

哈贝马斯、基恩(John Keane)等都对韦伯的"正当性"提出了质疑。哈贝马斯认为,韦伯没有意识到现代社会中基于工具理性的法律与道德之间存在的区隔,由此他提出了"交往理性"的概念。哈贝马斯认为,统治者章程(法律)规定的"正当性"并不是自然就存在的。正当性的实现应该是由两个以上具有语言能力和行动能力的主体(人),基于"交往理性"进行互动,形成共识(哈贝马斯,2004:84)。在现代社会,这种交往理性体现为"民主立法程序"(刘毅,2007:72)。必须激发公众政治参与意识,通过公众的商谈对法律问题进行协商沟通,让法律能够对时代的需求作出正确的回应与完善,从而解决法律正当性缺失带来的现代社会危机(哈贝马斯,2009:102)。

基恩(1999:284)认为,韦伯基于"命令—服从"关系的正当性论断,即政治学视角的合法性意涵,并不适用于"风险社会"的新情境。基恩反思晚期资本主义面临的种种困境,提出要以一种不受现有舆论或命令与服从关系支配的中性原则对"正当性"进行重建,按照卢梭等对"公意"主张,将公众的观点、态度、期许更多地引入对正当性与合法性的讨论(基恩,1999:239)。在自反性现代化过程中,对人的价值的重视再次提升,平等、公平、正义等价值理性层面的自然法又超越效率成为"正当性"更为重要的尺度。正如贝克(2018：191)所言，风险社会下的政治实践将跳脱"政治—行政系统"横向和纵向的职权划分，公众参与、协商、谈判和抵抗将伴随民主化进程，构成新的"正当性"概念体系。

总而言之，"正当性"作为合法性的基础之一，在人类社会现代化进程中被赋予了多重含义。这其中既包括了经典工业时代的科学、效率、法治等工具理性价值，也包括了平等、公平、正义等自然法价值以及对公民权和真实民主的追求。"正当"是获得"公众认同"的前提，在实践中，为了谋求公众的认同，政治与社会行动的实施者总是会竭尽全力去展现行动的"正当性"，无论其是否真正具有值得尊重的美德(Simmons,2001：132)。

### 2.2.2 "社会合法性"的两重意涵

对于一个组织而言，向社会展示其正当性以获得社会的认可、接受与信任，这是组织能够在所处的社会环境中存续的基本条件(Scott et al.,2000：237)。Suchman(1995)指出，合法性是普遍性的评价而非就具体事件作出的评价，是"被客观地拥有但主观地创造的"。即使政府或其他组织以一种外部可见的方式展示了其"正当"的符号性价值，只有这种价值展示获得了主流社会规范，或者代表社会意愿的机构和公众的认同与认可，组织才能真正获得合法性(Dowling & Pfeffer,1975；Ruef & Scott,1998)。

组织理论研究者将对组织的认可区分为"来自权力所有者（权威）的认可"和"来自文化—认知层面的社会认可"(Meyer & Scott,1983：202)。而"文化—认知层面的社会认可"被称为"社会合法性"(Social Legitimacy)(Hearit,1995)。社会合法性关注的是法律无法规制的行为。如果组织缺少社会合法性，它将会受到来自社会或社区的额外制裁，这要求组织的行为必须符合道德要求，必须体现责任，创造信任，获得公众的认可或默许(Hearit,1995)。而这种社会合法性又可以体现为两种形式：一是对于某种特定实物或结果（如新技术、新产品、新政策、新项目乃至新组织等）的社会接受(Social Acceptance)[①](Wallner,2008；Kibler et al.,2014；苏竣,2014)；二是对于个体或组织特定行为与活动的社会许可经营(Social License to Operate,SLO)(Parsons & Moffat,2014；Morrison,2014；

---

① 社会接受(Social Acceptance)在一些著作中也被翻译为"社会可接受度"，本研究为保障有区别的统一，采用社会接受、社会许可、社会合法性三个概念表述。

Gehman et al.,2017)。表 2-2 展示了不同学者对于"社会接受""社会许可"与"社会合法性"定义的表述。从表 2-2 中的表述可以看出，社会合法性的概念很大程度上融合了社会接受与社会许可两个概念共通的意涵。

表 2-2　社会接受、社会许可、社会合法性概念陈述对比

| 社会接受<br>(Social Acceptance) | 社会许可<br>(Social License) | 社会合法性<br>(Social Legitimacy) |
| --- | --- | --- |
| 公众对于高风险技术存在于现实环境中的接纳程度(Otway et al.,1978:100) | 获得可以开展某项社会活动的社会认可(Joyce & Thomson,2000:52) | 行动(权力)的实施获得主流社会规范的支持(Weber,1924/1997b:140) |
| 用户愿意使用或采纳一项新技术并将其转化为实际行动的过程(Davis et al.,1989:1000) | 在满足法律要求和社会期望的基础上，获得利益相关者对特定项目或行动的支持(BSR,2003:4) | 在行动嵌入的社会系统背景下，根据共享或共同的价值观对行动进行评估(Parsons,1960:175) |
| 公众对于不受欢迎的决定、结果的接受和服从(Tyler & Rasinski,1991:622) | 公众和其他受影响方"参与决策，并在项目周期的每个阶段给予他们自由的事先知情同意"的权利(Salim,2003:21) | "大社会系统中可接受行为的规范"与文化环境的一致性(Dowling & Pfeffer,1975:122) |
| 公众对特定概念或实体的评估判断(Eagly & Chaiken,1993:18) | "社区，周围环境团体，社区成员和周围公民社会的其他要素对组织的需求和期望"(Gunningham et al.,2003:308) | 在特定情境下被接受或预期的行动在该情境下被认为是合法的(Pfeffer,1981:4) |
| 包括了普遍意义上的社会—政治接受度、利益相关者的社区接受度和消费者的市场接受度三个相互关联的维度(Wüstenhagen et al.,2007:2684) | 特定设施必须遵守监管机构、当地社区和公众的默许才能继续运营的理念(Howard-Grenville et al.,2008:77) | 为存在合理性提供解释而建立的一系列文化描述(Meyer & Scott,1983:201) |
| 公众在面临由他人决定、管理或拥有的技术对象将被放置在自己家中或附近的情况时的行为反应(Huijts et al.,2012:526) | 在当地社区和其他利益相关者中正在进行的批准(Thomson & Boutilier,2011:1779) | 社会适应性(Oliver,1991:160) |

续表

| 社会接受<br>(Social Acceptance) | 社会许可<br>(Social License) | 社会合法性<br>(Social Legitimacy) |
|---|---|---|
| 公众对新技术的不同反应,包括了对技术或支持或抵制的态度以及行为(van Rijnsoever et al.,2015:818) | 足够广泛和稳定的社会道德和政治认可,可以获得法律批准和持续的社区支持(Cleland,2013:1) | 对组织行为"在一些由社会构建的规范、价值、信念和定义系统中,是合乎需要或适当"的理解(Suchman,1995:574) |
| 公众对能源、环境和气候变化的看法和行为(Guo & Ren,2017:114) | 一种社会接受或认可的形式……一种社会建构的观念,认为组织或项目在社区中享有合法地位(Black,2013:15) | 社会参与者对组织的认可(Deephouse,1996:1025) |
| 社会接受度是指新技术被社区接受或仅容忍的事实(Taebi,2017:1818) | 与当地团体、利益相关者和社区一起获得、培育和更新合法性(Raufflet et al.,2013:2229) | 环境对于组织的接受(Kostova & Zaheer,1999:64) |
| 对已经存在或准备引入的技术产品或社会技术系统的有利或正面响应(包括意图、行为和在适当情况下的使用)(Gaede & Rowlands,2018:142) | 当地社区和其他利益相关者的持续接受或认可(Parsons et al.,2014:84) | 适当性、可接受性或值得的社会判断(Zimmerman & Zeitz,2002:418) |
| 是社会—政治、社区、市场三个层次的主体对于特定接受对象的所有动态观点和行为(Wolsink,2018:287) | 组织和相关社会团体(通常由其他组织代表)对特定活动或一组相关活动的期望之和(Morrison,2014:15) | 赋予一系列活动或行为者的社会接受程度(Washington & Zajac 2005:284) |
| 政治主体、社区主体与市场主体对特定技术创新的理解程度、态度、心理认知以及基于此而产生的接纳程度和行动(苏竣,2014:314) | 社会许可经营不过是长期存在的合法性概念的新名称,但仍存在一些有意义的区别(Gehman et al.,2017:301) | 社会大众将组织活动视为可接受或可取的程度,因为其行为符合道德规范和更加广泛的社会期望(Rindova et al.,2006:55) |

资料来源:笔者根据 Gehman 等(2017)对社会许可与社会合法性的概念辨析,进一步结合社会接受领域相关文献整理制作。

对社会接受的研究最早出现于 20 世纪 60 年代对流感疫苗计划公众接

受度的讨论(Rosenstock,1961)。在早期的研究中,由于社会接受研究的主要关注点是社会公众,这一概念也常与公众态度(Public Attitude,Public Perspective)、公众理解度(Public Understanding)等概念混用(苏竣,2014:314)。20世纪70年代开始,随着社会对于环境污染、能源短缺等议题的重视,以及计算机等信息技术的发展,社会接受的概念被逐渐引入对核能、有害设施、可再生资源以及计算机信息系统等新技术领域的研究之中(Otway et al.,1978;Davis,1989;Wolsink,1989)。

社会接受度对于技术内部系统(技术生命周期的各个阶段)和技术外部环境(公共政策过程、产出)都会产生重要影响(苏竣,2014:317)。Wüstenhagen等(2007)学者将社会接受的概念划分为三个维度:一是社会—政治接受度(Socio-political Acceptance),是最广泛、最普遍的社会接受,意指整个社会对于技术创新、政策战略以及社会观念等的接纳程度,代表一种整体性趋势,能够对宏观政策制定和技术路线演进造成较大影响;二是社区接受度(Community Acceptance),指的是技术创新项目所在地的利益相关者,特别是当地的居民和社群对于项目引进、项目选址等的接受程度,这类技术项目往往对整个社会有益,但可能会对所在地的民众造成一定的利益损失,容易引发"邻避效应"(Not in my back yard,NIMBY),降低当地民众的接受度,进而导致技术或项目引进受阻;三是市场可接受度(Market Acceptance),反映的是微观层面特定技术创新产业链中的投资者、消费者等对于技术产品的接受度,包括了投资者是否看好产品市场和发展前景而愿意投资,消费者是否看好产品的有用性、易用性而愿意购买和使用,是决定技术产品能否跨越"死亡之谷"的关键因素(Auerswald & Branscomb,2003)。

Wolsink(2018)在回顾社会接受度概念的发展历史时强调,准确定义接受对象对于理解社会接受的概念至关重要,接受对象的属性决定了社会公众要以一种什么样的角色去对待他们需要接纳的事物。在Davis等(1989)学者对计算机信息系统技术接受度的讨论中,主要关注公众个体是否愿意使用计算机系统,社会公众扮演的是消费者和使用者的角色,因此,技术的有用性、易用性、价格等属性就成为关键性影响因素。而Wolsink(2000)、Guo & Ren(2017)等一大批学者对于可再生资源以及核能社会接受度的研究,则把可再生资源、核能等看作一种公共物品。从总体上看,其对社会具有巨大价值,但对于公众个体,则需要付出额外的成本,尤其是可再生资源和核能项目所在地的居民,可能需要承受土地价值降低、有害物污染、景观破坏等风险和损失。在这种情况下,公众对于技术项目的风险感知、利益感知对于公众接受具有决定性影响。而在关于社会公众为什么愿意接受和服从不受欢迎的政策乃至权力统治的研究中,平等、公平、正义等广义上的自然法则是极其重要的价值尺度和评判标准(Tyler & Rasinski,1991;Tyler & Wakslak,2004;Gibson et al.,2005)。图2-1展示了社会接受度的影响因素及作用机制。

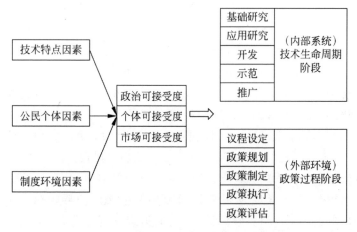

**图2-1 社会接受度的影响因素及作用机制**

资料来源:苏竣:《公共科技政策导论》,北京:科学出版社,2014年,第319页。

早期关于社会接受的研究,往往将社会对技术的接受和对组织行为的接纳融为一体。但在社会接受的概念中,公众主要处于被动的地位,接受的对象对应的是既定结果,尽管公众可以通过抗争等方式表达反对,但却呈现出一种主导权旁落的本体论冲突,与民主的价值追求相左(Parsons & Moffat,2014)。由此更加强调追求和凸显公众在此类情境中决定权与治理理念的"社会许可"概念应运而生(Prno & Slocombe,2012;Santiago et al.,2020)。

1987年,管理学理论家Miles率先使用"社会特许"(Social Franchise)一词,指代广义上的公众接受或认可组织行为的概念(Miles,1987:7)。20世纪90年代,加拿大金矿开采公司普莱斯·多姆(Placer Dome Inc.)的高管詹姆斯·库尼(James Cooney)率先将"社会许可"(Social License)的概念引入采矿业,用以指代存在较大环境污染风险的采矿项目因可能引致当地民众强烈反对,需政府向其发放项目经营许可证的现象(Boutilier,2014)。

此后,Joyce & Thomson(2000)基于对拉丁美洲矿产资源开发的扎根理论研究,将社会许可与社会风险、组织声誉等概念联系起来,提出组织获得"社会许可"的过程就是组织合法化的过程。Parsons等(2014)指出,社会许可是组织维护有争议做法的合法性的过程,这种合法性的实现不仅需要遵守法律法规的相关要求,还需要获得当地社区民众以及更远的利益相关者的认同和信任,而且这种认同和信任是无形和长期持续的。

在过去的十余年里,对社会许可的研究已经从矿产资源开发延伸到了工业制造(Gunningham et al.,2004)、用水(Shepheard & Martin,2008)、农业生产(Berger,2011;Williams & Martin,2011)、港口等基础设施建设(Ircha,2012)等诸多领域。Gunningham等学者在解释社会许可的概念时,关注的核心问题是:为什么有些组织不仅仅要遵守法律法规,还要作出更多的声誉建设行动?基于此,他们将组织行动需要获得的许可分为三类:一是法律许可(Legal License),体现了监管者、立法者和法官要求的监管许可和法定义务;二是经济许可(Economic License)体现了高层管理人员、借贷方和投资者对于组织绩效能力的要求;三是社会许可(Social License),体现了当地社区、公众以及国家和国际环保主义者的要求(Gunningham et al.,2003、2004)。不同类型的许可之间可以交互重叠,环保主义者可以通过批评或宣传组织行为的不良影响,直接降低组织行为的社会许可,也可以通过倡议消费者抵制破坏环境的产品影响组织的经济许可,还能够通过发起公民诉讼或呼吁政府监管在法律许可方面施压(Kagan et al.,2003;Thornton et al.,2003)。而组织超越法律合规性要求并努力获得社会许可的动机包括对声誉受损以及随之而来的公众抵制和监管收紧的担忧(Gunningham et al.,2004)。

Joyce & Thomson(2008)对社会许可与社会接受的概念作出了区分,他们认为,社会许可建构于三层规范性基础之上:最低层次是"合规性"(Legitimacy)[①],意指"符合正式的和非正式的既定社会文化、法律、规范等";第二层次是信誉(Credibility),意指"被信任的品质——引起信任的能力或力量";最高层的是"信任"(Trust),意指"愿意通过他人的行为承受风险或损失的可能性"。合规性是社会接受的必要条件,但是信誉和信任对于

---

[①] Joyce & Thomson(2008)虽然使用了 Legitimacy 一词,但在文献中的含义更侧重于合乎既有法律法规,与本研究中的"合法性"意义并不完全一致,为作出区分,本研究在引述该文献时,将其翻译为"合规性"。

社会许可则是必需的。

Thomson & Boutilier(2011)将这种关系发展成"金字塔模型"(The Pyramid Model),如图2-2所示。在此模型中,合规性将被"行政否决"(即图中显示被政府直接裁定"保留或撤回"经营执照)的项目或行动,与利益相关者通过既定"游戏规则"参与协商而得到社会妥协"接受"的项目或行动区分开来。通过对组织和利益相关者的角色与责任进行正式的区分、谈判和协商,信誉将社会妥协"接受"的项目或行动,与社会主动"许可"的项目或行动区分开来。信任通过合作、共享经验和信息,将社会许可的项目或行动,与利益相关者已经建立起"同属一个价值共同体"的"心理认同"的项目或行动区分开来(Boutilier & Thomson,2011;Thomson et al.,2011)。而从赋权于社区和公众的角度来看,社会许可较之于社会接受,更加强调社区和公众作为决策者、批准者的角色(Prno & Slocombe,2012;Meesters et al.,2020),其核心含义是:相关组织与社区公众共同参与项目决策,并就彼此关切的问题达成一致意见,最终由项目所在地的社区公众赋予特定组织进行项目开发的资格(王建等,2016)。

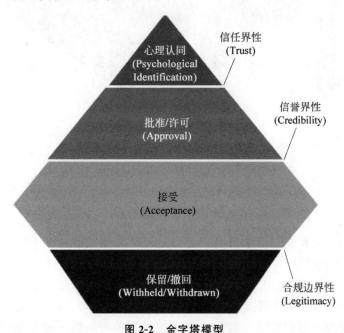

图2-2 金字塔模型

资料来源:笔者根据Thomson & Boutilier(2011)文献整理改编绘制。

Luke(2017)指出,社会许可的概念不仅仅指向对企业建设特定项目的支持和认同,还有对社区公众抵抗运动的支持和认同的反向意义,由此他将"金字塔模型"进一步拓展为"钻石模型"(The Social License Diamond Model),如图 2-3 所示。之所以要在社会许可的概念中进一步突出对支持公众抵抗运动的反向意涵,就是为了强调社会许可并不是一个"对既定结果被动接受"的概念表达,而是强调公众主观意志的自主性,即社会许可是一个"批准"的概念,并且具有随时间和情景动态变化的特征,如果公众不认同组织的做法,公众能够通过其强大的"抵抗"能力否决组织行为,撤回社会许可。

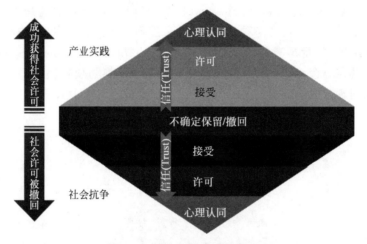

**图 2-3 社会许可的钻石模型**
资料来源:笔者根据 Luke(2017:268)文献翻译绘制。

## 2.2.3 "公众认同"的诱因

从"社会合法性"的两重意涵中可以看出,除了理性层面符合社会期许的某种客观规范或标准的"正当性",合法性实现的关键还在于得到经验层面公众认同意愿的主观表达。哈佛大学著名学者科尔曼(H. C. Kelman)从个体心理学的角度出发,指出公众对于"合法性"的认知与态度变化应该是一个由顺从到认同再到内化的过程(Kelman,1958)。其中,顺从是指个体为了获得一定的奖励或避免惩罚而执行某种行为的一种情况(Miniard & Cohen,1979)。认同指的是个体相信,在既有的社会标准下,某种行为是应该的,且实施这种行为会提升个人在群体中的社会地位(Venkatesh &

Davis,2000)。内化被定义为将既有的社会信仰融入自己的信仰结构中(Warshaw,1980)。受此影响,一大批学者强调,应将公众认同的研究置于社会影响研究的框架之下,关注社会规范、社会道德、社会认同、社会互动等社会性因素对公众心理认同和行为的影响机制(Cialdini & Goldstein,2004;Guadagno,2017)。

恰尔迪尼(Cialdini,2009)的社会遵从(Social Compliance)理论,基于社会心理学的分析,将这种社会影响概括为:来自他人真实的或想象的压力给人们的态度、信仰和行为造成的改变。社会影响产生作用的路径有两条,一是通过"说服"(宣传灌输)改变人的内心的态度和信念,二是以"合规"(惩戒警示)促成人们行动的改变。换言之,公众的认同是一个从心理到行为变化的过程,引发这种变化的影响因素是外源性的,但这种外源性因素却很好地把控人们的心理需求,从而对人产生作用。这种对人心理的精确把控建立在六重原则基础上:

一是稀缺性(Scarcity)。当向公众展示出产品、机会或项目由于数量少或只在有限的时间内有效而不能广泛获得的情形时,就会激发公众迅速采取行动的欲望。二是互惠性(Reciprocity)。互惠性的作用机制在于,施加影响的人向被影响者提供了帮助或作出了让步。在此基础上,受影响者就会出于内心对施加影响者的亏欠,而按照施加影响者的意愿改变自己的行为。三是一致性和承诺(Consistency & Commitment)。施加影响者首先会让被影响者作出初始的承诺。而承诺一旦达成,施加影响者就会指出协议中不包括的附加条款。但被影响者为与最初的承诺保持一致,不得已作出改变。这一原则在一定程度上带有欺骗的色彩。四是权威(Authority)。权威人士或某一领域的专家,因为其具有的专有知识和地位,会对公众形成一种威慑作用,影响公众改变自己的行为。五是社会认同(Social Validation)。社会认同实际上反映的是公众的"从众心理"对公众行为产生的影响。当公众不确定适当的行动方向时,他人的行为和社会规范将对公众造成显著的影响。六是喜欢与相似性(Liking & Similarity)。通过把施加影响者描绘成公众喜爱的或者与公众希望达到的目标相似的形象,从而推动公众行为的改变(Guadagno,2017)。

上述六项原则,从外源性角度,对公众的心理认同与行动受到社会影响的机制作出了概括。但值得注意的是,这些机制起作用的前提,是将人看作与其他社会要素、社交网络不断进行着互动的"社会人"。而且这种反复的社会互动,会冲淡公众内心的理性判断,即公众行为的改变建立在"没头脑"

的假设(The Mindlessness Hypothesis)之上(Cialdini,2009:148)。但公众在选择认同或遵从时,并非都是毫无自我判断能力的。Helson(1964)指出,公众个体心理和决策反应基于三个方面作出:一是个体既有经验的总和,二是环境与背景,三是刺激条件。人类决策的"锚定和调整框架"强调,在缺乏特定知识的情况下,个体的决策往往依赖作为"锚"(Anchors)的既有信息和经验,如果个体从特定环境或刺激条件下,获得了可用的额外信息(特别是有关目标行为的直接信息),个体会倾向于对原有的判断作出一定的调整(Adjustment),以更加适应新的环境或刺激条件(Slovic & Lichtenstein,1971;Tversky & Kahneman,1974)。

行为主义学派的普遍观点认为,公众的心理和行为变化,不仅包括了社会外源性要素影响带来的"心理冲动",还要可能存在内省性的"理性计算"(Simon,1979)。Fishbein & Ajzen(1975、1980)创立的理性行为理论(Theory of Reasoned Action,TRA)认为,个人行为实现是基于理性认知建立行为意愿(个人对于采取某项行为主观概率的判断)再转向实际行为的结果。这种理性认知包含两类要素:一是与行为信念(Behavioral Beliefs)密切相关的态度(Attitude),源于个人对此行为所保持的正面或负面的感觉,即个人对此行为结果的认识及对价值的估计;二是与规范信念(Normative Beliefs)密切关联主观规范(Subjective Norm),源自个人对于是否采取某项行为所感受到的社会压力、个人对于社会准则的认识以及个人愿意与他人意见保持一致的动机水平。

Ajzen在后续的研究中发现,个人的行为并不是完全出于自愿,在一定程度上也受到其他因素的影响和控制,由此,又进一步发展出计划行为理论(Theory of Planned Behavior,TPB)(Ajzen,1985、1991),在原有的理性行为理论模型中增加了"感知行为控制"(Perceived Behavior Control)这个决定因素。感知行为控制与控制信念(Control Beliefs)相关,反映了个人对于行为可控性因素和行为风险可控性的预期。当个人认为自己所掌握的资源机会越多,他的感知行为控制就越强,对行为可能导致的风险的预期越小。而感知行为控制既能够影响行为动机和意愿,也可以直接预测实际行为。图2-4和图2-5分别展示了TRA模型和TPB模型对个体从规范到认知再到行为形成的影响因素与作用机制的解释。

Suchman(1995)的整合框架将合法性分为三类:实用主义、道德主义和认知主义。其中,实用主义的合法性源自公众个体对可以从特定技术、组织行为中获得的直接利益的自利计算;道德主义合法性源自公众个体对于

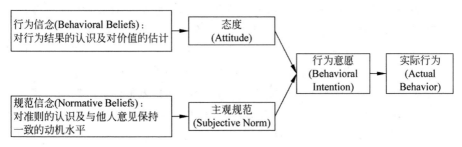

**图 2-4　理性行为理论模型**

资料来源：笔者根据 Fishbein & Ajzen(1975)以及 Ajzen & Fishbein(1980)的文献梳理绘制。

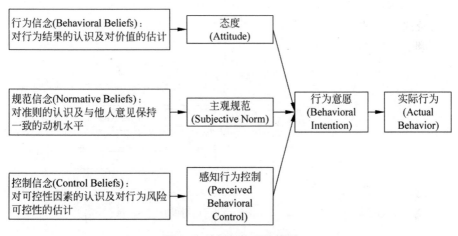

**图 2-5　计划行为理论模型**

资料来源：笔者根据 Ajzen(1991)文献梳理绘制。

技术或组织行为给全社会带来的公益价值和公共福利的评估；认知主义的合法性源自公众个体对于技术或组织行为遵从理所当然的惯例和文化信仰("我们做事的方式")的判定。经济学试图深挖公众的心理动机，认为公众认同与顺从行为的动机出自两个方面：一是工具性动机，二是规范性动机。工具性动机主要是指公众对于不顺从需要付出成本的感知和判断，包括可能受到的监管处罚和制裁风险等。而规范性动机则建立在程序正义理论基础上，程序正义理论认为公众的认同和行为是受到遵守法律、道德的义务感所感召的结果(Sutinen & Kuperan,1999)。

行为主义政治学的倡导者伊斯顿(1999：298)也将公众的认同分为两种：一种是"特定支持"，由某种特定的诱因引发，如利益和需求的满足或对惩罚的恐惧等；另一种是"弥散性支持"，这是一种基于对政府"正当性评判"的信仰，即相信政府行为和规范符合社会正义原则，服从政府的指令是应该且适当的。这种支持源自对"道德价值的认同"，而不是出于寻求个体的利益需求满足或规避惩罚与风险的目的。伊斯顿认为，弥散性支持源自公众对于政府的"善意"的情感，是一种出于信任的"无条件依附"，构成了政府治理的社会合法性得以维系的基础之一，并使得公众愿意承认或容忍政策对个人利益带来的负面影响（张康之，2002）。除了上述外源性因素和内省性因素外，特定公众的群体化特征，如性别、年龄、职业、种族、政治面貌（党派）、教育水平等，也会通过内化效应，影响公众对政府和组织怀有的善意情感，进而对公众认同产生显著影响（Rudolph & Evans,2005；Schoon et al.,2010；Wilkes,2015；朱旭峰、黄珊,2008）。图2-6展示了影响公众认同的不同类型因素。

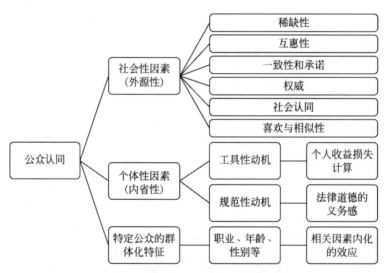

**图2-6 影响公众认同的不同类型因素**

资料来源：笔者根据公开文献资料整理绘制。

但一个值得注意的问题时，在讨论公众认同的诱因时，无论是"正当性"的信仰还是"理性计算"，乃至公众个体的身份特征，都是从一种相对静态的视角切入。而在前述对于技术和社会互动关系的研究中，已经可以看出具有政治功能的"技术"在塑造公众心理认知和行为方面的重要作用：随着科学技术的发展与社会的演进，时代需求会发生改变，"正当性"和利益、风险等影响公众认同的要素的判断尺度也会发生变化。正如关注组织行为的学者所强调的：合法性是对组织行为的一种约束，但它是一种动态的约束，随着组织的适应和定义合法性的社会价值观的变化而变化(Dowling & Pfeffer,1975)。

技术社会学对于技术政治功能的讨论形成的一个共识是，尽管技术引致的变化形态难以预知，但权力的掌握者总能够将技术与统治相融合，无论是维护旧的统治秩序还是建立新的统治秩序，统治的权力分配格局始终在不断强化(彭亚平,2018、2020)。换言之，组织往往会采取调整组织目标、加强灌输宣传、重塑社会价值等行动来维持其在变化的社会环境中的合法性，甚至会想方设法去抢占定义"合法性"价值内涵的社会权力(Selznick,1949；Stinchcombe,1968；Perrow,1970)。在分析政府的行为时，福柯(2018：152)将这种行动结果的产生归因于"治理术"，即政府通过构建一系列制度、策略、计算分析体系，对域内人口施加统治权力，形塑社会价值和公众认同，让社会按照政府期望的方式运转。

## 2.3 政府的合法性塑造

韦伯(1997b：265)指出，"每一种制度都试图建立和培育对合法性的信念"。在韦伯看来，合法性是政府权力得以存续的根基，权力所有者只要努力营造并维护自己的合法性，就实现了它的使命与价值，至于权力形成的历史条件、客观基础，都退居次要位置。戴维·伊斯顿(David Easton,1999：39)认为，政府可以通过灌输、宣传和引导进行"声誉建构"，从而获取公众的弥散性支持，这种支持和认同不直接与物质利益或政治强制相关联，代表了"合法性"的实现。无论技术对公众的思想认知产生什么样的"意外影响"，政府利用各种方式，塑造自身的良好形象和声誉，以获取和维护合法性的努力从未停止(Wei et al.,2020)。

### 2.3.1 政府声誉与社会合法性

近年来，越来越多的学者开始从公共部门声誉管理(Reputation Management)的视角切入，探究政府塑造和维护其合法性的行为。卡彭特(Carpenter,2000)的开创性工作挑战了传统的官僚权力理论，在传统的政治控制模式中，官僚权力的来源一直是代理机构拥有的信息优势，这种信息优势使得官僚能够获得自由裁量的空间。而在官僚声誉理论中，官僚权力的来源则是代理机构通过与不同受众联系建立起来的声誉(Maor,2015)。

声誉管理已经成为公共管理学科的一个重要话题,尤其是当讨论公共部门声誉受损而面临合法性危机时(Carpenter & Krause,2012;Wæraas & Byrkjeflot,2012;Christensen & Lodge,2018;Boon et al.,2020;Maor,2020)。

政府的声誉之所以重要,在于声誉可以突出政府的独特性,而这种独特性在于其具有承担特殊任务的能力,这种能力是其他主体无法取代的,由此政府也就获得了其存在的"必要性"和"正当性"(Busuioc & Lodge,2017;Lockert et al.,2019)。政府的核心任务是在一个由政治家、利益集团、媒体、政策专家和普通公民构成的复杂的政治环境中制定和管理公共政策。政府在治理过程中需要面对和处理三个方面的挑战:一是如何维持公众和社会对其组织和行为的广泛支持;二是如何在布满敌对势力和潜在的利益受损者的"危险滩涂"中操纵好国家这艘"大船";三是如何将公共价值追求的一致性与实际实践中的灵活性很好地结合起来(Carpenter & Krause,2012)。

在面对公众的质疑时,声誉管理的重要作用是改善公民感知的政府形象以防范、化解由于公众对政府的不信任而可能引发的群体性事件等重大政治和社会风险(Wæraas & Byrkjeflot,2012;Schanin,2015)。声誉是一个复合的多元概念,由嵌入受众网络的关于组织能力、意图、历史和使命的一系列信念组成(Carpenter,2010:33)。公共部门的声誉强调,民众所认知的政府并不是完全可见的现实,而是带有不确定性、模糊的关于政府绩效、专业知识、价值观和行为合法性的形象(Gioia et al.,2000,Carpenter & Krause,2012)。良好的声誉是政府组织宝贵的政治资源,是其维护自身合法性,获得公众支持、自治权、自由裁量权,保护组织免受政治攻击,以及招募、保留有价值的员工的重要基础(Carpenter,2002)。

政府的声誉主要包含四个维度:(1)绩效声誉(Performative Reputation)[①],其背后的核心问题是,组织可以胜任吗,它是否能以一种被解释为称职且有效的方式执行其责任,换言之,这一维度关注的是组织能否完成其核心的本职任务;(2)道德声誉(Moral Reputation),关注组织是否富有同情心、是否灵活而诚实,它是否能够有效保护其公民的利益,尤其是

---

[①] 姜晓辉(2019)等学者将 Performative Reputation 翻译为"行动声誉",以便与 McHugh(2014)修正的声誉管理模型中的"绩效成果"相区别。但笔者认为,采用"绩效声誉"的译法更能直观地展现这一声誉维度的意涵,所以采用了"绩效声誉"的翻译。

处于弱势地位的群体的利益,实现道德层面的公平正义;(3)程序声誉(Procedural Reputation),重点关注组织在决策过程中是否符合适当的程序、规则和法律要求,无论最终决策的结果是好是坏,强调组织行为必须遵守程序正义的原则,在形式上实现遵循实在法的"合法化";(4)技术声誉(Technical Reputation),反映的是组织是否具有专业性知识和技能,来处理复杂环境中遇到的特殊问题,这种声誉尤其注重技术专长的专有性和科学性(Carpenter & Krause,2012;Christensen & Lodge,2018)。这四个维度实际上反映了利益相关者对政府持有的不同期望,包含了透明度、效率、公平和正义等价值观(Van Ryzin,2011)。基于 Carpenter & Krause(2012)对于公共部门声誉的四维度划分,其他学者也为推进我们对声誉的理解而作出了努力。Lee & Van Ryzin(2019)将所有维度汇总成一个具有较高内部一致性的测量,Capelos 等(2016)则将声誉划分为效力声誉(Efficacy Reputation)和道德声誉(Moral Reputation)。

McHugh(2014)特别强调了声誉与合法性之间的区别与联系,但这里的合法性主要侧重于前文所指的"合乎法律性",即政府行动对于既有法律规章的遵守。他指出,声誉同合法性、治理能力、绩效成果共同构成了政府的公共价值。而政府的行为面临着三种外部环境:一是授权环境,即政府行为在既有法律法规授权的前提下按照程序进行;二是任务环境,这是一种自上而下的作用机制,即上级为政府定下绩效目标而形成的环境;三是对公众开放的环境,接受来自公众的监督和评价,这是一种自下而上的机制,也对声誉建设产生直接的影响。在此基础上,McHugh 对声誉模型进行了修正,如图 2-7 所示(姜晓辉,2019)。在 McHugh 的模型里,"合乎法律性"主要体现在政府治理行为在程序的遵守和绩效成果中的专业化表现,"声誉"则体现在政府治理行为对道德的关注和绩效成果是否符合公众的预期。"合乎法律性"和"声誉"构成了政府公共价值的"精神内核",也就是政府存在的正当性意义和公众对于这种正当性的认同,这种双重属性与本研究中所探讨的"合法性"具有内涵上的统一性。

为了塑造声誉以实现合法性,政府需要利用各种机会进行宣传和沟通,不断向社会传递政府及其公共服务的正面信息,甚至主动承担超出其本职工作的责任和义务(Gilad et al.,2015;Alon-Barkat & Gilad,2016;Gilad et al.,2016)。"在回应社会不同受众期望的同时,构建一个独特的声誉和自主权范围"是声誉管理的追求(Maor et al.,2013:584)。由于组织的能力和资源有限,很难同时实现不同的声誉维度,公共组织必须识别、处理和

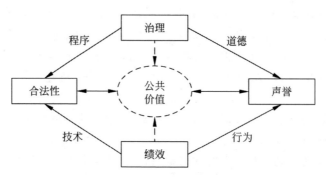

**图 2-7 政府声誉管理修正模型**

资料来源：姜晓辉：《公共部门的声誉治理探究——基于西方理论的概念谱系及典型国家的实践经验》，载于《国外社会科学》，2019 年第 3 期，第 75 页。

优先考虑社会中不同受众的多重期望，并选择一个声誉维度来针对特定受众采取行动（Carpenter & Krause, 2012; Boon et al., 2020; Maor, 2020）。从政府实践中来看，为了回应社会对于多元价值和多元参与的诉求，以实现"权力统治"为目的的政府主动将"多元治理"理念纳入其行动纲领，采取诸如增进公众参与、加强公众沟通的措施，就是出于对声誉和合法性的考量（Schillemans, 2011; Boon et al., 2021; Wei et al., 2020）。

### 2.3.2 政府声誉构建的途径

在微观层面探索政府塑造合法性的具体行为时，就必须回到对作为政府行为典型表征的"政策"的关注。"政策"作为政府斡旋和协调多重利益关系的工具和纽带（苏竣，2014：13），对于塑造政府形象和声誉具有重要价值和意义。传统基于政策视角对政府行为的研究，主要探究不同政策方案设计和政策工具选择可能产生的具体影响（Hou & Brewer, 2010; Howlett et al., 2015）。声誉管理的不同维度强调的是政府在政策中传递的信息内容，同样是运用战略沟通、公众参与等带有治理理念的政策工具，政府试图塑造的可能是一个有效率的政府，或是一个有道德的，或是一个有能力的，甚至是一个具有合法性的政府。从公共政策的层面上看，这种对于形象的塑造有赖于面向公众的战略沟通（Strategic Communication）与政策叙事（Policy Narrative）（Jones & McBeth, 2010; Maor, 2020）。

所谓"叙事"是指在特定事件背景下展开的故事情节，借助戏剧化的表达，向受众传递出特定的价值理念和观点（McComas & Shanahan, 1999）。叙事是个人和组织处理、传达信息的主要手段，风险分析和心理学等领域的研究表明，在说服个人和塑造信念方面，故事比科学证据具有更显著的效果（Golding et al.，1992；Ricketts，2007）。在公共政策中利用具有战略意义的故事来塑造政府形象是政治环境中的普遍现象，其目的是通过叙事影响公众对于政策偏好和政府行为的心理认同，进而增进政府的合法性（Stone，2002；Layzer，2006；Jones & McBeth，2010）。

政策叙事形式多种多样，普遍存在于政治家的演说、公共舆论和媒体的报道、利益集团的游说之中。每一个叙事中包含着故事必备的元素，诸如背景（Setting）、角色（Character）、情节（Plot）和特定的价值寓意（Moral）等（Jones & McBeth，2010；Shanahan et al.，2011）。Stone（2002：138）指出，一个完整的政策叙事结构中涵盖四类元素：一是特定的社会环境或政策背景，特别是引起争议的社会现象或事件；二是引入时间元素（起点、中间、终点）的情节，同时阐明人物与环境间关系，并构造决定叙事合理性的因果解释；三是角色与人物形象，通常需要包括引发问题的"恶棍"、受到问题伤害的"受害者"以及能够解决问题的"英雄"，不同的角色背后往往隐含着不同的政策信念；四是故事的寓意，叙事者需要在叙事中阐明道德原则和问题的解决方案，传递特定的政策期望与信念，并对受众的心理认知产生影响。

除了叙事结构中的共同要素外，为避免相对性，叙事必须以可概括的内容为基础，以限制可变性。"内容"要求故事不能是空洞的结构容器，故事应总是关于某件特定的事。叙事并非客观中立的陈述，而是填充了来自强大的信念系统的内容。这种信念系统可能是党派关系，也可能是意识形态，或者是文化理论（Culture Theory）基于宿命论者、等级主义者、个人主义者和平均主义者的四类型划分而对不同群体信念系统的定性（Jones & McBeth，2010）。叙事的内容因为与信念系统密切相关，而带有明显的价值引导的目的，最终的导向常被刻画为需要"迅速采取行动"（Ney and Thompson，2000）。

有关政策叙事的研究主要从三个层面对叙事的作用及其影响机制进行分析。在微观层面，主要关注政策叙事如何形成并与公众舆论互动。通过实验法（Jones，2013；Jones & Song，2014）和"主题内"调查法（Clemons et al.，2012；Lybecker et al.，2013），已有研究分析了善恶分明的叙事结构对于个人信念以及个人对组织信息认知的显著影响。中观层面，研究集中于联盟政策叙事的战略构建，借助文本内容分析等方法，解析不同的政策倡议联盟嵌入在政策中的信念及政策叙事在推动政策子系统合作达成、利益协调等难解性问题（Intractability）中的作用（McBeth & Shanahan，2004）。宏观层面，试图探索政策叙事在制度和文化方面的影响，即政策叙事如何形塑制度和文化的规则规范,并影响后续政策产出(Shanahan et al.,2011)。

Shanahan 等(2011)基于准实验的研究表明,在媒体把政府塑造成解决问题的英雄形象,将争取合法性的对象"公众"置于受害者的地位,而把造成不良影响的"恶棍"指向特定的为谋取私利而存在的利益集团或已经不符合时代发展需求的模式、路径时,能够显著提升公众对于政府行为正当性和必要性的认同,也会增加公众参与相关事务的意愿。换言之,利用有效的叙事结构,打造英雄的政府形象,并将其用在面向公众的战略沟通中,是增强政府声誉和合法性的有效路径。

### 2.3.3 政府影响公众认知的机制

在声誉管理理论和政策叙事框架分别从表现形式和行为策略两个方面展示了政府面向公众塑造合法性的路径之后,最后需要关注的一个问题是,政府的行为最终将通过哪些现实因素对公众的心理产生影响,即政府对公众心理的作用机制是什么?

近年来,行为公共政策与行为公共行政作为公共管理的新兴方向,不断尝试回答上述问题。行为公共政策与行为公共行政通过将应用心理学与公共行政学相交叉,对个人行为与态度进行基于公共行政的跨学科分析(Grimmelikhuijsen et al.,2017)。融入行为科学的公共行政研究主要体现以下三个特色:(1)分析单位侧重于个人以及公民群体,或公共部门雇员群体和管理人员群体;(2)强调这些人的行为和态度;(3)最重要的是将心理学和行为学的研究见解融入公共行政研究。在微观层面上,分析单位关注个人内部或之间的心理过程——心理学家称之为主体内性与主体间性。而对微观层面观念与行为的研究又通常嵌入中层(如组织)和宏观(如制度角色)层面(Klein & Kozlowski,2000)。

2017 年诺贝尔经济学奖理查德·塞勒(Richard H. Thaler)引入"助推"(Nudge)这个概念,来观测政府如何通过引进那些要求公民行为发生改变的政策来改善社会福利。在行为公共行政和行为公共政策研究中,"助推"与"强制"的概念相区别,意指不使用强制的方式,而是通过隐性的微小干预,如间接性地宣传倡导等,潜移默化地改变人们的行为选择。这种策略可以提升一般激励手段的功效,以很小的投资赢得较高的收益(泰勒、桑斯坦,2015:8)。众多行为经济学家试图基于行为学理论,探索发掘个人特质的"内部效应"(或是将外部效应内在化)的途径(Herrnstein et al.,1993;Camerer et al.,2003)。

在此基础上,还进一步发展出了"助力"(Boost)的概念(Grüne-Yanoff & Hertwig,2016)。助力重在影响个体决策能力(Competence)而非直接改变个体行为,倡导通过干预个人的行为认知或所处的决策环境,促使人们自主地做出符合各方共同期许和意愿的选择(张书维等,2018)。助力更强调个人行为变迁的"内化"过程,有助于政府从根本上实现对公众认知和行为的改变,使公众在内心自觉地树立对政府的合法性认同。

基于这一研究进路,已有研究深入揭示了公众的知识(Cook et al., 2010;Grimmelikhuijsen,2012;Mayne & Hakhverdian,2017)、情感和潜意识(Myers & Tingley,2016;Theiss-Morse & Barton,2017)、对公务员的印象(Heintzman & Marson,2005)等个体相关因素,以及政府的绩效信息(James,2011;Baekgaard & Serritzlew,2016)、透明度与回应性(Grimmelikhuijsen & Meijer,2014;马亮,2016;Porumbescu,2017)、程序正义(Van Ryzin,2011;马亮,2018;Guo & Wei,2019)、宣传策略(Alon-Barkat & Gilad,2017)等因素如何从心理层面促进公众对于政府的信任和正当性感知的提升。其中以 Grimmelikhuijsen(2012)的研究最为典型,Grimmelikhuijsen 基于调查实验的研究结果表明,政府通过向公众提供关于绩效、透明度、程序正义等信息时,会提升公众对于政府相关知识的了解和对公众在情感、潜意识等方面对政府良好印象的感知,这些信息最终将通过知识和情感的混合作用,影响公众对于政府的信任。

总之,政府在采取行动塑造自身合法性,强化公众对政府权力架构存在必要性认知方面,总是表现得非常积极。这也并不难以理解。在民主政体下,获得公众的认可和支持,是政府赢得公众选票以维持其党派执政地位的关键;而在威权政体下,赢得公众对于政治权力的认同,也是避免大规模社会抗争引致的社会动荡对政权稳定性造成威胁的有效路径(Wei et al., 2021)。现有公共管理理论对于政府影响公众的相关行为、机制及效果的探讨,为本研究观察、预测和推断智能治理背景下,政府为适应技术发展新形势,塑造和维持其合法性而积极采取的手段和措施,以及可能产生的影响与效果,提供了坚实的理论支撑。

## 2.4 本章小结

本章通过对技术、政府、社会公众三者互动关系的文献综述,试图为本研究理解现实情境下的智能治理与公众认同的逻辑,进而揭示城市大脑及其应用的社会合法性问题,寻找更为广阔的理论舞台。围绕"公众对于智能治理社会合法性的问题具有什么样的现实态度和表现?""智能治理社会合法性形成的内在机制是什么?""政府的干预行动能否以及如何影响智能治理的社会合法性?"三个研究问题,本研究从技术社会学对技术政治功能的解读、不同学科中社会合法性概念的辨析、公共管理对于政府合法性塑造的解释三个方面逐一进行了文献梳理,从而提炼出技术通过赋能政府治理进而影响公众合法性认同的理论脉络。从已有文献来看,有关合法性的讨论,普遍遵循着这样一条逻辑主线,即技术赋能政府治理,进而形塑公众的合法性认同。这种技术赋能的逻辑将公众置于被动接受的地位,并未充分考虑公众的真实态度、价值偏好与理性判断,无法解释公众在文明创造中的主体性作用。但其关于技术和政治对公众叠加作用的描摹,为本研究分析公众对于"城市大脑"这种技术与政治相结合产物的合法性认同提供了丰富的理论源泉,也间接地为本研究以公众为主体,探讨社会合法性问题开辟了广阔探索空间。

# 第 3 章　对城市大脑的探索性案例研究

> "公共管理将成为计算与技术，这种计算和技术，能在国家内部秩序维持与国家力量增长之间建立动态却稳定、可控的平衡。"
> ——福柯（Michel Foucault），《安全、领土与人口》，2009

当前，伴随新一轮科技革命的浪潮，中国正在快速利用人工智能等新兴技术推进国家治理体系和治理能力现代化建设。以城市大脑为代表的新技术成果，已经开始被广泛应用于地方政府的治理实践，通过"数据智能化"推动政府治理能力和公共服务质量的提升。作为一项新事物，城市大脑究竟能够带来什么样的治理创新，又会引致什么样的风险和问题，政府为应对可能出现的新问题做了哪些准备？本章采用案例研究的质性方法，在对我国城市大脑建设背景、进展状况与技术嵌入特征进行介绍的基础上，通过对 H 市 D 县城市大脑赋能治理创新典型案例的深描，刻画城市大脑提升治理能力的具体表征，识别公众对于智能治理的社会合法性问题的现实态度和表现，分析"技术变革"促动"治理变革"过程中潜藏的合法性危机与政府的应对策略。

## 3.1　研究方法与资料获取

现阶段关于新兴技术社会影响的研究，已经从提升公共服务效率、实现精细化管理、增强政府回应性、强化城市资源统筹配置等多个方面，对城市大脑提升治理能力的功用进行了丰富的论述（张建锋，2019；戈德史密斯、克劳福德，2019；翟云，2019），也窥见公众个人信息数据采集可能引发的隐私失密、安全失控、法律失准、伦理失常和道德失范等问题（李修全，2017；Dafoe，2018；谭铁牛，2019），但很少有研究从技术施用者政府、技术受用者公众和技术三者互动的视角，关注公众对于技术被施加在自己身上时的反馈。

如第 2 章文献综述部分所述，历史上，由于缺乏对人的主体性和能动性的思考,对技术社会影响的哲学思辨往往走向"技术统治论"和"技术决定论"的误区,其固有的逻辑是:随着社会发展,技术无论是以一种统治形式还是以一种统治手段呈现在社会公众面前,公众最终都会逐渐习惯并适应这种新的统治权力结构。换言之,面对滚滚而来的新技术潮流,公众只能屈从,而毫无反抗的能力。但事实上,人类发明、设计和制造出各种新技术,并在对各种技术的能力进行拓展、升级和强化的同时,人类自身的综合能力也在不断拓展、进化(韩水法,2019)。公众在面对技术发展侵夺个人权益时,进行反抗的意识、信念和能力都在提升,无论是对技术强化治理能力的过度渲染,还是对技术带来新的社会风险的超前恐慌,其实都陷入了技术治理的"幻象"(韩志明,2019)。

因此,对于智能治理背景下技术、政府与公众三重互动问题的研究,需要重新回到自韦伯开始的对于"合法性"问题的追寻,基于科学循证的研究逻辑,从现实实践出发,探索智能技术何以能够被运用于政府治理实践,公众在面对智能技术"武装"的政府治理的过程中又作出了何种反应,以及政府为了应对来自公众的反馈,又会对"智能"和"治理"的"正当性"作出什么样的价值塑造和改进,以引导民意,增进公众的合法性认同。为了解决这一问题,本研究首先利用案例研究的路径,选取"城市大脑"这一辅助政府治理的新技术成果作为本研究重点关注的实证案例,采取质性文档搜集、参与式观察和深度访谈等方法,对我国各地区的城市大脑建设布局和典型案例的实践经验进行质性资料采集和分析,梳理城市大脑建设过程中政府与公众的互动机制,识别政府强化"社会合法性"的行动策略。

尽管案例研究存在着研究结果难于被归纳为普遍结论的效度局限,但作为在真实情境下对现实现象所做的经验探索(Yin,2017:50),案例研究能够深度揭露特定情境内部的个人、组织与社会环境间的互动,展现真实条件下的动态变迁过程和特殊现象,在探索新的领域、提出新的研究假设、形成新的理论等方面发挥重要作用(Eisenhardt,1989;Yin,2017)。基于研究目的的差异,可以将案例研究分为探索性案例研究、描述性案例研究和解释性案例研究三种类型。探索性案例研究旨在定义研究问题、研究假设,或预判研究设计的可行性,为开展进一步社会研究奠定基础。描述性案例研究重在尽可能完整地对现象、情境进行描述和呈现。解释性案例研究的目标是为事情发生的机制提供因果解释(Yin,2017:92)。

而根据案例的个数,可以进行单案例和多案例的区分。单案例研究适用于分析代表性或极端性案例,进行启发式的理论探索,寻找被广为接受的理论的反例,或者进行长周期的纵向过程追踪。多案例研究可以通过最大相似设计或最小相似设计,获得更具说服力的因果推论。根据分析单元的个数,可以分为单一分析单元的整体性案例研究和多分析单元的嵌入性案例研究。整体性案例聚焦于一个主要分析单元,侧重于揭示案例的整体属性,不追求对案例细节的把控和分析。嵌入性案例研究则在主分析单位之内又嵌入次级分析单位,从而使案例内容的展现更加丰富。而基于案例个数的区分和基于分析单元个数的区分相结合,可以实现整体性单案例研究、整体性多案例研究、嵌入性单案例研究、嵌入性多案例研究四种不同的案例设计类型,如图 3-1 所示(Yin,2017:96)。

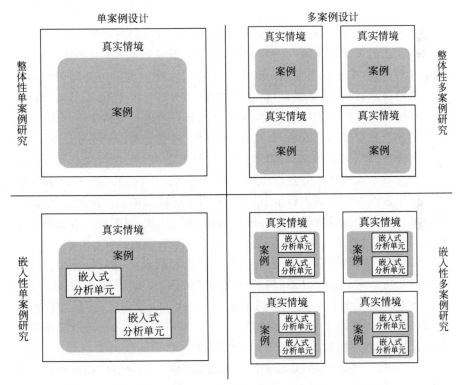

**图 3-1 案例设计的类型区分**

资料来源:笔者根据 Yin(2017)文献翻译绘制。

由于本研究关注的"城市大脑"尚属于新兴事物,对城市大脑合法性问题的相关研究较为罕见。因此,有必要利用探索性案例研究的路径,通过直接观察现实中的社会现象,在对现象进行描述和呈现的基础上,作出启发式的理论探索,发现相关的理论命题(Glaser & Strauss,2017:14)。因此,在这一环节,本研究采用嵌入性单案例研究的方式,选取我国独有的"城市大脑建设布局"作为单个案例进行探索性研究,同时在其中嵌入了对典型地区案例现象的深度观察,试图在"智能技术赋能政府治理创新会影响治理的社会合法性"的理论预设下,对城市大脑建设布局过程中的政府、公众互动进行深入分析,识别政府的行为策略与公众的认同态度的具体表征,抽取出关键变量和影响因素,以期为后续研究框架和概念模型的建构,以及相关研究假设的提出奠定基础。

在资料获取方面,本研究对于城市大脑在我国的建设布局过程及城市大脑应用对政府和公众的影响的相关资料收集,主要分为两个环节。对国家层面的整体性案例分析,主要针对城市大脑建设布局的背景、当前进展情况以及存在的系统性风险等宏观问题,通过公开资料收集,对中央部委、不同地方政府、有关建设单位(企业)等机构相关人员以及国内外知名专家学者的调研访谈、座谈等方式进行。而对次级分析单元地方政府、科技企业与公众互动的具体行为表征的研究,主要通过研究者进入经典案例所在地,进行为期三个月的参与式观察,并在观察过程中对现象进行持续性记录、对关键人物进行反复交流访谈、组织焦点小组讨论、对内部档案与工作资料进行查阅记录等方式实现。需要说明的是,尽管本研究只选取了一个经典案例所在地作为嵌入性案例进行细节呈现,但为了实现多渠道证据的互相验证,笔者也在开展质性研究过程中,以调研和访谈的形式,对其他地方政府和企业的相关做法、公众的观点意见进行了广泛收集和对比研究。

从 2015 年起,笔者陆续前往北京、浙江、天津、湖北、山西、上海、安徽、重庆、四川、海南、福建、江苏、河北、广东、贵州、陕西等 16 个省(直辖市)的 40 个县(市、区),通过与有关部门工作人员座谈、深度访谈、实地观察等方式,调研当地智慧城市与城市大脑建设情况,累积对 141 人次进行了座谈或访谈,组织焦点小组讨论 4 次。面对面访谈与电话访谈通常持续 1~3 小时,座谈一般持续 3 小时,走访调研一般持续 1~3 天。座谈、访谈数据以录音转写、速记或者访谈笔记形式记录整理[①],共计 90 余万字。表 3-1 展示了调研时间、主要访谈对象、资料形式等相关内容。

---

① 部分访谈因涉及政府或企业敏感议题,受访人不愿接受录音,笔者以现场笔录形式记录访谈内容。

表 3-1　质性研究资料来源

| 对象类别 | 访谈情况 | 文档 |
|---|---|---|
| 部委及直属事业单位 | 2018年9月、2019年8月、2020年12月先后访谈相关部委及直属事业单位业务负责人员9人次 | 政策文本、会议纪要、内部研究报告、访谈记录 |
| 地方政府 | 2015年7月,2016年7月、8月,2017年7月,2018年9月、12月,2019年4月、7月、12月,2020年6月至9月、11月,2021年1月,先后访谈县(市、区)智慧城市和城市大脑建设有关单位负责人、业务负责人54人次 | 地方政府内部政策文件、工作总结、会议纪要、讲话稿、研究专报、访谈记录 |
| 企业 | 2018年9月、2019年10月、2020年6月至8月,先后访谈9家互联网或科技企业有关业务负责人13人次 | 企业宣传册、产品介绍PPT、访谈记录 |
| 公众 | 2016年8月、2017年7月、2020年5月、2020年7月至8月,2020年11月,先后访谈四地居民65人次,组织7人规模焦点小组讨论4次 | 访谈与焦点小组讨论记录 |

## 3.2　城市大脑建设的背景和进展

### 3.2.1　从"智慧城市"到"城市大脑"

**1. 我国智慧城市建设历程回顾**

将信息和通信技术(Information and Communication Technology, ICT)运用于政府管理和城市治理,以提升政府工作和公共服务效率的理念早已有之。20世纪80年代,计算机应用刚刚起步时,国外学者就提出了"信息化城市"(Informational City)的概念,指出未来的信息技术将解构并重组城市的架构,信息的流动会把城市带入社会文化与物理空间二元并行的新状态(Castells,1989)。与此同时,为顺应信息革命的时代潮流,我国也启动了电子政务建设探索,力图实现以政务内网为基础的党政机关办公自动化和国民经济相关业务领域信息化。这一时期,涌现出以"金关""金卡""金桥"三金工程为代表的一系列重大电子信息工程。

进入21世纪以来,随着我国将信息化提升到战略高度,我国政府信息化建设工作全面铺开，相继推出了建设和整合统一由政务内网和政务外网构成的电子政务网络；搭建能够让公众访问和使用的政府门户网站；规划和开发人口基础信息库、法人单位信息库、自然资源和空间地理信息库和宏观经济数据库；建设完善办公业务资源系统、宏观经济管理系统和金税、金关、金盾、金审、金融监管（含金卡）、金财、金保（社会保障）、金农、金水、金质等重点业务系统的"两网、一站、四库、十二金"工程，初步形成了我国政府信息化建设的基本框架（孟庆国、樊博，2006：121），如图3-2所示。

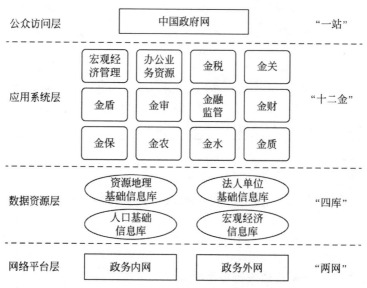

图 3-2 我国政府信息化建设基本框架示意图
资料来源：笔者根据网络公开资料绘制。

1992年，戈尔（Albert A. Gore Jr.）在其著作中提出了"数字地球"（Digital Earth）的新概念。1998年，他作为美国副总统在加州科学中心所作的演讲中再次重申了利用互联网技术、计算机技术、遥感技术等，构建覆盖全球的无缝地球信息模型的"数字地球"理念（Gore，1992、1998）。作为"数字地球"的中心环节，"数字城市"的概念也由此兴起，并成为全球各国解决城市信息需求的全新方案，也推动了我国利用公用数据信息平台和城市规划管理信息系统（UPMIS）、管理信息系统（MIS）、地理信息系统（GIS）等建设"数字城市"的探索进程（徐晓林，2001；李德仁等，2010）。

2008年,IBM公司提出"智慧地球"(Smart Planet)愿景,倡导将信息化、智能化技术手段全面应用于推动社会发展,实现城市运行发展感知化(Instrumented)、互联化(Interconnected)、智能化(Intelligent)的3I目标(IBM,2009),获得全世界的认同,由此形成了"智慧城市"(Smart City)的发展理念。智慧城市的核心目标是通过向城市生活中运行的各种实体,如公交车、消防栓等安装传感器,构建"物联网",并借助云计算技术对物联网数据进行整合分析,实现对城市系统的要素整合,是数字城市在新技术、新理念下的一次更新升级(李德仁等,2011),其内涵框架包括了智慧经济、智慧人口、智慧治理、智慧移动、智慧环境与智慧生活等六个方面(Kogan & Lee,2014),如表3-2所示。

表3-2 智慧城市内涵框架

| 智慧经济（竞争力） | 智慧人口（社会与人力资本） | 智慧治理（公众参与） | 智慧移动（交通与信息通信技术） | 智慧环境（自然资源） | 智慧生活（生活质量） |
| --- | --- | --- | --- | --- | --- |
| 创新活力 | 素质水平 | 参与公共决策 | 本地、国内、国际交通便捷 | 自然条件的吸引力 | 社会文化设施 |
| 企业家精神 | 终身学习 | 公共与社会服务 | 信息通信技术设施完善 | 污染治理 | 医疗卫生条件 |
| 经济品牌形象 | 社会与民族多元 | 治理透明化 | 可持续、富有创新性、安全的交通体系 | 环境保护 | 个人安全 |
| 生产力 | 灵活性 | 政治战略与远景 | | 可持续的资源管理 | 居住环境质量 |
| 劳动力市场弹性 | 创造性 | | | | 教育设施 |
| 国际化融入 | 全球视野/思想开放 | | | | 旅游条件 |
| 转型能力 | 积极参与公共事务 | | | | 社会凝聚力 |

资料来源:笔者根据Kogan & Lee(2014)文献翻译制作。

与此同时,随着我国经济发展水平提升,城镇化快速推进,城市人口数量和密度持续攀升,交通拥堵、环境污染等困扰城市治理的难题凸显,推动"守土有责"的传统政府管理思路向高质量、精细化、强互动的新型治理模式转变的需求十分迫切,也为政府信息化建设提出了新的要求(于文轩、许成伟,2016)。在此背景下,从 2010 年起,北京等地区在我国率先开启了智慧城市建设探索。2011 年,国家测绘地理信息局提出,要在已经建成的数字城市基础上,进一步探索开展智慧城市试点攻关的目标。2012 年年底,住房和城乡建设部公布了北京市朝阳区、北京市东城区、北京市丽泽商务区、北京市未来科技城、天津市生态城、天津市津南新区等 90 个区、县作为首批"国家智慧城市试点"。

此后,我国智慧城市建设迅速进入爆发式增长阶段。从 2012 年至 2016 年,国家发布了大量指导性政策,遴选了多个建设试点,各个地方也围绕智慧城市建设,密集开展顶层设计,制定规划,完善相关基础设施,提升公共服务。据不完全统计,到 2016 年年底,我国已经公布的各类智慧城市建设试点超过 650 个(具体统计情况如表 3-3 所示),智慧城市数量跃居全球首位。

表 3-3 我国智慧城市试点名称及数量(截至 2016 年年底不完全统计)

| 主导部委 | 时间 | 试点名称 | 数量 |
| --- | --- | --- | --- |
| 住建部 | 2012 年 12 月 | 第一批国家智慧城市试点 | 90 |
| | 2013 年 8 月 | 第二批国家智慧城市试点 | 103 |
| | 2015 年 4 月 | 第三批国家智慧城市试点 | 97 |
| 科技部等 | 2013 年 9 月 | 智慧城市技术和标准试点 | 20 |
| 工信部 | 2013 年 11 月 | 第一批国家信息消费试点市(区、县) | 68 |
| | 2015 年 12 月 | 第二批国家信息消费试点市(区、县) | 36 |
| 国家测绘地理信息局 | 2013 年 3 月 | 第一批"智慧城市时空信息云平台建设"试点城市 | 10 |
| | 2016 年 3 月 | 第二批"智慧城市时空信息云平台建设"试点城市 | 36 |
| 工信部与国家发改委 | 2014 年 1 月 | 第一批"宽带中国"示范城市 | 39 |
| | 2015 年 1 月 | 第二批"宽带中国"示范城市 | 39 |
| | 2016 年 7 月 | 2016 年度"宽带中国"示范城市 | 39 |
| 国家发改委等 | 2014 年 6 月 | 信息惠民国家试点城市 | 80 |

资料来源:笔者根据网络公开资料整理制作。

在国家战略引导和地方政府积极实践的共同推动下,从 2012 年开始到 2016 年的 5 年间,我国的智慧城市建设规模迅速扩大。然而,由于各地的

经济社会发展水平和政府财政、资源能力不一,我国早期智慧城市建设虽然规模很大,但质量并不理想。某部委的一位受访人表示:

"全国各地都掀起了一股大建智慧城市、争取申报成为一个试点的浪潮,因为中央当时对试点城市的支持力度还是相当强的。地方上都在想办法从中央搞点资源或者搞出个政绩工程来……

但是这个过程中就暴露出来了很多问题,后来的专家评估认为,总体上看智慧城市建设成效参差不齐,智慧城市投入产出比例失衡,实际效益不大,'设计局限化、信息碎片化、建设空心化、安全脆弱化'情况较为严重,可持续运营和发展能力不强等问题非常突出,很多地方都只是搞出了一个'花架子',基本上是失败的这么一个情况。

那么在这样一种情况下,2016 年以后,基于对前期大规模推进智慧城市建设的经验教训的总结反思,我们中央和国家有关部门的步子就放缓了,相继暂停了对智慧城市试点项目的遴选和审批,国家层面对各地智慧城市建设的态度从激励扶持转向质量控制和成果评价,更加注重相关标准规范的制定工作,特别是倡导建设以新理念、新技术、新应用为基础的'新型智慧城市'。"(ZY01-20190830)

为进一步对受访人的表述进行验证,本研究利用清华大学政府文献中心政策文献数据库(iPolicy),以"智慧城市"为关键词,对 2010 年至 2022 年由中央和国家部委出台的智慧城市相关政策文献进行了全文检索。通过人工筛选,过滤掉关联性较小的政策文本,获得相关性较高的政策文本,如附录 E 所示。再对上述政策文本进行文献计量分析,利用清华大学政府文献中心政策文献数据库内嵌的切词、共词及主题词著录功能,在对政策文本主题词进行词频统计的基础上,筛选出相关度较高的高频词汇进行著录,并以 2016 年为界,绘制智慧城市相关政策主题词云图,如图 3-3 所示。从 2016 年前后的政策词云图对比可以看出,我国智慧城市相关政策主题词从"智慧城市""建设""试点"等宏观框架性表述在 2016 年后开始转向"新型智慧城市""精细化""特色""监督"等评价性、指导性表述,政策文本传递出的理念和关注的重点都发生了较为显著的变化。

另一位曾经参与过智慧城市相关标准制定工作的受访人也表示:

"从 2017 年开始,为进一步促进智慧城市建设进程规范化、有序化,根据中央有关部署,我们加强了对智慧城市标准化工作的推进力度,邀请(中国)信通院、(中国)电子技术标准化(研究)院、北京航空航天大学等高校和

图 3-3　智慧城市政策主题词云图

资料来源：笔者根据清华大学政府文献中心政策文献数据库相关数据分析绘制。

科研院所的专家学者，组建了智慧城市标准化工作协调小组、总体组和专家组，围绕智慧城市建设实施和运营评估等工作，研究、起草并推动出台了一系列国家标准。"（ZY02-20191206）

附录 F 中列举了截至 2023 年 3 月我国已发布和在研智慧城市相关国家标准。根据已经发布和待发布的相关国家标准批号反映出的时间，笔者对每年待发布和发布的相关标准进行整理，绘制的标准数量统计图如图 3-4 所示。从该图中可以看出，从 2017 年开始，与智慧城市相关的国家标准数量快速增加，制定和发布进程明显加快，与受访人的描述一致，也反映了我国智慧城市建设工作重心的转移。

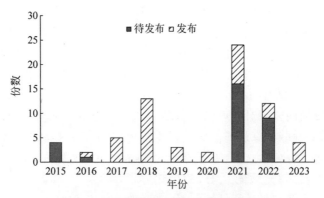

图 3-4　智慧城市相关国家标准数量统计

资料来源：笔者基于"全国标准信息公共服务平台"（https://std.samr.gov.cn/）检索相关标准后，统计整理绘制。

## 2. "城市大脑"与智慧城市转型升级

2016年4月,阿里巴巴集团率先在国内提出了"城市大脑"的概念构想,并在当年10月13日举办的第18届西湖国际博览会上与杭州市政府、富士康集团共同启动了"杭州城市数据大脑"的建设项目。阿里云创始人、杭州"城市大脑"总架构师王坚这样描述:"城市大脑的内核采用阿里云ET人工智能技术,可以对城市进行全局实时分析,自动调配公共资源,修正城市运行中的缺陷,成为治理城市的超级人工智能。"[1]在笔者对最早提出"城市大脑"概念的阿里巴巴集团相关工作人员的访谈中,一位受访人对"城市大脑"的智能化创新做出了如下解释:

"可以说,'城市大脑'的出现,为全国的智慧城市建设提供了一种嵌入'智能技术',实现'智能化'的新思路。国家发改委2014年出台的《关于促进智慧城市健康发展的指导意见》给智慧城市做了一个基本界定说的是'智慧城市综合运用了大数据、物联网、云计算、空间地理信息等新一代信息技术'。当时这个定义里其实没有强调智能技术。而在这之后人工智能的概念又'火'了,2015年总理在政府工作报告中说的,怎么样把智能技术与智慧城市建设结合起来,其实是一个新的命题。阿里提出的'城市大脑'的思路就是要利用智能技术,给城市安装一个智能中枢,让城市真正具有和人脑一样的智慧,打通城市各条经脉,使传统分散的、碎片化的资源和数据能够更好地协调运转。"(AL01-20180910)

已有研究分析指出了城市大脑在推动智慧城市更新换代、转型升级方面的作用。有学者将"城市大脑"视为互联网大脑模型与城市建设相结合的产物,它以包括智能手机、摄像头、传感器、机器人等不同种类的终端设备为城市神经元,以设备之间的联结为城市云反射弧,分别搭建类脑听觉系统、类脑视觉系统、类脑感觉系统、类脑运动系统等子神经系统,并与基于互联网、大数据和云智能而建构的城市智能中枢共同构成了支撑大脑运转的城市神经网络,如图3-5所示(刘锋,2020)。这样一种大规模城市神经网络的建构,使得城市大脑具有了突破单维智能、实现全维智能的能力,推动智慧城市建设迈向高水平发展的新阶段(傅荣校,2018)。

---

[1] 转引自专题报道《用"城市大脑"打造人工智能杭州样本》,载于《杭州科技》,2017年第2期,第6页。

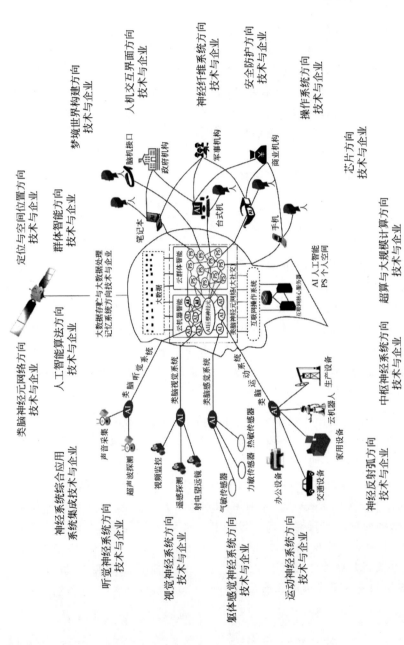

图 3-5　城市神经网络示意图

资料来源：城市大脑全球标准研究组：《城市大脑全球标准研究报告（2020 摘要）》第 9 页。

第3章 对城市大脑的探索性案例研究

在笔者对杭州市政府有关部门工作人员的访谈中,一位受访人对城市大脑推动智慧城市建设创新升级的表现和所取得的成效做了介绍:

"2019年10月,我们发布了推动智慧城市全面转型升级的城市大脑'531'体系,可以说这在全国都是遥遥领先的。我们叫'五个一''三个通'和'一个新的城市基础设施'。'五个一'包括:'一张网',通过对数据的统一标准化处理,建立一张数据无障碍流通网,形成数据资源池,为城市大脑提供基础数据支撑;'一朵云',建立云端资源整合的'逻辑云';'一个库',建立能够对城市各级部门数据和社会数据进行实时归集与治理的数据仓库;'一个中枢',建立一个能够实现数据和各业务系统互通互联,并进行工单分派的智能中枢;'一个大脑',打破各自为政的传统建设模式,全市统一架构、一体化实施,市、区、镇与社区多级协同联动,防止重复建设。'三个通'的第一个'通'是各级政府与各个政府部门间的互联互通;第二个'通'是智能处理中枢、横向系统、纵向平台、应用场景之间的互联互通;第三个'通'是政府与市场、企业、社会的互联互通。'一个新的城市基础设施'就是通过对数据的全面整合归集和对各业务系统的全面接通,进一步进行融合计算,建设一个具有智能思考、自主迭代能力的城市数字系统基础设施⋯⋯

今年因为新冠疫情带来的紧迫需求,我们进一步加快了很多工作的推进速度。到目前为止,我们已经上线了(城市大脑的)3.0版本,日均新增协同数据1.2亿多条,建成了148个数字驾驶舱和公共交通、城市治理、卫生健康等11大系统48个应用场景,实现了纵贯市、区县(市)、乡镇街道、社区小区4个层级和横跨96个部门的317个信息化系统项目的互联互通,形成了'中枢系统、部门和县市区平台、数字驾驶舱、业务应用场景'四位一体的核心架构。新冠疫情期间,我们卫健系统和公安系统的同志们,跟后台的技术人员合作,在24小时内就设计出了城市大脑新冠疫情防控系统。基于城市大脑的数字化实践经验,我们的工作人员还在全国率先提出了利用'健康码'进行居民建档管理的思路,并在48小时以内就把健康码设计出来了,6天就正式上线了。2月11日,我们就在全国最先上线了健康码管理系统,在疫情防控方面发挥了巨大作用。针对企业复工复产等迫切需求,我们又加班加点,在3月2日上线了'亲清在线'数字平台,为企业提供一对一定制化的帮扶。习近平总书记来视察时,对我们的工作是高度肯定,这也是总书记第一次直接明确地认可我们这项工作创新,我们都是备受鼓舞的。"
(HZ01-20200625)

  与第一代智慧城市相比,借助"城市大脑"实现更新换代的新型智慧城市,最显著的特色是"中枢架构"的创新(张蔚文等,2020)。尽管不同的技术方案供应企业所提供的城市大脑产品在细节上略有差异,但总体上看,全国各地的城市大脑都基于中枢化的理念,建立了城市数据交换的"中枢协议",构建了四大基础功能平台:一是提供数据汇聚处理功能的城市大数据平台,通过把来自个人、社会、企业、政府的海量数据整合汇集,全量多源接入智能中枢,实现数据互联互通,消除传统城市信息化过程中条块分割、各自为政而导致的信息割裂、数据孤岛问题;二是提供核心技术支撑的人工智能中枢处理平台,借助深度学习算法和超大规模云计算平台的超强算力,对接入的数据进行整理分类、计算推演,转换为可以服务决策的知识信息,为整个系统实现类人思维和具备自主决策能力提供支撑;三是提供业务支撑功能的城市信息平台,基于数字孪生的理念,搭建城市信息模型(City Information Modeling,CIM),对智能中枢处理后的数据重新进行可视化呈现,形成反映城市全域运行实况的"数字驾驶舱";四是实现跨行业、跨部门协同调度功能的业务应用场景平台,针对产业经济、民生服务、应急决策、社会治理等具体业务场景,构建具备实时调动多部门资源能力的综合性超级应用系统,实现跨部门数据共享和业务协同(中国信息通信研究院产业与规划研究所,2020)。

  根据公开资料对现有各类城市大脑技术方案架构的描述,笔者总结绘制了包括数据归集、数据处理、数据呈现和数据应用四大平台模块的城市大脑基本技术架构,如图3-6所示。

  实现城市大脑中枢架构创新的关键是"数据化运营",即让数据如同血液在整个城市运行系统中自由流动,为中枢"大脑"和业务"四肢"持续供给"信息养料"。基于信息化思维的第一代智慧城市建设,初步实现了政务数据上线,办公、服务上网,政务信息系统上云和部分城市基础设施设备的联网,通过把业务职能、公共服务、城市治理的各个流程环节数字化,积累了大量的数据。但这种数字化建设是以各级政府和部门内部软硬件系统集成为单位,分散构建各自的小系统、自平台,各单位"守土有责",彼此互不相连,导致了信息孤岛和政府职能孤岛的形成,数据资源难以发挥其真正的价值

第 3 章　对城市大脑的探索性案例研究

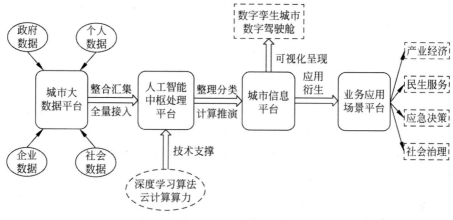

图 3-6　城市大脑基本技术架构

资料来源：笔者自制。

（张建锋，2019：44）。城市大脑"中枢架构"的第一步，就是将分散在各个信息孤岛的数据统一汇集起来，将不同部门的"自循环"打通，再通过智能中枢处理平台转变为全系统循环，在城市信息平台全面呈现出城市全系统的运行状况，并针对不同的业务需求，将相关领域的数据信息打包分配至各业务应用平台。

阿里巴巴集团负责城市大脑业务的技术人员在与笔者的访谈中，对城市大脑架构创新在推动数据互联互通上的作用作出了较为生动形象的解释：

"人工智能技术最大的特点是'智能化'，也就是具有一定的行为决策能力，而不仅仅是辅助决策。这种智能的实现，需要通过算法，对大量'点数据'进行分析，连点成线、连线成面，挖掘出其中的隐含信息知识。过去我们建智慧城市普遍存在的一个问题是，不同的设备与技术系统，不同的业务部门，彼此是相互独立、自成体系的。比如说，早期很多城市都做了所谓的智慧公交站台，能够帮助老百姓快速了解自己要坐的车还有几站地，但是这个东西它是通过公交车与站点的感应器对接信号实现的，而站与站之间的道路交通拥堵等情况无法反映，所以经常出现明明只有几站地，却迟迟等不到车的情况，精度很差，能耗又比较高，老百姓体验也不好。所以后面国家给的结论是叫'设计局限化、信息碎片化、建设空心化'。

'城市大脑'搭建的新架构是什么呢？就是要把来自不同设备设施、技术系统、业务部门乃至分散在社会各角落的数据都收集在一起,集中起来,建立一个统一的调度中心,使这些分散的数据变成一种真正集成化的城市大数据资源。这种大数据资源,可以借助阿里云超强的算力,向血液一样流动起来,转化成城市运行实况信息,并且能够针对实况信息中反映出来的问题,自动修正参数、调配资源、解决问题。回到公交车的例子,这种交通实时数据信息的转化,就能够通过城市大脑再分配到公交站台,根据交通拥堵状况,对乘客实际等候的时间进行灵活调整,而不是这一站到下一站,就显示的是卡死的那个5分钟,结果可能因为路上堵,乘客一下子等半小时。我再举一个例子,就是杭州最早基于城市大脑做的智能交通信号灯系统,这个大家都很熟悉了。原理很容易理解,就是城市大脑通过道路交通监控的日常实时数据,计算出不同道路的拥堵情况,再根据这一情况直接对不同路口的信号灯时长进行调节。这就很像我们人脑做决策,它很大程度上是一种系统化的过程。"(AL02-20191009)

除了技术层面的创新之外,为了顺利推动城市大脑建设,使城市大脑的创新效能从交通治堵向全领域推广,最早部署城市大脑的杭州市也在整合型政府组织结构设计上率先进行了探索,建立了"党委领导、政府主导、社会协同"的组织管理架构,由建设工作领导小组、数据资源管理局、工作专班负责行政领导、协调等相关工作,云栖城市大脑科技有限公司负责日常建设运营工作,云栖工程院负责中枢系统研发和数据处理迭代工作,试图打破传统政府职能部门条块分割造成的数据资源碎片化和信息流动不畅的现象(张蔚文等,2020)。杭州城市大脑建设工作组织架构和职能分工如图3-7所示。在出现城市大脑建设推进工作需要与既有法律、规章、制度相冲突的情况时,杭州市政府也大胆地采取行动,积极与国家、省、市三级立法机构沟通,并与有关单位协作,在全国首先启动了相关法规创制和修订工作。随着城市大脑在全国的扩散,杭州市政府为推动城市大脑建设而进行的政府组织架构和管理制度的创新探索,也被多个地区的政府借鉴。

在笔者对杭州市政府有关部门工作人员的访谈中,另一位受访人也对城市大脑建设过程中政府有关部门在机构革新方面的举措做了介绍,受访人的表述与笔者从网络公开途径和学术文献中获得的资料反映的信息形成了交叉验证:

"为了能够快速推进城市大脑的建设,2016年7月,我们就在云栖小镇

第 3 章　对城市大脑的探索性案例研究　　69

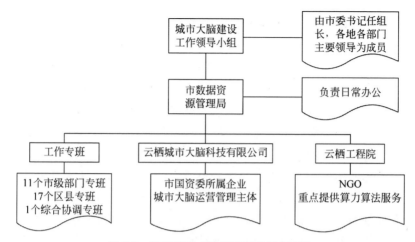

图 3-7　杭州城市大脑建设工作组织架构

资料来源：转引自张蔚文、金晗、冷嘉欣，《智慧城市建设如何助力社会治理现代化？——新冠疫情考验下的杭州"城市大脑"》，载于《浙江大学学报（人文社会科学版）》，2020 年，第 50 卷，第 4 期，第 120 页。

建立了运营指挥中心，12 月市委市政府成立了以市委书记任组长、常委副市长任副组长、各区县（市）和部门主要领导为成员的'城市大脑'建设领导小组。2017 年 1 月，市里又决定成立数据资源管理局，把'城市大脑'建设领导小组办公室设在数据资源局，整体负责城市大脑日常建设推进工作，每周组织各单位对全市城市大脑工作进展情况进行通报，还把之前政府办公室承担的组织协调政府信息化建设的相关工作和经信委主管的电子政务领域大数据的研究、开发和应用工作单独抽出来，一起划入数据资源管理局职责范围。

针对具体的项目，我们实行工作专班机制，从各部门各区县（市）以及 50 余家企业抽调力量，分别组建了 29 个专班，包括市级部门工作专班、区县（市）工作专班和综合协调专班，组织了 350 多人的人才队伍，统一进驻云栖小镇集中办公，专班既有分工又有合作，相互之间既独立又打通，专班之间还设立了绩效考核与竞争机制。市考评办、大数据局、政法委联合对全市 15 个区县的 101 个部门下发了任务书，列入年终绩效考评。可以说，城市大脑的推进，真的是在倒逼我们的公务人员转变观念，倒逼我们的政府去重构业务流程、创新管理模式。

在推进过程中，遇到一些规章政策与城市大脑建设需求相冲突的情况，我们也都本着优先为城市大脑开路的态度,会同相关单位和立法机关,及时予以修订。今年初,市司法局还专门组织起草了《城市大脑数字赋能城市治理促进条例》①,3月份的时候,公开面向社会征求了意见,这也是全国首创的。

在城市大脑的具体运营上,我们创新模式,成立了由市国资控股、社会企业和技术研发方参股的'杭州城市大脑有限公司'[曾用名为'云栖城市大脑科技(杭州)有限公司',为混合所有制企业],对每个具体应用场景模块的业务开发和运营,也都成立了相应的国有独资或混合所有制公司,让相关工作人员既能充分获得发挥自身优势的自由,又不会因为过于自由而导致项目运营失控或违规。此外,为了强化技术力量支撑,我们还支持成立了专门的研究机构云栖工程院,通过专项研究的方式,把全球科研领域的领军学者人才和优秀科技企业的顶尖技术人才的智力资源汇集起来,为城市大脑建设提供强有力的技术支持。"(HZ02-20200725)

城市大脑在杭州探索布局的成功,迅速在全国掀起了新一轮智慧城市转型升级的浪潮。在过去的五年时间里,以城市大脑为代表的城市智能治理中枢,已经成为新型智慧城市建设的核心要件,在北京、上海等数十个城市落地。根据中国信息通信研究院的统计,2019年,全国各地有54个项目以"城市大脑""城市指挥中心""城市运营管理中心"为关键词进行招标,每个建设项目平均投资额度超过7000万元。

在技术方案供应商方面,除了阿里巴巴集团的"城市大脑"之外,腾讯集团的"WeCity未来城市"、华为集团的"智慧大脑"与"城市智能体"、百度集团的"百度大脑"、浪潮集团的"城市智慧大脑"、科大讯飞集团的"城市超脑"、平安集团的"城市智脑"等综合性技术解决方案和滴滴集团的"交通大脑"、360集团的"安全大脑"等专业性技术解决方案都相继推出,并分别在不同地区布局落地。表3-4展示了截至2020年12月我国已经布局城市大脑的相关地区和相应的技术方案供应商情况(不完全统计)。从布局图可以看出,经过近五年的发展推进,以城市大脑推动智慧城市转型升级的创新趋势,已经实现了由点到面再向全国的扩散。

---

① 2020年11月29日,根据《中华人民共和国立法法》第七十二条第二款规定,浙江省第十三届人民代表大会常务委员会第二十五次会议审议批准了由杭州市第十三届人民代表大会常务委员会第三十次会议通过的《杭州城市大脑赋能城市治理促进条例》,决定由杭州市人民代表大会常务委员会公布施行。这是全国城市大脑领域的首部创制性地方法规。

表 3-4　全国城市大脑建设布局与技术方案供应商情况

| 省级行政区 | 城市(区) | 技术方案供应商 | 省级行政区 | 城市(区) | 技术方案供应商 |
| --- | --- | --- | --- | --- | --- |
| 北京 | 海淀区 | 百度 | 山东 | 济南 | 浪潮 |
| 北京 | 朝阳区 | 阿里 | 山东 | 青岛 | 百度 |
| 天津 |  | 阿里 | 湖北 | 武汉 | 阿里 |
| 河北 | 石家庄 | 阿里 | 湖南 | 长沙 | 腾讯 |
| 河北 | 雄安新区 | 阿里 | 湖南 | 益阳 | 华为 |
| 山西 | 太原 | 阿里 | 广东 | 广州 | 阿里 |
| 山西 | 阳泉 | 百度 | 广东 | 深圳 | 平安 |
| 山西 | 晋城 | 阿里 | 广东 | 珠海 | 腾讯 |
| 吉林 | 长春 | 科大讯飞 | 广东 | 佛山市南海区 | 华为 |
| 上海 |  | 阿里 | 广东 | 东莞 | 华为 |
| 江苏 | 苏州 | 阿里 | 海南 | 海口 | 阿里 |
| 浙江 | 杭州 | 阿里 | 海南 | 三亚 | 腾讯 |
| 浙江 | 湖州 | 阿里 | 重庆 |  | 阿里 |
| 浙江 | 绍兴 | 阿里 | 四川 | 成都 | 阿里 |
| 浙江 | 衢州 | 阿里 | 四川 | 攀枝花 | 浪潮 |
| 安徽 | 合肥 | 阿里 | 四川 | 泸州 | 阿里 |
| 安徽 | 宿州 | 阿里 | 西藏 | 拉萨 | 阿里 |
| 安徽 | 铜陵 | 科大讯飞 | 陕西 | 西安 | 阿里 |

资料来源：笔者根据网络公开资料整理。

### 3.2.2　城市大脑的"技术嵌入"及其影响

笔者在第 2 章文献综述部分，总结并提炼了传统理论中技术与政府共同对公众合法性认知产生影响的路径。这一路径表明，已有研究主要将智能技术引发的政府治理创新视为一种"技术赋能"的过程。"技术赋能"的含义是，政府可以根据自身的需要，选择运用相关的技术成果，增强自身在特定业务领域的治理能力。"赋能"是政府主动采纳技术的"单向选择"，政府始终掌握着主导权（关婷等，2019；李雪松，2020）。但从城市大脑给城市治理带来的变革来看，随着各部门封闭的"自循环"被打通，数据实现了自由流动，部门与部门之间的信息门槛被打破，信息不对称的状态得到解决，这种技术能力也会"倒逼"政府部门作出改变。这已经不只是一种单向的"技术赋能"，而是一种政府与技术双向互动和双向选择的"嵌入"过程（王小芳、王磊，2019）。

**1. 技术嵌入的三重路径**

具体而言,技术与政治的互相嵌入经由三种作用路径渐次加深。第一条作用路径是作为技术创新主体的企业发挥着"政策企业家"(Policy Entrepreneur)作用(Lewis,1980:9)。在激烈的市场竞争的带动下,科技公司的智能技术创新实践已经超前于政府治理实践(庞金友,2020)。企业界的超前实践者,能够扮演"政策企业家"的角色,投入资源和精力,将最新的技术成果及其能够为政府治理创新带来的潜能,传递给各地区的政府实践者,促成政府采纳新的技术成果,形成新的政策方案和治理模式,并能成功将政策创新维持下去(Kingdom & Stano, 1984; Roberts & King, 1991)。这一作用路径的典型案例就是阿里巴巴集团最早向杭州市政府推介的"城市大脑"技术思路。一位接受笔者访谈的阿里巴巴集团技术人员在访谈中指出:

(智能信号灯)原理很容易理解,根据路况调节信号灯时长,就像我们人看到对面驶来一辆车,我们大脑立刻就会指挥我们的身体,向旁边躲闪,这是一样的道理。但是对于一个城市的体量来说,要实现这样一个自主决策的流程是很不容易的。那么多条道路,每条道路的实时通行数据情况都要精确到分秒去掌握,这是传统统计方法根本做不到的,更何况掌握了这个情况以后还要立刻调整相应路口的信号灯时间,当然我这还只是一个方便大家理解而做的最简化的描述,这个需要的算力是要求有很强的技术能力支撑的。

而对政府来说,打通每个信息节点,解决信息传递阻塞和信息不对称的问题,是政府很想做的,因为这样的话很多管理问题就能迎刃而解了。但是这又是很难做到的事情,这其中还涉及很多人思想上、利益上的问题。我们作为技术企业,在一定程度上也了解政府的这种困难,所以我们借助最新的人工智能技术,想出了这样一个解决方案。但其实政府最早并没有给我们提出帮他们解决这种问题的要求,而是我们有了这样一个思路以后,主动去跟政府谈,看看他们是否愿意做。这毕竟是一个治理的问题,只靠企业做不起来,我们需要在真实的情境下去验证这种技术解决方案是否可行,还要在真实情境下再对技术方案进行完善,这些都需要依靠政府的支持。2016 年年初,我们在跟杭州市政府提出这个构想方案以后,政府认为这个思路很好,非常支持。所以我们马上就行动起来了……

可以说,这个项目开创了企业用技术创新推动政府治理创新的新模式,而且推进速度是非常快的,我们企业的力量在一定程度上深度参与甚至可以说是主导了一些工作的推进。一些原本可能存在忧虑或者缺乏配合意愿的部门和地区,看到我们的速度和成效以后,也都慢慢改变了态度。这个跟以前的政企合作,包括 PPP(政府购买服务),都是不太一样的。(AL02-20191009)

第二条路径是技术与政治间的协同演化(Coevolution)作用。演化经济学家 Nelson(1994)指出,技术创新与政治制度变迁之间并不是决定论或线性相关的关系,两者之间互为选择力量,协同演化。技术的发展能够拓展对政治的理解和认知,政治的发展也能够为技术带来新的机会和线索(眭纪刚,2013)。城市大脑的推进过程也伴随着相关政治制度和政府组织结构的协同演化。一方面,城市大脑的出现,打破了阻碍数据流通的技术屏障,不同政府部门之间信息传递和信息交换的技术成本大幅降低,提升了政府部门以及不同地区间进行数据信息共享的可能性;同时,城市大脑对于全系统数据的整合汇集需求和能力,也催生了专门负责统合与管理城市数据资源以及城市大脑运转的政府部门——大数据局。另一方面,城市大脑技术供应企业也随着政府对技术的引入而不断增多,规模不断扩大,并根据政府治理创新的实际需要和成效不断进行技术迭代更新,开发新的功能模块,甚至根据政府要求,培育承接新业务并受国有资本控制的新企业单位;针对社会公众的反馈,企业和政府还对部分技术功能进行了适度调整,以适应社会不同群体的不同诉求。在笔者对不同地区的政府部门和技术方案供应商的访谈和座谈中,相关受访人都表达了上述观点。

"4月份,根据杭州市政府跟我们沟通的情况,我们先以解决道路交通拥堵为突破口开始进行数据准备工作。7月份我们在云栖小镇建成了运营中心,实现了数据向城市大脑的迁移。9月份我们在萧山区进行了道路交通试点试验,把测试道路车辆平均运行速度提高了3%以上。紧接着10月份我们就在云栖大会上与杭州市政府一起正式对外宣布启动城市大脑的建设工作。12月,杭州成立了以市委书记为组长的'城市大脑'建设领导小组,组织汇集了公安、交通、财政等十余个政府部门的力量,跟我们形成配合,推进城市大脑建设。很快,第二年元月,杭州市就又设立了专门的机构'数据资源(管理)局',来对政府内的这块工作进行统筹协调。"(AL01-20180910)

"那么这么多的数据,这么多的部门,怎么协调,怎么沟通?不同的单位,有的强势一些,你让他把自己的数据拿出来,一开始他们肯定是不愿意的。也有的他可能就没有成体系的数据,还需要重新做电子化录入。这是很大的障碍。我们(向县委)汇报了(我们调研的情况)以后,马上县委就专门成立了工作专班,由县委书记亲自来抓。我们也是在全国里最早设立大数据局的县之一,而且我们的级别还比较高,是县政府下属的一级局。"(DQ01-20191219)

"我们公司最早就是跟着杭州城市大脑起来的,主要做城市大数据归集这块。其实这个事情阿里也有能力做的,但是可能政府还是希望能够尽可能分散化,这样好控制住吧。像我们公司,现在去下面的地市,比如湖州、宁波,这些地市的政府都要让国资进来控股我们的分公司,因为数据这块政府还是比较谨慎的,怕出问题……其实参与城市大脑运营的公司很多,每个环节都有不同的公司进来,不同的单位也各自有自己的技术团队,负责开发自己单位的业务应用……现在做这些的公司越来越多,套路大家都逐渐熟悉了,竞争越来越激烈,地方保护主义也起来了,日子不怎么好过……"(CD01-20200810)

"我们也根据实际的需要,及时地去做新的功能开发和迭代。从2019年11月上线,到现在的这个'城市智脑'系统,已经是我们的第三代版本更新了……

之前深圳作为全国第一批数字货币试点,我们跟深圳市政府、人民银行一起,上线了数字货币试点系统,这个美国是没有做成功的,当时我们也比较担心美国会搞破坏,所以没有大规模宣传,但是最后结果来看还是非常成功的。通过我们的这个'i深圳',首批3000万额度的电子货币实现了从预约到领取再到使用的安全循环。"(PA01-20210202)

"前段时间,网络上有群众反映,一些没有智能手机的老年人健康宝使用不方便的事情,后面包括央视等媒体也报道了。我们获知以后,马上就推动技术开发企业,要求在一天之内,紧急把健康宝的代查功能上线。我们也加大了在社区层面的宣传科普力度,帮助老年人来熟悉这个程序。"(BJ01-20200925)

由不同地区政府和部门之间的竞争压力引发的"创新扩散"(Innovation Diffusion),是推动技术与政治互嵌关系进一步加深的第三条路径,也是导致这种嵌入关系对整个社会产生系统性影响最关键的路径。城市大脑的创新扩散,既有技术创新扩散,也有政策创新扩散。技术创新扩散是一种技术创新经由特定的渠道在社会系统中随时间传播的过程,这种扩散通常表现为技术创新被大面积或大规模"模仿"(Rogers,1983；熊彼特,1990)。政策创新扩散是指一个地区成功的政策创新实践被迅速传播或推广到其他地区(Walker,1969；Berry,1994)。

  城市大脑从杭州向全国的扩散经历了这样一个过程：在阿里巴巴集团提出城市大脑的概念和技术方案后,国内其他企业相继提出了与之类似的技术方案,提供数据清理等配套服务和子版块业务应用开发的技术供应商也批量涌现。技术企业为了占据市场竞争中的优势地位,主动面向社会对城市大脑技术方案在提升政府治理能力和公共服务质量方面的良好效果进行了大规模宣传和包装,吸引社会公众的兴趣和注意力,并向不同地区的政府"兜售"城市大脑的技术方案,推动建设城市大脑成了一种社会创新潮流,公众逐渐形成对自己所在地政府布局建设城市大脑的心理期望。与此同时,率先建设城市大脑的杭州市政府,也将利用城市大脑带动政府治理创新作为新型智慧城市建设探索的成功政策创新实践,向上级政府和社会进行宣传倡导,使其成为一种受到上级认可并能够作为官员政绩的政策创新模式。

  在地方官员普遍面临"锦标赛式"的发展竞争压力的情况下,地方政府必然会在政府治理和公共政策活动中"相互看齐"甚至"赶超",积极学习、吸收先进地区引入城市大脑的成功实践经验,并进行再加码、再创新,为地方发展争取、创造新的"亮点"和竞争优势(周黎安,2007；周飞舟,2009；王浦劬、赖先进,2013)。受此原因影响,国内建设和布局城市大脑的地区越来越多,城市大脑可实现的功能也在不同地方政府和技术企业的相互竞争中越来越强大,城市大脑嵌入政府治理的程度越来越深。在笔者对不同地区的政府部门和技术方案供应商的访谈和座谈中,相关受访人表达的观点也佐证了上述过程。

  "我们一直认为,城市大脑是中国一项独有的自主技术创新,代表了未来城市治理的一种创新形态和趋势。而且在我们提出这个概念以后,类似的概念、技术方案遍地开花,现在已经有很多跟我们同台竞争的(企业)出来了。网上今年5月份有一个报道,不知道你们看过没有,是中央纪委国家监委网站刊登的对王坚院士的专访[1],他在这个专访里就讲到了,城市大脑这

---

[1] 中央纪委国家监委网站:《中国工程院院士王坚:城市大脑是中国的创新》,(2020-05-18/2020-09-30),http://www.ccdi.gov.cn/yaowen/202005/t20200518_217481.html。

个在国外是没有的,是真正的中国创新,是中国献给世界的礼物……我们在2017年11月,就入选了首批四家国家人工智能开放创新平台之一,而且是唯一一个服务于政府治理的平台。现在,特别是这个疫情防控的成效显现以后,还有一些外国的合作者想要跟我们做一些合作。我认为,城市大脑作为一项中国亮眼的技术创新,已经吸引了全世界的目光,得到了社会的普遍认可吧。"(AL03-20200729)

"疫情的时候,我们专门针对居家的情况开发了防疫在家服务平台,帮助无法外出的民众缓解心理压力。我们也最早做了疫情数据预测系统,准确率很高。这些都不是政府要求的,是我们主动去做的,而且做了以后,我们都把相关进展情况、对比准确率的数据,及时地主动报给广东省委省政府,并通过省政府报到国务院。他们一看这么准,都很重视,孙春兰副总理和广东省委、省政府都做了批示……现在不是进口冻品携带新冠病毒的情况比较多嘛,我们也很快上线了智慧冻品监管平台,实现了对进口冻品的全流程监测、消杀和溯源。我们企业主动一些,做出一些成绩优秀的产品,向政府报告以后,很快就会获得认可和良好的一个反馈,所以我们现在市场布局的速度很快,形成了自己独特的竞争优势。"(PA01-20210202)

"我认为现在老百姓对于城市大脑这个应该是欢迎的,并且是对政府抱有期待的。媒体上都在宣传(城市大脑)让政府服务效率提升了多高多高,给老百姓带来了多少方便,而且疫情期间这个成效也很明显。所以,如果一个地方政府他没有做这个(城市大脑),可能老百姓还会质疑,别的地方都做了你为什么不做……当然,对于老百姓的真实态度,我们还没有来得及做具体的调研,目前我们工作重点还是出成效出成绩这块,没有去刻意宣传这个事情。这个成效显著了,老百姓是能够感受到的,他们的接受度自然就会提升的。你们可以下去对老百姓做一下调研,看看老百姓的想法是不是这样。从我们的一个直观感受来看,老百姓的接受度是比较高的。"(DQ02-20200731)

"现在来说,做城市大脑已经是一种被国家认可的政府创新了,形成了一种社会效应。像这个赛迪研究院(中国电子信息产业发展研究院),从2018年开始,每年评选十大智慧城市建设样板工程,就是第三方做的对各地城市大脑和新型智慧城市建设实际成效的一个评估。之前电子一所还专门为做政府网站、政务平台第三方评估,弄了一个'中国信息化研究与促进网',这几年也开始在做智慧城市影响力评估①,他们也把城市大脑这个作为评价标准。而且包括最新一轮的全国文明城市建设评选,对窗口服务、市民满意度的测评,还有城市信息化建设,也都关注了(城市大脑)这个事情有没有、好不好,之前还让我们做过这块标准制定的一些研究。"(ZY03-20201206)

"华为给外界留下的最深刻的印象应该就是'踏实可靠',我们正是因为技术过硬,所以目前在国际上遇到一些阻力。现在每个地方都在做城市大脑,都想要做出一些不一样的新东西,所以地方政府在找合作方的时候,也要货比三家,看哪个企业最能够高效率高质量。我们华为的思路就是在赋能的基础上做加法,以较低的成本与高产出,帮助政府实现他们的目标。"(HW01-20200801)

根据对受访人的描述和笔者对城市大脑加深技术与政治嵌入路径的梳理,基于城市大脑的技术与政治互嵌过程如图 3-8 所示。在此过程中,技术和政治虽然互为独立的主体,但双方在相互嵌套的关系中彼此促进:城市大脑技术在服务于政府治理的过程中实现了更新迭代,技术功能得以增强;政府在运用城市大脑进行治理过程中,治理和服务能力提升,并催生新的治理理念,两者的互动呈现出一种螺旋上升的关系。而这种螺旋上升的互动关系,能够让公众逐渐感受到新兴技术与政府治理结合给社会生活带来的效益,从而催生公众对于智能治理的理解和认同意识。

**2. 技术嵌入的系统性风险**

尽管技术与政治的互嵌对于提升技术功能和治理能力都具有促进效果,但正如前文中最后一位受访人所表达的,这种嵌入也可能使技术和政治陷入无序扩张的状态,并引致新的风险。国内的学者已经针对目前城市大脑的治理实践,指出了这种双重嵌入可能导致的公众个人隐私丧失、数据泄露危害加剧、政府权力空心化等诸多问题(何明升,2018;王小磊、王芳、

---

① 根据网络公开资料:2009 年 4 月 22 日,工信部印发《政府网站发展评估核心指标体系(试行)》通知。此后,为响应通知要求,同时为在互联网新时代推动中国信息化的发展,工业和信息化部电子科学技术情报研究所(亦被简称为"电子一所",现已更名为"国家工业信息安全发展研究中心",为工信部直属事业单位)联合业内知名专家和学者组织成立了中国信息化研究与促进网,开展全国政府信息化的咨询、评估与服务。中国信息化研究与促进网组织的智慧城市影响力评估全称为"中国新型智慧城市建设与发展综合影响力评估",从 2016 年开始,每年对全国新型智慧城市建设成效展开独立第三方评估。

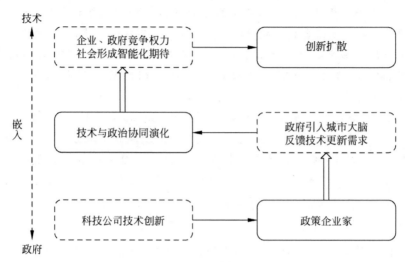

图 3-8　技术—政治互相嵌入的路径
资料来源：笔者自制。

2019；本清松、彭小兵，2020；庞金友，2020）。在笔者的调研中，技术嵌入给社会带来的系统性风险得以更加生动、深刻地显现。

最突出的问题是公众个人隐私的颠覆与瓦解。随着城市大脑技术的迭代更新，政府治理的精细化程度也在不断提升，但这种高精准度的实现，需要以细颗粒度的数据为基础。从各地城市大脑应用实践来看，政府治理对数据的需求正在从宏观总体趋势的统计数据逐层降维至针对公众个人的实时追踪数据。各种技术供应商则为政府实现其数据需求提供了充足的技术能力保障。在目前能够实现的技术能力范围，公众的一切信息都可以被置于政府监控体系之中，但社会公众却不具备维护个人隐私和数据权属的对等话语权和能力，传统的个人隐私已不复存在。正如两位在政府部门工作的受访人所言：

"上海的精准防控和流调为什么做得好，他们数据颗粒度细啊，他们那个什么健康码追踪，把个人证照、天眼探头、手机信号定位这些数据都给打通了。这个权限在公安内部系统都是要很高级别才能调的，他们现在就能实现。（确诊病例）你哪怕回忆不起来，或者不愿意说，我也能把你的行动轨迹和密接人群收罗的八九不离十。"（BJ01-20210108）

"虽然我们现在对老百姓的宣传，包括国家的法律法规，都是说，这个个人信息数据的采集、使用，需要以被采集人知情同意为前提，并且要严格遵守相关的程序规范。我们在上线一些功能的时候,也会做一个弹框,把这个知情同意的授权放在最前面。但是在实际操作上,老百姓会认真看吗?他要是认真看,发现自己居然要给出那么多信息和授权,我想他们可能还是会(对个人隐私)有些忧虑的。再者说,即使他们不同意,又能怎么办,你不同意,你就不能使用这个功能,那要是健康码,不使用健康码,在疫情的时候就哪也去不了,甚至事情都做不了,老百姓哪里有选择的余地啊。"(HZ03-20201113)

"现在来看,要做到精准定位到个人,技术上看不是问题,主要是要不要做的问题。之前我们在展示大厅放了一个'教育超脑'的应用,对全县两所重点中学的学生逐一做个人画像和素质能力评估,这个只是他们教育局搞的一个试运行项目,数据是有的,但其实还没有真正铺开,也没有给县里的老百姓做宣传。但是当时就有好像是北京的一队领导来参观……一看到这个,马上就说这个是不符合隐私保护,有伦理问题的。后来我们领导就说把这个撤掉,以后不要放了。"(CD02-20200810)

与公众隐私问题密切相关的是数据泄露风险加大,危害加剧。在传统的智慧城市和信息化建设中,各级政府和不同的政府职能部门是独立运营,数据信息在各自的封闭系统内做"自循环"。虽然存在信息孤岛的问题,但数据的分散化分布,降低了数据泄露的量级和风险。城市大脑对城市全域数据的整合归集,却可能导致系统的某一环节在不法分子袭击后,所有数据全部外泄的危险结果。在实践中,尽管政府对数据安全问题较为重视,但由于政府相对于技术供应企业处于技术弱势,对于可能存在的企业"监守自盗"导致数据泄露的问题,政府的防范手段也较为简单原始。笔者对相关企业和政府工作人员的访谈也形成了这些问题的佐证。

"我们360的优势是安全维护啊,我们意识到,这么多数据汇集以后,这个数据安全问题就极其重要,但是在实践中呢,它又似有似无,不同地方和不同政府部门的标准、做法也不一致。所以我们针对这个大脑运营的安全问题,打造了'360安全大脑'的技术方案,亮点就是给城市大脑全系统的数据再加一层安全保护罩……你要知道,几十年了,国内国外,明里暗里,对中国政府的信息攻击和数据窃取从来没有停过。在今年3月份,我们公布了美国中情局(Central Intelligence Agency,CIA)的一个专门进行网络攻击的组织(APT-C-39)连续11年对中国进行网络攻击的证据,这是国内首次,这个能力是360十几年来坚持做信息安全才一点一点积累起来的……在维

护数据运营安全这一块,我认为360的技术还是领先的,这个也是很多地方最缺的。"(SLL01-20200805)

"我个人对于城市大脑这个能力是很担心的。我们现在那个五四村搞的垃圾分类,现在数据已经精准到,你张三家,一家人每天厨余垃圾多少克,其他垃圾多少克,甚至每种垃圾里主要是哪些东西也可以知道。这个不仅是老百姓隐私没有了,这个数据要是被什么人拿去,他能把你家的情况摸得一清二楚,甚至可以搞生物攻击……我们作为政府,肯定也是担忧这个问题,我们现在一直不敢向老百姓大肆宣传。包括帮我们做这一块业务的技术企业,我们为了防止企业把这个数据偷走用或者又转手卖掉,我们是通过县里的国有资本,专门投资控股一家公司引进技术团队来做,就是想把这个控制权掌握在政府手上。但是我觉得这个还是不够,风险还是存在。"(DQ03-20190325)

  政府在防范企业可能存在的违规行为上的力不从心,也是技术嵌入导致的政府权力空心化的表现。随着社会生活数字化程度的提高和数字经济规模的扩大,掌握技术优势的科技巨头企业,利用其开发的高频应用和先进算法,不断将社会数据、资本汇集到自己手中,强化头部效应,加剧市场垄断,获得了比政府更多的数据和更强的行动力量。这些职能单一、技术和财力雄厚的科技巨头,也凭借他们在城市大脑技术开发创新方面的优势,在城市大脑推广扩散的过程中,不断强化地方政府对他们的依赖性,形成与国家政府相竞争的态势,改变社会权力关系和结构(马特尔,2015:357)。在一些财政收入较低的中西部地区,当地政府为了能够引进城市大脑,做出政绩创新,甚至出现了"用数据换技术"的现象,将政府置于"任人摆布"的状态之下。长此以往,国家能力将遭到实质性削弱,政府权威也将遭遇巨大挑战(庞金友,2020)。在笔者对中央部委和地方政府工作人员的访谈中,一些受访人表达了对这一问题的担忧,而他们的表述也表明,国家层面正在采取行动,试图遏制这种政府权力空心化的趋势。

"现在很多地方做这个(城市大脑功能)开发,为了防止数据和技术出现失控的问题,都是把国资引进来,要么自己做,要么控股。但是政府自己做也有问题,人才、技术肯定赶不上阿里、华为、腾讯这些大企业。之前网上不是有个新闻,一个人的手机丢了以后,财产被盗,但是最后他查出来,主要不是因为支付宝、微信有问题,是他那个××人社的应用有安全漏洞,被别人

(黑客)破解了,把他的个人身份信息弄出来以后把银行卡的钱转走了①……

"你刚才问的这个应用开发企业偷数据的问题,这个问题肯定存在,但还是小打小闹,因为每个开发企业,现在在具体操作上对他们能够接触到的数据量和数据范围,一般都是受到限制的,出了问题他们是要负法律责任的。真正严重的问题是什么,是大平台企业的社会控制能力越来越强的问题。在市场上,他们不断地搞收购兼并,现在几乎都做成垄断寡头了。这还不算,他们现在的很多做法和能力,已经对国家的正常运转造成威胁了。但在现在从法律层面,我们还管不了他们。从2018年开始,我们就一直在研究,怎么样采取一些有效的监管措施,来应对(这个问题)。那么最近的一些行动,阿里的这个事情,也是希望能起到一些效果。"(ZY04-20201210)

"我们浙江地区,财政实力还是可以的,我们花钱做城市大脑,能够控制得住。但是往中西部,那些穷一点的地方,你让他们财政拿出一两个亿来做这些,那可能当地公务员的工资就发不下来了。那他们没有钱,但是又想做(城市大脑),怎么办呢?有一些企业就说啊,可以协助他们援建,成本再压缩一点,但是你们把数据放开一点,用这个数据商业化运营的收益来弥补投资亏损。那这个数据怎么商业化运营就能实现盈利了呢?……所以我对企业说的那些路子,我是保留意见的,我想当地政府官员可能也是一知半解。我前几个月去出差,还问了他们(当地政府人员),他们都说不清楚怎么操作的,但是领导又要求要上这个(城市大脑项目),就只能按对方(企业)的建议来,只要最后做出来的东西跟他们领导在我们这边看到的差不多就行了。"(DQ04-20200812)

总而言之,自城市大脑的概念及技术架构被提出以来,其作为一种新理念、新模式、新产品,对推动我国智慧城市建设的转型升级,以及提升政府治理和公共服务效能,产生了显著的作用,实现了技术与政治的双重嵌套,为数据资源化、治理智能化奠定了基础。但技术快速且深层次的嵌入,也导致政治和社会出现了明显的不适应,引发了新的系统性风险。而且这种系统性风险将会直接作用于社会公众,对公众的权利和利益造成损害。处于最底层、最广泛受众地位的社会公众,究竟如何看待基于城市大脑的政府治理创新及其背后潜藏的风险与危机,仍然是一个需要深入探索的问题。在接

---

① 参见新华网:《"被消费""被贷款"……一部手机失窃遭"盗刷"暴露哪些安全漏洞?》,(20201023/20201220),http://www.xinhuanet.com/2020-10/23/c_1126650007.htm。

下来的研究中,笔者将结合对特定案例长时间的参与式观察所获得的经验知识,对公众的真实反馈进行呈现和分析。

## 3.3 城市大脑治理创新与公众反馈

由于城市大脑对于全国大多数地区来说仍然是新生事物,国内外对公众关于城市大脑认知和态度的研究较为罕见。而最早部署建设城市大脑的杭州市,由于其城市规模较大,政府层级较多,公众与城市大脑的互动距离相对较长,增加了研究整体性公众反馈的难度。因此,笔者选取了Z市D县作为观察对象。该县与杭州市毗邻,经济社会条件相近,是全国第一个独立建设城市大脑的县,县内民众与城市大脑及其衍生应用的直接互动频繁且普遍,在关键案例特征呈现上具有"小而精"的特点,适宜作为典型案例进行深入观察研究。

### 3.3.1 Z市D县城市大脑的创新成效

Z市D县位于浙江省北部,地处长三角腹地,距离杭州市中心城区约47千米,距离Z市中心城区约55千米。D县总面积937.92平方千米,下辖8个镇、4个街道,户籍人口44万,常住人口65万。D县经济实力位居全国前列,连续14次进入全国百强县(市)行列,位列全国发展潜力百强县(市)榜首。根据D县统计局2020年4月10日发布的《2019年国民经济和社会发展统计公报》,2019年D县生产总值(GDP)537.0亿元,按户籍人口计算,人均GDP为12.1万元,财政总收入113.1亿元。

D县拥有浙江全省唯一落户在县域的国家高新技术产业开发区,并在地理信息、通用航空等新兴产业具有良好的基础。2017年7月,国务院《新一代人工智能发展规划》发布后,该县主要领导认为,应抓住人工智能技术带来的机遇,进一步推动D县经济发展和产业转型。因此,D县迅速制定并于2017年11月先后发布了《D县新一代人工智能应用县发展规划的通知》(D政发〔2017〕57号)和《D县建设新一代人工智能应用县重点工作分解方案》(D政办法〔2017〕193号)及十余个专项规划,决定建立城市大脑,并将其作为打造新一代人工智能应用县的重点示范应用。2018年6月,D县发布《D县大数据发展三年行动计划(2018—2020年)》(D政办发〔2018〕80号),进一步明确了城市数据基础设施(城市大脑)建设和城市数据资源开放利用的目标和方向。

2018年7月，D县斥资1.338亿元，引入千寻位置与阿里云等企业联合打造的"精准时空城市大脑"，成为全国第一个独立建设城市大脑的县。2018年11月19日，D县在其承办的首届世界地理信息大会上，正式宣布在全浙江省率先建成县域城市大脑。2018年12月，该项目入选浙江省唯一县域城市大脑建设试点。2019年1月，D县提出，要依托城市大脑，以需求为导向，聚焦各领域场景，推进全方位的系统性数字化重塑，打造"全国县域第一智城"和构建全域数字化治理试验区。

借助D县地理信息、通用航空的产业积累和千寻位置基于北斗精准时空定位技术的优势，D县的城市大脑较之于杭州初代城市大脑方案实现了技术升级。D县城市大脑的特色在于，通过植入北斗高精度定位模块，D县城市大脑获得了动态厘米级和静态毫米级的精准定位。目前，D县全域摄像头已经能够实现精度达到10厘米的精准定位和纳秒级的时间校准。而通过精准时空摄像头、卫星遥感与自主飞行无人机航拍联动的方式，D县已经实现了对包含乡村在内的整个县域全方位无死角的动态监控管理。

经过两年多的技术迭代，城市大脑已经成为D县实现全域智能治理的数据中枢和应用中枢。图3-9是D县城市大脑运行态势的展示图。截至2020年年底，D县城市大脑已经归集58个部门，涉及个人和组织的282类数据信息10亿条，开发出应用于交通、金融、医疗、教育、社区网格管理、环保监测、数字乡村、应急管理、安全防控等领域的70项功能服务。依托城市大脑，该县以数据应用为驱动，打造了大数据创新中心，吸引了一批数字企业和创新团队落地发展，目前已有6家数字化企业落地运营。

图3-9　D县城市大脑运行态势展示图

资料来源：笔者拍摄。

根据 D 县发布的《城市大脑 2020 报告》，城市大脑帮助该县"实现了数字化基础设施一体化建设、智慧应用一体化监管、公共数据一体化共享开放、数据和网络安全一体化防护，城区主干道车辆平均车速提高了 14%、关键灯控路口通行能力提高了 16%；成功反欺诈识别 3200 余次，挽回潜在损失 791 万元；及时处置各类事件 62 万余起；医院'云影像''云胶片'上线，减少患者胶片费用 2700 万元；2000 多家企业得到精准服务；个人（农户）数字放贷实现了 1 分钟全流程在线放贷"①。

而根据笔者对当地政府部门工作人员的访谈，公开发布的治理成效测算数据仍是相对保守的数据，而在真实的测算中，"城市大脑"带来的创新成效更为显著。一位受访人表示：

"我们的做法实际是很超前的。实际上我们的测算呢，这个效果你听着肯定是会觉得有些吃惊的。

通过'我的亲'平台的政务服务系统，现在可以将办理各类证照的行政审批时间缩短 90%，原本需要一个月才能办成的证件，现在只需要一天就可以了。智能金融服务系统可以将个人申请小额信贷的时间缩短 99%，从信用评估到钱款到账，最快只需要 2 分钟。智能医疗服务系统可以实现线上挂号、线上缴费、轻症与慢性病线上诊疗，以及域内不同医院之间医学影像与医学检验报告互认等功能，将老百姓看病的等候时间缩短 40%，门诊费用降低 30%。智能交通服务系统可以将寻找、等待停车位的时间缩短 70%，高峰时段道路通行效率，我们测算啊，最高可以提升 50%。智能社区服务系统可以对拥有低龄儿童、高龄老人、残障人士的家庭进行精准服务，社区服务响应速度最高可以提升 80%。"（DQ02-20200820）

D 县利用城市大脑推动政府治理创新的实践已走在全国最前沿，是"全国各地学习的标杆"（ZY05-20200729）。得益于城市大脑的超前实践，D 县在全国率先打造了一张对全域空间数据和公共数据进行整合，实现三维倾斜摄影在全域空间全覆盖的高精矢量地图，有力促进了县域空间治理、数字乡村建设、自动驾驶产业发展、警务地图完善，推动实现了"一图全面感知"。其探索出的基于城市大脑的"数字乡村一张图"建设模式，也在浙江、江苏、广东、四川等多个省份的"数字乡村"建设中落地推广。同时，D 县还在全国

---

① 参见浙江新闻网：《智慧城市如何建设？D 县发布 2020 城市大脑报告》，(2020-11-21/2020-12-20)，https://zjnews.zjol.com.cn/zjnews/huzhounews/202011/t20201121_12434483.shtml。

率先制定并发布了《"数字乡村一张图"数字化平台建设规范》和《乡村数字化治理指南》两项地方标准规范。此外,由 D 县大数据局承担的《县区级城市大脑建设标准》和《县域整体智治 D 县经验》等领先全国的标准规范和宣传文本也已经完成起草工作,正在逐级向上报批。

D 县在实现县域整体智治方面的成功探索,为其赢得了众多荣誉。2019 年 11 月,科技部批复 D 县成为全国唯一的县级"国家新一代人工智能创新发展试验区"。根据科技部复函要求,D 县试验区要重点发挥其"在自动驾驶、智能农业、县域智能治理等方面应用场景丰富的优势,健全智能化基础设施,以特色应用为牵引推进人工智能技术研发和成果转化应用,探索人工智能引领县域经济高质量发展、支撑乡村振兴战略的新模式"[①]。2020 年 4 月,D 县被列为浙江省域空间治理数字化平台的试点,入选政府数字化转型"观星台"优秀应用。2020 年 9 月,D 县被选为浙江省唯一的全域数字化治理试验区。根据 Z 市城市大脑归并的统一要求,D 县城市大脑成为 Z 市城市大脑的一个节点,作为 Z 市城市大脑整体方案的组成部分,入选赛迪网发布的"2019 智慧城市十大样板工程"。2020 年 11 月,凭借智能治理带来的良好城市环境面貌、高效的政府回应和公共服务质量,D 县在中国文明网发布的新一轮"全国文明城市"评选中,位列全国县级市和县的第一名。

### 3.3.2 治理能力与合法性之间的"张力"

尽管 D 县城市大脑在促进政府治理创新、提升政府治理能力方面取得了突出成绩,但正如前文中所指出的,这些成绩的获得,需要以高精度、细颗粒度的数据作为基础。在为期三个月的观察和访谈中,笔者获悉,当地政府有关部门的工作人员为了能够充分整合、获取数据,并让数据资源发挥效用与价值,做出了大量工作和实践探索,与公众进行了频繁而密切的互动,而政府治理能力拓展与其社会合法性之间的"张力",也在这种互动过程中得以显现。

**1. 强势的数据归集与公务员群体的忧虑**

这种"张力"的第一种体现是 D 县大数据局对各类数据的强势归集与

---

[①] 参见《科技部关于支持 D 县建设国家新一代人工智能创新发展试验区的函》(国科函规〔2019〕194 号),(2019-11-05/2020-09-30),http://www.most.gov.cn/xxgk/xinxifenlei/fdzdgknr/qtwj/qtwj2019/201911/t20191105_149777.html。

由此而引发的县里各职能部门公务员群体的忧虑。笔者结合对 D 县政府有关工作人员的多次访谈和对相关工作日志、档案的查阅，对这一种张力的具体表现进行了如下梳理：

D 县政务信息化建设起步较早。2008 年 2 月，D 县就成立了党政信息中心，作为县政府办公室下属二级事业单位，负责政务信息化建设。2017 年 6 月，为顺应大数据发展的时代趋势，D 县党政信息中心更名为"大数据管理发展中心"，统筹负责 D 县公共数据资源整合、利用、开放的相关工作。同时，D 县任命"拥有知名高校计算机专业研究生学历，早年曾在阿里巴巴初创时期担任技术和业务骨干，拥有丰富信息技术专业知识和业务能力，时任县政府办公室工业科科长的 T 同志，担任大数据管理发展中心主任，以保障大数据发展管理工作的顺利进行"（DQ05-20200817）。2017 年年底，D 县决定"将建设人工智能应用示范县作为县里的'一号工程'，由县委书记亲自'挂帅'"（DQ01-20191219）。2018 年，县委县政府研究决定建立城市大脑作为人工智能赋能县域治理的重点示范应用，由大数据管理发展中心负责组织建设。"在县委县政府的支持下，大数据管理发展中心仅用两个月时间就实现了城市大脑的架构搭建。但由于城市大脑的运行需要以全县公共数据资源汇集打通为前提，而在当时，城市大脑还属于新生事物，政府其他职能部门对其缺乏了解，因此，大数据管理发展中心在以建设城市大脑为理由要求其他政府职能部门上交内部数据信息时，遭到了其他职能部门的普遍抵制，导致城市大脑运营受阻。"（DQ02-20200812）

为推动数据资源归集工作，确保城市大脑正常运转，2018 年 12 月，D 县政府办向 D 县下属高新区管委会、各乡镇街道、各直属单位印发了《D 县公共数据管理办法》(D 政办发〔2018〕191 号)，该文件明确强调了县大数据管理发展中心对全县公共数据进行统一管理的权力和职能，要求各部门配合大数据管理发展中心开展数据资源归集整合工作。但"大数据管理发展中心作为县政府办下属二级事业单位，与县各职能部门职级不对等，在实际工作执行过程中，仍然遇到了较大阻力"（DQ02-20200812）。因此，在大数据管理发展中心将相关情况向县里主要领导汇报后，2019 年 1 月，经县委建议，D 县新成立了政府直属一级职能部门"大数据发展管理局"（简称"大数据局"），并"任命 D 县政府办公室党组成员、副主任，也是县委书记在担任县长时的秘书 Y 同志，担任局长。大数据管理发展中心主任 T 同志和县委宣传部副部长、网信办原主任 Z 同志分别担任副局长。后续相关工作进展同时向县委书记和县长汇报"（DQ02-20200812）。

在县委书记的强势介入下,城市大脑数据归集受阻的问题得到解决。到 2020 年 8 月,除公安、国安等相关部门的涉密数据外,大数据局实现了对全县 58 个乡、镇、街道和职能部门,282 类约 10 亿条数据信息的整合归并,城市大脑辅助政府治理的能力得到了提升。但依靠政治强制力实现的数据归集并未能从根本上化解其他职能部门的抵触情绪,在笔者的访谈中,其他职能部门的工作人员表达了对大数据局大规模进行数据整合,快速拓展城市大脑能力的忧虑。

公务员群体的忧虑主要包括两个方面:一是对于数据权责在部门间划分的忧虑。由于在大数据局对数据进行归并前,不同部门对于各自拥有的数据"守土有责",对于数据存储、数据使用、数据保护基本都有明确到人的责任主体划分。但大数据局对数据归集之后,数据使用与数据保护的主体由单一变为多元,相关责任人从清晰变为模糊,无形中加剧了数据的安全风险。两位接受访谈的受访人提到:

"因为不同部门,可能他们的数据精度、信息化程度水平不一,不能一概而论。但原来我们单位,数据的存储、调取都是有内部规定的,专人专职负责,出了问题就找他好了。现在嘛,我们既要把数据上交,但是数据利用和安全这块,我们还需要承担责任,那如果不是从我们这个环节流出去出问题的,我们为什么要承担责任?这个(权责划分)现在就不清楚了。"(DQ06-20200803)

"他们(大数据局)现在的年度绩效考核指标是归集了多少数据,还有就是推动部门和企业用这个数据开发出多少应用,创造了多少经济效益……我们对他们怎么用这个数据是不可控的,那这个数据安全问题谁负责?出了问题怎么办?这个还是需要再明确一下的。"(DQ07-20200803)

二是对于公众个人隐私安全的忧虑。如前文中所述,在不同部门的数据被统一整合归集后,涉及公众个人的碎片化信息可以相互叠加补充,形成对公众个人的精准画像,对公众个人隐私形成威胁。正如一位受访人所言:

"我们嘛也是普通百姓,我们也想有自己的隐私。我们平时在(政府)内部,接触到,所以了解这个情况。你现在要想查出某个人,有多少财产,家里人员都是什么情况,平时在哪里活动,这都能在这个(城市大脑)上很快实现的。那我们哪里有隐私啊,我自己都有些害怕的。而且外部的大部分老百姓他们还都不知道,要是知道恐怕也是要骂的哦。"(DQ04-20200814)

**2. 个人信息数据的补采与公众的抗争**

除了了解内部情况的公务员群体的忧虑，在实践中，D县政府部门为了对原有数据遗漏情况进行弥补而采取的一些行动，也曾遭遇普通民众的反对和抗争。这是政府拓展智能治理能力的行动与其合法性之前形成的第二种"张力"。

为了构建融合全域公共数据，覆盖全县域空间信息的高精地图，打造县域整体智治的样本。D县大数据局组织技术团队，投入资金，尝试探索开发了"数字治理开放平台系统"，该平台目标功能是，对全市（含乡村）所有住户建筑进行数字建模，并在选定某处住户房屋时，能够呈现该住户家庭的实时动态情况。根据一位受访人的描述：

"我们这个系统呢，可能有些超前。但是未来的城市治理肯定是需要的，比如在疫情期间，我们当时就借助这个初始版本，确定了每家每户在封闭期间，家中大约有几口人，是否有外来人口，或者是否有需要帮助的人员……我们这个初代版本，主要是根据户籍登记情况和日常水电气消耗情况这些来做的一个实时动态的粗略描绘。"（DQ08-20200819）

但由于既有数据主要以户籍登记数据和日常水电气消耗数据为主，在实现流动人员监管和社区安保方面能力不足。为了弥补数据缺乏导致的功能短板，一些技术人员建议，可以尝试利用给居民楼装配已经在杭州等地推广的人脸识别门禁系统或智能监控摄像头，来扩充数据类型和数据量，同时达到强化社区安全的目的。这一建议获得了D县相关部门的支持，并与有关企业合作，在D县城区的几个小区开展试验性装配和推广活动。

尽管是由政府和企业共同出资，免费为试点小区的居民楼进行安装，在安装之前有关企业也在小区开展了必要的宣传活动，然而，这种做法却并未获得公众的理解和认同。在登记居民信息的环节，就遭遇了不少居民的抵制。很多居民拒绝配合进行身份信息登记和面容录入，一些居民通过"拉横幅"的方式表达抗议。还有一些民众拨打了"12345"市长热线，借助信访渠道，对这一活动的合法性表示质疑。最终，因为公众的抵制，这项试验活动被迫提前终止。一位受访人介绍了这项活动的来龙去脉：

"因为我们现在数字乡村这个，通过在乡村的每个路口安装高精摄像头搭建电子围栏，已经可以对乡村的流动人员情况进行掌握，而且村里每家每户的房子都独立,离路口也近,我们还每月对村子做一次无人机航拍和遥感观测,所以村里的实况和短期动态变化,比如是否有私搭乱建啊,都是可以掌握的。但是城市里主要是楼房,实现起来比乡村困难。所以2019年下半年,我们当时就考虑,是不是可以倡导街道和小区物业,给居民楼安装人脸识别门禁或者智能摄像头,这个像杭州等一些大城市用的很多了。正好H企业也在做这个推广,所以当时就尝试跟他们一起,试着做一些,看看数据效果好不好。

结果没有想到,我们帮他们(公众)解决了安装费用问题,但是老百姓还不认可。一开始还有不少人去物业录入信息,但是突然就有人,先是在一个微信群吧,开始说这个侵犯隐私,然后马上就引起轰动效应了。后面就拉横幅啊,12345市长热线投诉啊,就都来了。我们这个主要是做得早了一点,在疫情之前做的,想法超前了,最后就叫停了,没有做下去。疫情之后其实北京等很多地方都在做,网上也报道了,反对声音依然很强烈,还有因为这个去法院起诉的。"(DQ08-20200819)

### 3. 个人信息数据的利用与公众的复杂感受

数据整合归集的最终目的是要更好地实现数据利用,发挥数据资源的价值。然而,在D县政府运用数据进行治理创新的过程中,公众的感受也并非总是积极的。笔者在对D县长时间的参与式观察中,对D县居民进行了访谈,公众也表达了对D县采取的部分治理手段的反感。这种复杂情绪体现了智能治理能力与合法性的第三种"张力"。

笔者进行参与式观察的三个月(2020年6月至8月),是D县创建全国文明城市的攻坚期。早在2019年,D县为了促进民众树立良好道德风尚,减少闯红灯、不守信用等不文明行为,就在全县主要道路口部署了基于人脸识别的行人闯红灯曝光系统,对非法闯红灯的行人和驾驶人进行抓拍,并通过人脸识别,从城市大脑数据系统调取对应违规者个人身份信息,并将违规者的个人信息及闯红灯过程曝光在路口的固定大屏幕上,一天24小时不间断滚动播放。同时,在市民广场、购物中心等人员密集区的电子宣传屏,上线了失信被执行人曝光系统,对被列入失信被执行人名单的人员及相关个人信息,每日进行曝光。如图3-10、图3-11所示。

笔者曾在设置了上述曝光屏幕的路口和购物中心周边,对50位民众进

图 3-10 行人闯红灯曝光系统

资料来源：笔者拍摄，并对敏感信息进行了马赛克处理。

图 3-11 失信被执行人曝光系统

资料来源：笔者拍摄，并对敏感信息进行了马赛克处理。

行了随机访谈，询问了他们对于这些曝光屏的看法和意见，结果发现，持赞成态度和持反对态度的民众分别为 27 人和 23 人，比例约为 1.2∶1。其中，持赞成观点的民众认为，这些曝光有助于督促民众养成良好的道德习惯，而持反对观点的民众认为，曝光的个人信息过多，次数过于频繁，涉嫌侵犯个人隐私，存在"一刀切"的问题。在此基础上，笔者在与部分公众受访人进一步讨论政府对个人信息数据的使用时，一些受访人也向笔者表达了他们对于政府利用个人信息数据的复杂情绪：

"我是安徽人，今年1月份，1月20号，我老家搞创建文明城市，做了一个不文明行为曝光，是把穿睡衣出门的老百姓抓拍，然后跟个人姓名、身份证号一起公开曝光在网络上①。我当时正好回家过年，大家是骂声一片。后来政府出来道歉了。我认为，政府的出发点是好的，这个我理解，但是做的时候要谨慎，而且要区别对待。这个(闯红灯)曝光屏，我觉得只要把抓拍的照片放上面，最多在放个姓氏就可以了，放身份证、放住址，完全没必要。做得太过了，就是好事变坏事。"(DQ09-20200627)

"一年前科技城那边就有了。因为有这个(闯红灯曝光屏)，现在闯红灯啊、不戴头盔的事情确实少了很多，大家都自觉起来了。但是这个播的时间太久了，这个人好像我都看到有几个星期了，还在上面。这个是不应该的，它(曝光屏)本来是一个提醒作用，现在感觉是在故意侮辱人。"(DQ10-20200627)

"我们浙江工商业嘛比较发达，这个商业财务纠纷也很正常，这个失信，……虽然国家有法律规定可以做，但是你做这样一个东西放在这里，我认为还是不太妥当。县城就那么点人，大家都熟悉，你放个这种东西，让人以后怎么见人呢？我认为政府有更好的解决办法……"(DQ11-20200712)

"我认为曝光这个是个好事，很多人你不这样做他们不自觉。但是嘛，谁都有犯错误的时候，要给他一个改正的机会，能有个说理的地方，万一是因为有特殊情况出现这个问题，要能够找到地方去申诉，如果是合理的理由，就要及时拿掉。"(DQ12-20200719)

总之，从现实案例的实践经历来看，在政府利用城市大脑提升治理能力，做出治理创新时，公众的反馈仍然呈现出支持与反对并存的多元化状态。治理能力与合法性之间的"张力"普遍存在。政府仅凭借智能技术带来的治理能力提升，并不足以支撑智能治理的社会合法性，在引入新兴技术赋能治理创新的同时，还需要面向公众做出能够提升公众理解和认同的举措，从而增强社会合法性。

---

① 详见朱昌俊：《光明时评：穿睡衣上街被曝光，文明标准到底谁说了算》，光明日报客户端，(2020-01-21/2020-06-28)，https://news.gmw.cn/2020-01/21/content_33501389.htm。

### 3.3.3 重塑智能治理社会合法性的策略

根据笔者的观察和访谈,随着网络上关于智能时代公众隐私保护讨论的增多,以及零星出现的对人脸识别等技术滥用的公众抗争,政府也逐渐提高了对智能治理社会合法性问题的重视程度,并开始尝试采取不同的宣传措施,建构城市大脑与智能治理的社会声誉,增进其社会合法性。

已有研究认为,政府的声誉主要包括反映政府能否胜任其职责的绩效声誉;反映政府是否富有同情心,维护社会公正和弱者利益的道德声誉;反映政府是否在行事过程中遵守既定程序、规则和法律要求的程序声誉;反映政府能否利用专业性知识处理本职工作之外的复杂问题的技术声誉(Carpenter & Krause,2012)。由于城市大脑是一种融合了大数据、人工智能等多种复杂技术的新兴科技产品,政府相对处于技术弱势地位(本清松、彭小兵,2020)。在实践中,对于城市大脑带来的技术问题的处置,往往需要交由技术能力超前的科技企业处理。阿里巴巴、360 等科技企业也在不断借助城市大脑、安全大脑向社会宣传技术实力,塑造自身的技术声誉。在此情况下,"政府如果向公众宣传自己拥有自主处理信息化、数字化过程中专业技术问题的知识和技能,很难获得公众的认可"(DQ02-20200820)。因此,政府主要从城市大脑带来的治理创新绩效、数据采集过程中的程序正义以及政府在保护处于弱者地位的公众的数据权益和信息安全上的行动三个方面,向公众进行宣传沟通,建构城市大脑与智能治理的社会形象与声誉。

**1. 基于治理创新绩效的声誉建构**

已有研究指出,面对未知的新事物、新技术,公众的个人兴趣会对公众初始认知的形成产生"启动效应",愿意冒险尝试并接受新事物(Alhakami & Slovic,1994;Cialdini,2009)。由于城市大脑概念新颖,社会公众对于城市大脑并不具备充分的知识和成熟的认知,为了激发社会对于城市大脑的兴趣,树立公众对于城市大脑良好的初始印象,地方政府会选择主动面向公众宣传城市大脑在提升政府公共服务效率与质量方面的创新绩效。正如一位受访人所言:

"人们如果对陌生一个东西无感,你让他去了解这个东西、接受这个东西就很难。但是如果他好奇心强,他就会主动想要猎奇。这个兴趣对于人们接受新事物是很重要的。现在的年轻人对新事物普遍比较感兴趣,他们就会主动去思考这个(城市大脑)对我有什么好处,有什么坏处。我们不断地放出一些宣传的消息,特别是城市大脑给我们社会带来了多少方便和好处的消息,你想让老百姓直接去相信这个宣传上说的东西有多好多好,很难。但是你不断地去说,不断地放出消息,慢慢就把他们的兴趣激发起来了,他们就慢慢地愿意关注了,而且会有些期待了。这是一个慢功夫,不是一天两天能实现的。"(DQ01-20200801)

结合网络上的新闻报道和笔者的调研观察,从最早部署建设城市大脑的杭州到后续引进城市大脑的其他地区,都会陆续在本地媒体中刊发建设城市大脑的相关新闻报道,并在刊发的报道中着重强调城市大脑在提升政府公共服务效率和质量方面突出的绩效表现数据,塑造绩效声誉。

例如,新华社2017年对杭州城市大脑的报道显示:"'城市数据大脑'显著提升了道路通行效率。杭州市区试点的中河—上塘高架道路、莫干山路等主干道平均延误分别下降15.3%和8.5%,高架道路出行时间节省4.6分钟;萧山区5平方千米试点范围内平均通行速度提升超过15%,平均节省出行时间3分钟;120、119、110等特种车通行速度最高提升超过50%,救援时间减少7分钟以上。"[1]

中国新闻网北京新闻2019年对北京城市大脑的报道指出:"自'城市大脑'运行以来,共解决城市科技预警类问题1677件,协调化解群众关心关注事件3903起,预判处置社会治理问题苗头隐患511处。试运行以来,庞各庄镇刑事案件发案率下降64%,消防应急事件发生率下降61%,政务服务办事效率提升70%,群众诉求解决率提升29%,群众评价满意率提升19%。"[2]

作者在对D县的参与式观察中,了解到D县大数据局一直在组织编写《D县城市大脑2020报告》和《县域整体智治D县经验》等宣传材料。2020年11月25日,D县通过新闻媒体向社会公开发布了《城市大脑2020报告》,报告显示:"城区主干道车辆平均车速提高了14%,关键灯控路口通行能力提高了16%;成功反欺诈识别3200余次,挽回潜在损失791万元;及时处置各类事件62万余起;医院'云影像''云胶片'上线,减少患者胶片费用2700万元;2000多家企业得到精准服务;个人(农户)数字放贷实现了1

---

[1] 新华社:《杭州:"城市数据大脑"提升道路通行效率》,(2017-11-29/2020-08-30),http://www.xinhuanet.com/2017-11/29/c_1122031863.htm。

[2] 中新网北京:《"城市大脑"优化提升大兴基层管理和服务能力》,(2020-12-20/2020-12-25),http://www.bj.chinanews.com/news/2020/1210/79973.html。

分钟全流程在线放贷。"除了通过媒体新闻报道向社会宣传城市大脑的治理绩效外，D县也不断通过微信小程序"我的亲"（D县面向本地公众开发的城市大脑公共服务应用），向公众推送反映D县城市大脑和政府治理创新绩效表现的相关消息。同时，还通过小程序内的"本地团购""邻里互助""玩得好"等功能模块，吸引用户流量，加深公众与政府的互动①。

**2. 基于程序正义的声誉建构**

如前文所述，随着智能技术的嵌入和政府智能治理实践的深入，公众的隐私意识逐渐被激发。公众会意识到政府利用智能技术的治理行动也有可能对个人隐私和信息安全造成一定的负面影响，对政府的智能治理实践是否适当产生怀疑，并采取行动保护个人隐私。为了回应公众隐私意识觉醒可能给智能治理带来的合法性问题，除了良好的绩效表现，从中央到地方的有关政府部门，也在抓紧制定出台相关法律法规，强化政府在数据采集流程、数据权属划定、数据安全保护等方面的形象和声誉。在笔者的访谈中，一位受访人指出：

"现在有些地方的实践，特别是在创文啊，卫生城市建设啊，总喜欢搞曝光台，有时候连脱敏处理都不做好，就把老百姓的信息曝光出来了。这种事情就很容易引起舆情。而且现在人脸识别啊，全社会都在盯着，都很关注这个事情。所以国家层面这两年也在加快速度，制定相关的法律法规，比如人大刚刚审议过的《个人信息保护法》，这不仅是给企业的行为划边界，也是给政府自己的行动划边界，谁都不能越界越轨，始终要把保护好人民群众的隐私和利益放在第一位，这个是我们的初心啊，这个不能忘。"（ZY04-20201210）

在国家层面，新颁布的《中华人民共和国民法典》增加了个人信息和隐私权保护的相关内容，《中华人民共和国个人信息保护法》《中华人民共和国数据安全法》等新创制法律也面向社会征求意见，并由全国人大进行审议，回应了公众普遍关注的个人信息保护、数据利用、平台责任认定等智能化时代的新型问题。

在地方层面，全国已有多个地区出台了适用于本地区的《公共数据管理办法》，对城市大数据和公民个人信息数据的采集、整合作出了相关规定。

---

① 参与式观察日记（2020-08-15），D县内部工作会议记录。

杭州市率先针对城市大脑制定了《杭州城市大脑赋能城市治理促进条例》，对城市大脑的数据开放利用、数据安全监管、工作人员责任作出了原则性规定。D县结合县域特色，在全国率先制定发布了《"数字乡村一张图"数字化平台建设规范》和《乡村数字化治理指南》两项地方标准规范，起草了《县区级城市大脑建设标准》，对相关数据采集的颗粒度、数据采集流程等都进行了较为详细的规定。而在各地面向公众开发的移动客户端应用，如"杭州城市大脑""浙里办""我的亲"等，也都在新用户打开页面时，要求用户先阅读并勾选同意相关隐私信息和数据获取协议后，方可使用相关应用功能。

**3. 基于维护公众权益的道德声誉建构**

目前，对绩效声誉和程序声誉的建构，是全国各地较为普遍的做法。但在笔者对部分政府工作人员、企业人员和普通公众的访谈中，受访人普遍认为，目前针对城市大脑的绩效数据和程序立法，难以和公众的真实需求形成"共鸣"，真实效果有待检验。

而在D县利用城市大脑进行治理创新的实践中，有一项创新与众不同，即利用城市大脑进行的反欺诈识别。这一项实践，也被D县作为其建构维护公众权益的"英雄形象"和道德声誉的依据，并被D县编写进了《县域整体智治D县经验》的宣传材料之中。在笔者对D县政府有关工作人员的访谈中，两位受访人表达了如下观点和愿景：

"现在老百姓最担心的是什么？其实是数据滥用、数据被盗以后，给我们的切身利益造成损失，最普遍的就是电信诈骗。我们呢，就针对这个问题，利用城市大脑的数据和技术优势，把反诈骗的功能做了出来，效果还很不错。这其实就是政府在真正维护处于弱势地位的公众切身利益啊！如果能把这个东西告诉老百姓，我相信他们肯定会觉得城市大脑是真的了不起……"（DQ01-20200801）

"其实我想不仅是我们，包括国家层面，是不希望公众的大量数据信息最终流向科技巨头企业去的。这些企业被外资控制着，技术又很超前，政府很难控制，最后他们掉过头来侵犯老百姓的权益，对国家是很严重的（事）。所以我们就只是采用了阿里的技术架构，后面的应用开发、数据处理，我们都没有让他们参与进来。我们现在努力引流，想把'我的亲'从一个低频应用变成一个高频应用，就是希望能够利用自己的产品，增进老百姓的熟悉程度，采集到一些数据。我想，未来从政府层面，可能还是需要收紧大科技平台的数据采集行为，甚至可能需要设立数据资源部，把社会上涉及公众信息的数据统收统管。那现在我们做的城市大脑的探索,可能就是实现未来这个目标的一个比较合适的载体和工具。"(DQ02-20200820)

正是出于对上述发展愿景的构想,D县在探索设计城市大脑道德声誉塑造的策略和行动方案时,试图向公众传递出这样一种信息:在智能手机、手环等设备普及过程中,相关应用软件开发企业积累了大量用户的个人信息数据。但由于部分企业对用户数据保护意识不强,以及数据分散分布给政府监管造成较大困难,导致不法分子通过各种途径窃取公众个人信息数据,对公众进行电信网络诈骗的案件频繁发生,社会危害严重。

而公众由于缺乏相关专业知识和能力,在面对自身信息数据被肆意采集和滥用的情况时,往往不具有与企业讨价还价和保护自身权益的能力,处于极端弱势的地位。建设城市大脑,借助行政力量,逐步对被不同组织占据的个人信息数据进行收拢整合、集中建库,引导社会各界树立对数据公共性的认知和数据安全保护意识,是政府运用最新的智能化技术手段,提升对数据要素资源的监管和治理能力、防范数据资源滥采滥用所导致的电信诈骗等风险、保护弱势群众的信息数据权益、维护公共利益和人民群众安全的一项伟大尝试。

## 3.4 本章小结

基于对我国智慧城市与城市大脑建设进展状况、技术与政治互嵌特征的系统介绍和对Z市D县城市大脑赋能治理创新与公众反馈的典型案例的深描,本章以城市大脑为背景,刻画了在政府治理智能化转型过程中,技术、政治与公众三者的互动关系。根据已有的质性经验,可以将技术、政治与公众的互动总结为三个命题。

第一个命题:个人兴趣和隐私意识决定了公众个体对城市大脑的关注程度。公众个人对于新技术的兴趣能够激发起对城市大脑的关注与损益感知。而公众的隐私意识促使公众思考个人信息安全问题,采取行动保护隐私。

第二个命题:作为一种治理技术的城市大脑具有政治和社会嵌入性。一方面,技术在赋能政府治理的同时,也试图与政府竞争权力,迫使政府作出反制行动防止技术扩张失序。另一方面,技术融入社会生活催生新的潮流与价值标准,影响公众的认知与行为,让公众产生对政府治理智能化的期待,同时也进一步激发公众的隐私保护意识。

第三个命题：为了应对城市大脑可能存在的合法性问题，政府会通过声誉建构塑造城市大脑的社会合法性。这种声誉构建包括三个方面：一是传递城市大脑在提升政府公共服务质量方面的绩效声誉信息；二是传递政府及时立法、遵纪守法的法治形象与程序声誉信息；三是传递政府利用城市大脑保护处于弱势的公众个人信息权益的道德声誉信息。

# 第 4 章  理论模型建构与研究假设

> "精确的含义使人想起真正哲学的恒久倾向,即处处赢得与现象的性质相协调并符合我们真正需求的精确度。"
> ——孔德(Auguste Comte),《论实证精神》,1844

在第 1 章中,提出了三个研究问题:(1)在新兴技术嵌入治理实践的过程中,公众对于智能治理的社会合法性问题具有什么样的态度和表现?(2)在社会智能化转型背景下,智能治理社会合法性形成的内在机制是什么?(3)政府的干预行动能否以及如何影响智能治理的社会合法性?第 3 章的探索性案例对我国城市大脑建设实践及存在的合法性危机的现象进行了描述,初步回答了第一个研究问题,也梳理出了技术嵌入带来社会变革的具体表征和政府塑造合法性的声誉管理行为表征。本章将围绕第二、第三个问题,再次回到对于社会合法性问题的文献综述和理论对话,结合在质性研究阶段获取的经验知识,构建本研究用于进行实证解释的理论模型,并提出相应的研究假设。

## 4.1 初始理论模型:社会合法性的理论回溯

从前文的分析中可以看出,城市大脑实现社会合法性的关键在于获取公众对其采集、整合、利用个人信息数据的认同。第 2 章中关于"公众认同"形成原因的分析,主要是从技术的社会效应、政府行为等外部因素角度进行解释。但每一个人的个人素质不同,内心的活动往往也是复杂多变的。技术的社会效应、政府行为这些外部的诱因如何作用于公众的"深层心理",进而引起公众认同的变化,对这种影响机制的发掘亦是学术界持续关注和研究的问题。

对公众心理变化的深层剖析起源于组织行为学对于组织如何塑造"社

会合法性"的探索(Gehman et al.,2017)。社会合法性理论认为,合法性是一种组织资源,它使组织能够吸引生存所必需的资源(例如,稀缺的材料、赞助、政治和社会认可)(Ashforth & Gibbs,1990)。组织作为社会的必要构件,存在于一种依赖于其所处环境的状态中,因此,只有当它们能够使其所处的社会环境,尤其是环境中的社会公众相信,它们的存在和行动都是"正当的"时,它们才能生存下去(Hearit,1995)。围绕前文中提到的社会合法性的两重意涵,即技术的社会接受(Wüstenhagen et al.,2007;Devine-Wright,2011;苏竣,2014)和组织行为的社会许可(Social License)(Parsons & Moffat,2014;Morrison,2014),学者们构建了一系列分析框架和理论模型,试图在精准把握公众个体心理变化机制的基础上,对技术和组织行为如何获得公众的认可、接纳,即社会合法性的形成机制,作出科学、全面的解释。

### 4.1.1 社会接受理论对于"技术属性"的重视

由于城市大脑本质上属于一种信息技术创新产品,对于城市大脑社会合法性形成机制的分析首先需要回归到最早探讨个体用户对信息技术的接受和采纳的"技术接受度模型"(Technology Acceptance Model,TAM)(Davis,1989)。20世纪80年代"技术接受度模型"的提出,为社会接受理论的形成奠定了基础。"技术接受度模型"通过将心理学领域理性行为理论(Fishbein & Ajzen,1975;Ajzen & Fishbein,1980)和计划行为理论(Ajzen,1985,1991)关于促成个人行为产生的要素,如信念、态度、感知行为控制、主观规范等,引入对公众采纳计算机信息系统等新技术的分析,阐释了以技术系统的设计特征等外部变量为初始因素,影响公众个体感知有用性与感知易用性[①],两种感知进一步影响公众个体使用新技术的态度,并最终影响使用意愿和实际使用行为的公众技术接受度形成机制(Davis et al.,1989),如图4-1所示。

进入21世纪,伴随互联网等新兴信息技术的深入发展,技术接受度模型被进一步丰富,Venkatesh与Davis(2000)以及Venkatesh(2000)引入了一系列个人素质和社会影响等外部变量,确定了影响感知有用性和感知易

---

① 为简洁见,本章涉及的所有变量名称的英文表述,均体现在相应的示意图中。

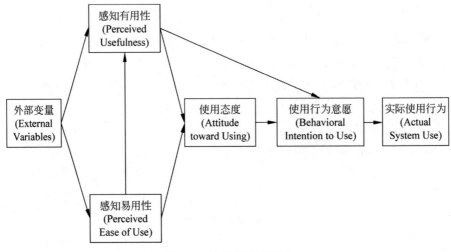

**图 4-1 技术接受度模型**

资料来源：笔者根据 Davis et al. (1989)文献整理绘制。

用性的因素，对技术接受度模型进行了补充和完善，形成了涵盖个体差异、系统特征、社会影响和促进条件四类影响因素的整合性技术接受度模型（TAM3），如图 4-2 所示。

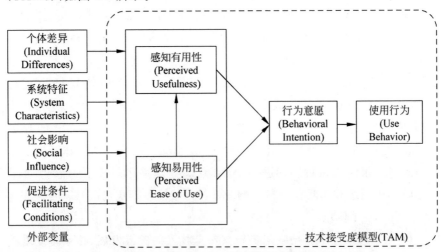

**图 4-2 整合性技术接受度模型（TAM3）**

资料来源：笔者根据 Venkatesh & Bala(2008)文献整理绘制。

其中，个体差异变量包括人格以及人口统计数据（例如，个人的特征或状态、性别和年龄等),这些变量会影响个人对技术有用性和易用性的感知。系统特征是一个技术系统表现出来的显著特征,它可以帮助个人形成对于技术系统的有用性或易用性正面或负面的印象和认知。社会影响捕获各种社会过程和机制,引导个人形成对技术各个方面的看法。促进条件代表了组织为促进技术使用而提供的各类支持。

在对上述四类变量的细化和分解方面,Venkatesh 与 Davis(2000)建立的拓展版技术接受度模型(TAM2),如图 4-3 所示,识别并理论化了感知有用性的一般决定因素,包括主观规范和印象两个社会影响变量,工作相关性、输出质量、结果可论证性三个系统特征变量以及经验和自愿两个调节变量。主观规范和印象分别通过内化和认同的社会影响过程对感知有用性产生正向影响。工作相关性、输出质量和结果可论证性则通过"对系统特征与个人工作目标之间的契合度进行评估比较,形成对技术系统有用性的基础认知"(Venkatesh & Davis,2000:190)的工具性认知过程产生影响。

基于人类决策的锚定和调整框架(Slovic & Lichtenstein,1971;Tversky & Kahneman,1974),Venkatesh(2000)还开发了感知易用性的决定因素模型,如图 4-4 所示。Venkatesh(2000)认为,个人会根据几个与个人对技术特征和技术使用的一般信念相关的"锚点",形成对技术易用性的初步认知。在对易用性的感知上,这些"锚点"包括自主效能、焦虑感、娱乐性以及对外界控制的感知。自主效能、焦虑、娱乐性代表了个体差异,而对外部控制的感知则与便利条件密切相关。此外,在个体形成对技术的初步经验性认知后,实际感受到的乐趣和客观有用性两个系统特征变量,能够对个人初始认知的"调节"产生影响。

Venkatesh & Bala(2008)结合拓展版技术接受度模型(TAM2)和感知易用性的决定因素模型,对整合性技术接受度模型(TAM3)中不同变量间的关系及作用机制进行了详细的梳理,检验了感知易用性的决定因素模型中"锚点"与"调节"变量对感知易用性的影响,以及"经验"变量对"锚点"与"调节"变量的调节效应。在此基础上,还补充了"经验"作为调节变量,对感知易用性与感知有用性之间关系、焦虑感与感知易用性之间关系、感知易用性与行为意愿之间关系的三种调节作用,如图 4-5 所示。表 4-1 对上述各变量的分类及内涵进行了详细的解释。

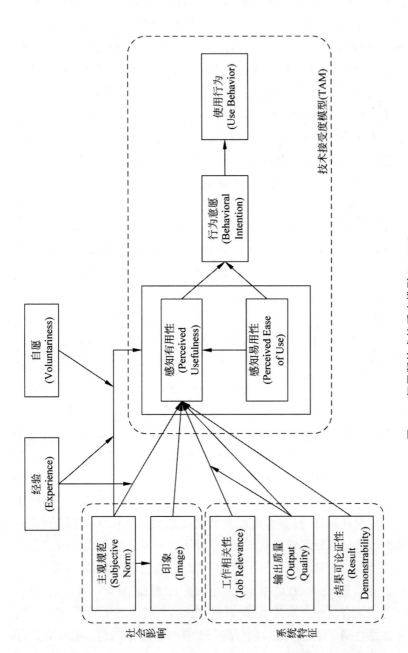

图 4-3 拓展版技术接受度模型（TAM2）

资料来源：笔者根据 Venkatesh & Davis（2000）文献整理绘制。

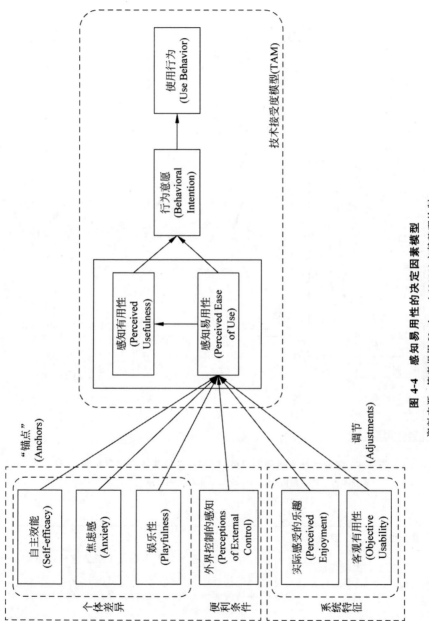

图 4-4 感知易用性的决定因素模型

资料来源：笔者根据 Venkatesh（2000）文献整理绘制。

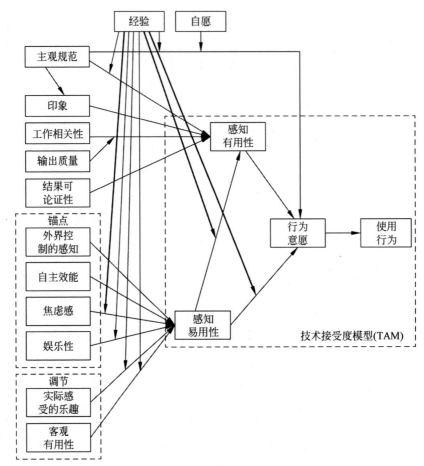

**图 4-5 整合性技术接受度模型(TAM3)变量关系与作用机制**

资料来源：笔者根据 Venkatesh & Bala(2008)文献整理绘制。

**表 4-1 相关变量分类与定义**

| 变量分类 | 变量名 | 定义 |
| --- | --- | --- |
| 社会影响 | 主观规范 | 个体认为对他重要的大多数人关于他应该或不应该使用相关技术创新的态度 |
| | 印象 | 个体认为使用一种技术创新会提高他在其社会体系中的地位的程度 |

续表

| 变量分类 | 变量名 | 定 义 |
|---|---|---|
| 系统特征 | 工作相关性 | 个体认为相关技术适用于其工作的程度 |
| | 输出质量 | 个人认为相关技术能很好地执行他的工作任务的程度 |
| | 结果可论证性 | 个人相信使用相关技术的结果是有形的、可观察的和可传达的程度 |
| | 实际感受的乐趣 | 在使用相关技术而导致的任何性能后果之外,使用特定技术的活动本身被认为是令人愉快的程度 |
| | 客观有用性 | 对相关技术完成特定任务所需努力的实际水平(而不是感知)的比较 |
| 个体差异 | 自主效能 | 个体相信自己有能力使用相关技术完成特定任务/工作的程度 |
| | 焦虑感 | 个体面对使用相关技术的可能性时,个人忧虑,甚至恐惧的程度 |
| | 娱乐性 | 个体在与技术互动过程中的认知兴趣与自然程度 |
| 便利条件 | 外界控制的感知 | 个体相信存在支持相关技术使用的组织和技术资源的程度 |
| 调节变量 | 经验 | 在使用相关技术过程中逐渐获得的使用体验和经验 |
| | 自愿 | 个体认为技术的使用是非强制性的程度,即技术使用是自主自愿的 |
| 行为决定要素 | 感知有用性 | 个体认为使用相关技术能够实现特定目标的程度 |
| | 感知易用性 | 个体认为使用相关技术可以不费力气的程度 |

资料来源:笔者根据 Davis et al.(1989)、Venkatesh(2000)、Venkatesh & Davis(2000)、Venkatesh & Bala(2008)整理翻译。

Venkatesh 等(2003)在技术接受的基础上,又进一步加入了技术使用行为的测量,将技术接受度模型拓展至技术接受和使用整合理论模型(Unified Theory of Acceptance and Use of Technology,UTAUT),如图 4-6 所示。Venkatesh 等(2003,2010,2011)和后续研究者(Duyck et al.,2008;Curtis et al.,2010;Zuiderwijka et al.,2015)在该模型中对原有技术接受度模型的因素进行了整合归纳,将影响公众技术使用和接受的因素划分为五种:(1)效果预期,即使用技术能够带来的预期效果和利益;(2)付出预期,即使用技术可能需要付出的成本和努力;(3)便利条件,即社会中已经存在的有助于技术使用的基础设施和便利条件;(4)社会影响,即社会行为主体为促进技术使用而施加的影响;(5)自愿性,即公众个体出于兴趣爱好等原因愿意主动冒险使用新技术的意图。

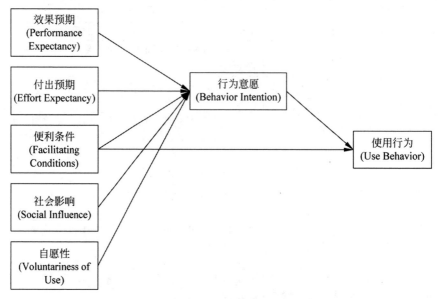

**图 4-6 技术接受与使用整合理论模型**

资料来源：笔者根据 Venkatesh 等(2003,2010,2011)、Zuiderwijka 等(2015)文献翻译绘制。

传统关于信息技术系统采纳行为的技术接受度模型的分析框架和内部要素虽然在不断丰富和完善，但其中作为行为决定要素的感知有用性和感知易用性，实则代表了公众对使用技术能够获得直接利益的评判。尽管许多技术为社会带来了好处，它们也可能带来新的风险(Gunter and Harris, 1998)。公众对技术的拒绝经常给技术的商业化带来负面影响，特别是影响公众的意外事件和事故已成为一种信号，导致人们害怕和不愿采用某些技术，并导致公众拒绝使用这些技术的产品。例如，三哩岛核事故引发了公众对于核技术的争议和否定；第一代转基因粮食作物的市场引入，也引起了国际上对转基因食品两极分化的辩论(Frewer et al., 2003; Gilbert, 2007)。正因为此，许多专注于理解社会对技术接受的研究也开始强调公众风险感知的作用(Alhakami & Slovic, 1994; Sjöberg and Fromm, 2001)。

Slovic 等(2002,2007)学者，将行为经济学的分析逻辑引入对风险与个体行为关系的研究，提出了"影响启发式"(Affect-heuristic)分析框架，解释公众风险感知与公众对与风险相关的行为之间的关系。其结果表明，个人可以在认知上评估风险，并在情感上做出反应。但公众对于风险的认知评估可能和实际风险并不一致,而对风险的认知评估可能和公众的情绪反应也不一致。Hemil(2005)又将创新扩散理论(Innovation Diffusion Theory,IDT)与技术接受度模型相结合,在感知风险之上又加入了信任,强调了公众个体对于组织和技术的初始信任,在塑造公众对于风险和利益感知方面存在影响。Guo & Ren(2017)结合公众理解科学运动(Public Understanding of Science,PUS)中的"民主模型"(Democratic Model),对技术接受度模型中的变量及相互作用机制进行了整合,厘定了感知知识、情感认同、社会信任三个自变量以及利益感知和风险感知两个中介变量,建构了风险设施的社会接受度模型,如图4-7所示。

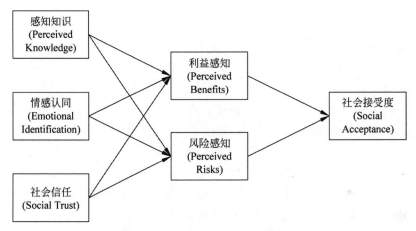

图 4-7　风险设施的社会接受度模型

资料来源:笔者根据 Guo & Ren(2017)翻译绘制。

何光喜等(2015)发展出了风险社会中社会接受度的"社会行动"模型,如图4-8所示。该模型指出,由于个体决策时的信息不对称状态,以及个人深受其所处社会经济地位的制约,导致个人对风险的暴露和接受的分布也是不平等的。社会接受度的形成,除了受到由个人知识和经济地位决定的"风险—收益—支付能力"等个体行动要素影响外,政府治理者、专家系统、媒体以及非政府组织、企业、家庭和社会网络等其他社会行动者,也可以通过信息、信任、说服以及强制等"权力运作"机制,向处于特定社会经济地位的个人施加影响,进而在一定程度上改变个人行动决策。因此,个人对于技术的接受,不仅仅是一项"个体行动",更是一项与社会各方力量博弈的"社会行动"。

总而言之,近年来,"接受度"这一概念已被广泛应用于研究公众对于电

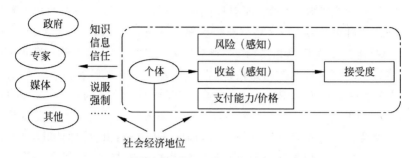

**图 4-8　风险社会中社会接受度的"社会行动"模型**

资料来源：何光喜、赵延东、张文霞等：《公众对转基因作物的接受度及其影响因素——基于六城市调查数据的社会学分析》，载于《社会》，2015 年第 35 期第 1 卷，第 125 页。

子商务、电子政务、新能源、转基因等新兴技术的认知、采纳与接受（Gefen et al.，2003；Xie et al.，2015；Harris-Lovett et al.，2015；Guo & Ren，2017；何光喜等，2015）。而 Gupta 等（2011）学者对研究核技术、信息和通信技术（包括计算机和互联网）、移动电话、用于农业的化学药品（农药和杀虫剂）、基因改造、基因组学、克隆、氢技术、射频识别技术和纳米技术等十种争议性技术的 184 篇文献展开的计量研究发现，大部分文章都将对技术的感知风险、感知收益、信任、知识、个体情感和态度差异作为促成公众接受度形成的核心要素。可以说，经过数十年的演进，针对公众的社会接受度模型对于相关变量的定义和测量都已经日臻成熟和定型。

尽管社会接受度理论模型为我们分析公众认同的影响因素及心理机制演变提供了系统且丰富的解释，值得注意的是，社会接受理论关注的重点落在社会公众对于特定事物和既定行为带来的"结果"（尤其是新技术、新设施、新项目）的接受程度上。此外，在模型对于具体变量的解析和阐释上，社会接受理论模型尤其重视"技术本身的属性"，无论是有用性、易用性、风险等主观感知，还是来自社会规范或社会行动者的客观影响，都是以特定的技术属性为载体，作用于公众个人，重点在于影响公众对于个人损益平衡的"理性计算"。而"组织行为特征"等社会性要素的特征及其影响则居于次要地位（Prno & Slocombe，2012；Meesters et al.，2020），这也使得社会接受理论模型在解释公众对于组织行为（例如，组织拟引进或采用某项新技术达到特定目的的行为）的认同上仍旧略显单薄。因此，对于社会合法性的第二重意涵，即对组织行为的社会合法性分析，还需要在社会许可理论框架下，作出新的阐释。

## 4.1.2 社会许可理论对于"组织行为特征"的强调

从已有文献中看,在面向公众对"社会接受"的概念进行测量时,由于既有的"技术接受度"模型中考虑的"接受对象"相对明确且有形,因此,"社会接受"变量的概念化、操作化相对简明,主要分为两个维度,即"接受意愿"和"接受行为"。常见的测量问题包括:针对市场接受度的"购买意愿""投资意愿""使用频率"等(Davis et al.,1989;Venkatesh & Bala,2008;Xie et al.,2015);针对社区接受度的"风险设施建在自己社区的支持度""风险补偿金额的接受值"(Guo & Ren,2017;刘冰,2019);针对社会—政治接受度的"政策支持度""技术创新支持度"等(Tyler & Wakslak,2004;Gibson et al.,2005;何光喜等,2015)。

较之于在数十年发展中"社会接受"概念的明晰化,"社会许可"由于仍然是一个较新颖的概念,而经常被描述为无形的和不成文的(Franks et al.,2013)、难以被准确度量的隐喻和修辞(Parsons & Lacey,2012;Parsons & Moffat,2014)。大部分关于社会许可的研究都是描述性的,侧重于发掘诸如持续性战略沟通、及时的信息公开、强化社区发展协议等提升社会许可的策略(Nelsen,2006;Wilburn and Wilburn,2011;Owen and Kemp,2012)。因此,与社会接受理论基于个人主义方法论的"个体行动"模型提取相关影响因素不同,现有关于影响社会许可产生要素的分析,多是从对"社会许可"概念的解析起步,并基于对"社会许可"概念的不同维度划分,寻找相对应的影响因素。

Boutilier & Thomson(2011)提出的"金字塔模型"假设(详见第 2 章 2.2.2 小节),以合规性、信誉和信任作为嵌入式边界,对社会接受、社会许可和社会认同的概念做出了"具有层次的划分"(Black,2013:47)。但在利用该模型所设计的 24 项旨在衡量社会许可的陈述,进行民族志文献和利益相关者访谈等质性验证时,对这些陈述的验证并未显示出"金字塔模型"中强调的层次累积性质(Thomson et al.,2010;Boutilier & Thomson,2011)。针对这一问题,Boutilier & Thomson(2011)利用标准的心理测量项目分析技术对原有陈述进行细化,并在此基础上对这些陈述进行了修改,提出了 15 条更为精练的社会许可测量陈述,如表 4-2 所示。结合在墨西哥和澳大利亚利用修改后的量表进行实证测量和因子分析的结果,Boutilier & Thomson(2011)总结了构成"社会许可"概念的四个维度:经济合法性、相互信任、社会—政治合法性、制度化信任。

表 4-2　衡量社会许可的 15 项修订陈述

| 题项 | 所属维度 | 陈述表达 |
| --- | --- | --- |
| 1 | 经济合法性（Economic Legitimacy） | 我们可以从与［组织名称］的关系中受益。 |
| 2 | | 我们需要与［组织名称］合作才能实现我们最重要的目标。 |
| 3 | 相互信任（Interactional Trust） | 我们对与［组织名称］的关系感到非常满意。 |
| 4 | | ［组织名称］表示将与我们的组织建立联系。 |
| 5 | | ［组织名称］的存在对我们有利。 |
| 6 | | ［组织名称］会听取我们的意见。 |
| 7 | 社会—政治合法性（Socio-political Legitimacy） | 从长远来看，［组织名称］为整个地区的福祉做出了贡献。 |
| 8 | | ［组织名称］公平对待所有人。 |
| 9 | | ［组织名称］尊重我们的处事方式。 |
| 10 | | 我们的组织和［组织名称］对这个地区的未来有类似的愿景。 |
| 11 | 制度化信任（Institutionalized Trust） | ［组织名称］为受到负面影响的人们提供更多支持。 |
| 12 | | ［组织名称］与我们共享决策权。 |
| 13 | | ［组织名称］会为我们的利益负责。 |
| 14 | | ［组织名称］考虑了我们的利益。 |
| 15 | | ［组织名称］公开分享与我们相关的信息。 |

资料来源：笔者根据 Boutilier & Thomson(2011)文献附录 A 整理制作。

根据 Boutilier & Thomson(2011)的解释，这四个维度的变量既是构成社会许可的四种要素，也可以被视为推动社会许可形成的因素。基于此，Boutilier & Thomson(2011)又提出了社会许可的"箭矢模型"(The Arrow Model)，如图 4-9 所示。该模型不再像"金字塔模型"对社会接受、社会许可、社会认同作出明确界线划分。但四个因素之间存在层次上的高低之别，其导致的结果又与"金字塔模型"中不同层次的社会许可相对应。最低层次的是经济合法性，如果组织行为没有给公众带来足够利益，那么公众就很可能"撤回"对组织行为的社会许可。社会—政治合法性与相互之间的信任处于平等水平，缺少其中之一，组织行为便有可能得不到公众的"许可"；如果两者都不存在，则组织行为一定得不到公众的"许可"。如果两者同时存在，组织行为则能够获得最高层次的制度化信任，这意味着组织与公众对彼此持久尊重。只有在到达制度化信任的层次时，组织行为才能获得公众的心理认同(Boutilier & Thomson,2011)。

表 4-3 梳理了四个维度的含义及其对"金字塔模型"中社会接受、社会

第 4 章　理论模型建构与研究假设　　111

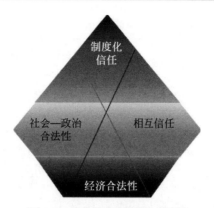

**图 4-9　社会许可的"箭矢模型"**
资料来源：笔者根据 Boutilier & Thomson(2011)翻译绘制。

许可、社会认同的影响。可以看出，从低层次的经济合法性到高层次的制度化信任，体现了从对短期的、个体的需求满足向对长期的、组织和社会的需求满足的上升。表中的社会—政治合法性与相互信任，在一定程度上与 Nahapiet & Ghoshal(1998)提出的社会资本理论中两个非结构性维度相似。社会—政治合法性要求组织向公众共享其行为如何适应社会政治生态系统的认知框架和文化规范，对应了社会资本中的认知维度；相互信任强调组织与公众的互动与互惠，对应了社会资本中的关系维度。因此，从社会资本的视角来看，社会许可的形成过程开始于令人满意的低承诺、流动的交易，随着关系中社会资本的增长而改善，最终在关系的制度化中具象化 (Boutilier, 2009；Thomson & Boutilier, 2011；Black, 2013)。

**表 4-3　"箭矢模型"四项因素及其对社会许可的影响**

| 变量名称和层级 | 描述 | 在实现"金字塔模型"中不同层次社会许可的作用 |
| --- | --- | --- |
| 1. 经济合法性 | 公众对于组织行为可以给他们带来好处的感知 | 如果缺乏，大多数利益相关者将"撤回"对组织行为的社会许可。如果存在，许多人会"接受"组织行为 |
| 2a. 社会—政治合法性 | 组织行为有助于该地区的福祉，尊重当地的生活方式，满足社会对它的角色期望，行事公平公正 | 如果缺乏，则不太可能获得社会许可。如果同时缺乏这一点和社会—政治合法性(2a 和 2b)，那么任何利益相关者都几乎不会"许可"组织行为 |

续表

| 变量名称和层级 | 描述 | 在实现"金字塔模型"中不同层次社会许可的作用 |
|---|---|---|
| 2b. 相互信任 | 组织及其管理层的观念是倾听、回应、信守承诺、参与相互对话,并在互动中表现出互惠 | 如果缺乏,则不太可能获得社会许可。如果同时缺乏这一点和社会—政治合法性(2a 和 2b),那么任何利益相关者都几乎不会"许可"组织行为 |
| 3. 制度化信任 | 利益相关者机构(如社区代表组织)与组织之间的关系建立在对彼此利益持久尊重的基础上 | 如果缺乏,就不太可能有心理上的"认同"。如果缺乏,但同时存在社会—政治合法性和互动信任(2a 和 2b),大多数利益相关者将"许可"组织行为 |

资料来源:笔者根据 Boutilier & Thomson(2011)文献翻译整理制作。

在具体自变量的分析方面,继 Boutilier & Thomson(2011)通过"箭矢模型"建立起对"社会许可"概念及其影响因素的基础性测量框架后,Pron(2013)通过对美国、加拿大、秘鲁、巴布亚新几内亚四个案例的对比研究,总结出了促成社会许可建立的五项指导原则:(1)当地的社会背景是关键;(2)可持续发展是当地社区的主要关注点;(3)向当地提供利益和公众参与起着至关重要的作用;(4)社会许可需要建立在关系的基础上;(5)面对复杂的情景,需要建立一种适当的社区参与办法。Prno & Slocombe(2014)建议采用系统论的思维,分析社会许可形成的决定因素,他们据此建立了涵盖复杂自适应系统和弹性两大核心系统要素以及社会背景、关键系统变量、涌现、变化、不确定性、反馈、跨尺度效应、多重稳定状态、阈值等变量群的社会许可决定因素系统分析框架。

Moffat & Zhang(2014)借鉴社会心理学中关于群体关系的研究,进一步指出,信任是影响社会许可形成的核心变量。在对社会许可的讨论中,公共信任代表了公众作为一个整体对组织的集体信任程度,对于公众与组织间良好关系的建立,相互包容、接受彼此的弱点至关重要。这种信任分为两种类型:一种是基于正直(integrity-based)的信任,代表了委托人对受托人自觉遵守原则和规范的看法;另一种是基于能力的信任,代表了委托人认为受托人具有良好的处理受委托事务的知识和能力(Butler & Cantrell,1984;Mayer et al.,1995;Kim et al.,2004;Poppo & Schepker,2010)。

围绕"信任"这一核心变量如何产生的问题,Moffat & Zhang(2014)梳理了对社会基础设施的影响(包括新进入的工人对社区基础设施的挤占效应、采矿公司协助当地社区建设新的基础设施作为补偿等),当地社区成员与采矿公司之间的联系次数,当地社区成员与采矿公司之间的联系质量以及程序公正四个影响变量,提出了基于信任的社会许可模型,如图4-10所示,并结合对澳大利亚采矿业所在社区民众跟踪调查的纵向研究,对模型中变量的关系进行了检验。其研究结果表明,程序公正与联系质量在建立信任进而取得社会许可方面具有至关重要的作用,而组织通过投资、援建等方式协助社会基础设施建设以抵消其行动带来的负面影响,也是与公众建立信任的重要途径。这一研究结果也与Pron(2013)对"向当地提供利益"和"公众参与"两个变量的强调相呼应。

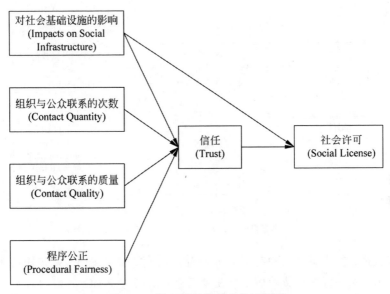

**图4-10 基于信任的社会许可模型**

资料来源:笔者根据Moffat & Zhang(2014)翻译绘制。

Zhang & Moffat(2015)进一步解构了"利益"这一因素,将其拓展为负面影响、收益和损益平衡三个维度,构建了影响社会许可形成的损益平衡框架,如图4-11所示,并强调了政府治理在平衡收益和损失方面的重要作用。在程序正义与公众参与方面,Zhang等(2018)学者利用实验的方式,探究了向公众传递不同的信息对公众关于程序正义、信任的认知以及社会许可形成的影响。研究表明,在向公众提供的初始信息里加入"遵守法律要求"和"能够为社区做出贡献"等要素时,可以显著提高公众的认可态度。Gallois

等(2017)学者指出,有效沟通和科学传播对于社会许可的形成具有重要意义。Guo & Wei(2019)从政府行为的角度,关注了"科学普及"和"公众参与"两种沟通行动通过影响感知知识、社会信任、利益感知、风险感知等个体行动要素,进而影响社会许可的作用机制,提出了政府行为影响社会许可效果的评估框架,如图4-12所示①。研究结果也表明,较之于灌输一般性的科学知识,公众参与能够更有效地促进社会许可的形成。Meashan & Zhang(2019)在将性别等个体变量引入对社会许可的分析后,还发现女性较之于男性,更难形成对组织行为的信任和许可。

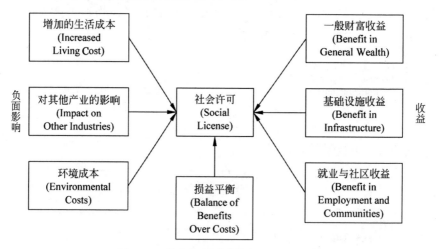

**图 4-11　社会许可形成的损益平衡框架**
资料来源:笔者根据 Zhang & Moffat(2015)整理翻译绘制。

张爱荣等学者(2018)在对前人研究进行总结的基础上,系统梳理了获得和维持社会许可的影响因素。主要包括以下五个方面:

(1)利益公平。组织行为能否公众带来足够的利益,利益分配是否公平,是影响组织行为能否获得社会许可的主要因素之一。通过提供就业机

---

① Zhang & Moffat(2015)、Guo & Wei(2019)的文章提出的模型虽然在因变量的表述上都采用了"acceptance"(接受)的表达,但由于现有研究中,"社会接受"与"社会许可"两个概念在一定程度上存在重叠,而从文献内容可以看出,上述研究主要关注的都是公众对于特定企业采矿或建设核项目等行为的态度。张爱荣本人(2018)将 Zhang & Moffat(2015)的文献归入对"社会许可"的研究。笔者作为 Guo & Wei(2019)作者之一,在与另一位作者讨论后,亦认为"社会许可"的表达更能够解释公众态度对于"政府引进与建设核项目"的意义。因此,本研究将上述两篇文献的因变量纳入社会许可(Social License)的范畴。

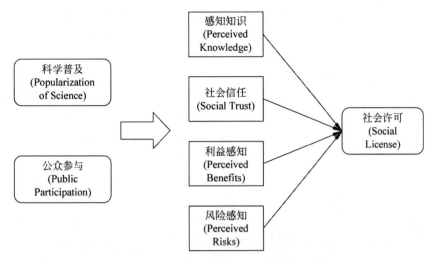

图 4-12　政府行为影响社会许可效果的评估框架

资料来源：笔者根据 Guo & Wei(2019)整理翻译绘制。

会、技能培训，资助基础设施建设或通过其他形式的捐赠、补偿等帮助当地发展，维持公众收益与成本间的积极关系，是促成社会许可的重要途径 (Pron,2013；Zhang & Moffat,2015；Zhang et al.,2015)。

（2）过程公平。在制定和实施决策的过程中，公众是否能够顺利参与决策过程，与组织进行对话沟通，并产生一定影响，是组织行为获得社会许可以及组织与公众关系可持续发展的关键。组织需要积极与公众保持高质量的交流协商，保证决策过程公开、透明和实际赋权，让公众获得切实的尊重与价值感(Moffat & Zhang,2014；Lacey et al.,2017)。

（3）政府管理能力。公众对于政府机构的管理能力，即现有的法律法规和监管制度有能力对组织的越轨行为进行及时遏制和惩治的信心越强，越有可能促成社会许可的形成。为了促进良性的治理与可持续发展格局的形成，政府需要增强自身的监测、执行和调控能力，促进不同组织与社区、公众建立良性的合作关系(Prno & Slocombe,2012；Zhang et al.,2018)。

（4）对组织的信任。公众对于组织的信任感越强，越能促进公众对组织行为社会许可的建立，而通过保障利益分配、决策过程的公平及增强政府监管力，可以进一步提升公众的信任。组织亦需要通过加强自身监管、行业治理，做到对社会负责(Boutilier & Thomson,2011；Moffat & Zhang,2014)。

(5) 文化和社会背景。除了上述因素外,不同国家和地区的社会、文化、经济、政治背景,以及公众的性别、身份特征等,也会通过影响信任这一核心变量,影响社会许可的形成。因此,组织行为需要与社区的特定情况以及社区成员的文化、价值观相契合(Bunnell,2013;Prno & Slocombe,2014)。

从已有文献对社会许可形成因素的分析来看,影响社会许可形成的自变量与社会接受的自变量之间的一个显著差异是:相比于社会接受理论对"技术属性"的重视,影响社会许可的自变量具有明显的"行为特征",尤其强调过程的正当性、公平性以及全系统的损益平衡,关注组织对公众的信息传递,也对政府治理和可持续发展提出了要求(Prno & Slocombe,2014;Gupta & Kumar,2018)。社会许可理论的独特性,也使得其作为社会接受的补充模型,在近年来被广泛应用于除采矿业之外的农业生产(Ford & Williams,2016)、能源开发(Gallois et al.,2017;Luke et al.,2018)、新兴经济治理(Voyer & van Leeuwen,2019)、生物安全(Ogilvie et al.,2019;Thresher et al.,2019)等诸多新兴领域。

### 4.1.3 "社会合法性"概念模型的创建

围绕"社会合法性"的不同概念维度特征及其形成的过程与路径,学者们已经进行了丰富而深入的探索和分析,并从不同的视角,构建了用以解释公众心理认同形成机制、变化机制的理论模型。从已有文献来看,公众的心理认同是促成社会合法性形成的关键。公众心理认同的形成,会经历"现实条件因素影响主观感知,主观感知促成心理认同和行为形成"两个阶段。其中,第一个阶段是现实条件进入主观世界的过程,在这一过程中,公众个体往往处于被动角色,接受来自现实世界的"形塑",由此形成有关收益、风险和正当性的感知与评价。第二个阶段是公众基于主观评价作出判断,决定是否接受某种新事物或认可某种新的做法。

尽管本研究关注的"城市大脑"是一种新生事物,目前专门针对城市大脑及其应用的合法性研究较为罕见,但社会接受理论与社会许可理论在对与城市大脑技术属性相近的信息技术的接受度以及政府治理创新行为的认可研究方面已经梳理出了大量相关要素。通过对社会接受理论和社会许可理论相关文献的梳理,可以将对公众主观感知产生影响的因素归纳为三类:

(1) **个人素质因素**,即公众个人自然形成的一些属性特征,这些因素奠定了个人主观感知形成的"初始值"。在公众对于新事物的接受和认可方面,会产生影响的个人素质要素可以被归纳为个人认知能力(Davis,1989;Venkatesh & Davis,2000;Slovic,2007;Guo & Wei,2019)、社会经济地位(Curtis et al.,2010;何光喜等,2015)、日常生活习惯(Venkatesh & Bala,2008;Belanche-Gracia et al.,2015;Martin & Rice,2010)、个人权利意识(Belanche-Gracia et al.,2015;Zuiderwijka et al.,2015)以及个人的性别、年龄、职业、政治偏好(Rudolph & Evans,2005;Schoon et al.,2010;Wilkes,2015;朱旭峰、黄珊,2008)等人口统计学的因素。

(2) **技术属性因素**,主要是指某种新事物、新的做法所展现出的特性,能够促使人们形成收益与风险预期的表现(Venkatesh & Bala,2008;苏竣,2014)。

(3) **社会影响因素**,即社会其他行动者通过宣传、倡导、激励乃至强迫等方式对个人的刺激(Duyck et al.,2008;Zuiderwijka et al.,2015)。

而最终影响甚至决定人们建立心理上的合法性认同,做出接受或许可的行为决策的,是三种主观感知变量:

(1) **利益感知**。利益感知即对新事物、新做法能够带给个人利益的价值判断,技术接受度模型尤为强调这一点,并将技术属性能够带给个人的利益感知视为增强公众认同、导致公众接受新技术的关键因素(Venkatesh & Davis,2000;Venkatesh et al.,2011;Moffat & Zhang,2014)。

(2) **风险感知**。风险感知指个人对于特定事物、特定行为可能给自己带来风险的判断,有关核技术、转基因等风险性技术接受度和有害设施建设、矿藏采掘社会许可的研究都将其视为降低公众合法性认同,导致公众不接受、不许可的决定性因素(Gunter and Harris,1998;Gupta et al.,2011)。

(3) **正当性感知**。正当性感知的核心是信任,表示个人对于出现的新事物、新做法是否符合社会价值规范、是否公平公正、是否值得信任和信赖的判定,在社会许可理论中尤为受到关注和重视。作为社会合法性的前置基础条件,正当性感知也被视为是影响公众合法性认同与许可行为形成的重要因素(Sutinen & Kuperan,1999;Boutilier & Thomson,2011;Zhang & Moffat,2015;张爱荣等,2018)。而已有关于公众对公共服务中的智能技术接受度的研究也指出,保障公众安全的技术环境与制度环境的适配性,是提升公众安全感和对政府行为正当性感知的重要标准(Belanche-Gracia et al.,2015;Zuiderwijka et al.,2015)。

在个人素质因素对主观感知变量的具体影响上,已有研究的解释却不尽相同。对于个人认知能力,也可进一步细分为教育水平、既有知识水平、对科技的兴趣三个变量,原因在于,尽管三个变量都能够作为衡量个人认知能力的指标,但它们在影响公众个人主观感知上却指向不同的方向(何光喜等,2015)。公众的学历越高,即受教育水平越高,在思维逻辑、价值判断方面会更加科学、理性,正当性评价越高,但风险意识也会更高,不会轻易相信社会宣传的各种收益(Gupta et al.,2011;仇焕广等,2007)。而对于在核技术等特定专业领域拥有较多了解和知识的人,往往比不了解相关技术的人更加清楚其收益和风险。已有的研究表明,既有知识水平较高的人,反而对于技术风险的评价较低(Stoutenborough et al.,2013)。对于科学技术拥有更强烈兴趣的人,往往具有更强的求知欲和冒险精神,对创新抱有欢迎的态度和喜爱的情感,可能对于新技术的风险、利益以及正当性都给予较高的评价,并愿意尝试并接受新事物(Alhakami & Slovic,1994;Cialdini,2009)。而对于智能技术、大数据技术等新兴信息技术,隐私意识也是影响公众主观认知的重要变量,已有研究表明,隐私意识越强烈,公众对于这些技术的安全性担忧和风险评价越高,对于其正当性感知和利益判断往往抱以负面态度(Belanche-Gracia et al.,2015)。

在社会经济地位的影响方面,公众如果拥有较好经济收入和较高社会经济地位,对于付出预期越不敏感,因而在接受新事物方面具有更强的偏好(Curtis et al.,2010;Venkatesh et al.,2010)。在日常生活习惯方面,对新技术认可具有关键影响力的一个指标是技术关联性(Venkatesh & Bala,2008),即新技术与公众个体日常生活的适切性,如果公众在日常生活中与相关技术接触更多,或公众能够更加频繁地感受到新技术、新事物给自己带来的现实效用和风险,公众可能对技术的收益感知、风险感知有更高的评价水平。

对于技术属性因素,技术自身的效用表现得越明显,越能影响公众对其正向价值的评价(Venkatesh & Bala,2008;苏竣,2014)。目前,围绕大数据、智能技术的研究表明,在公众切实感受到新技术给生活带来的便利性程度时,其对引进新技术的组织行为的正当性评价也更高(Martin & Rice,2010;Zuiderwijka et al.,2015)。

针对社会影响因素,社会遵从(Social Compliance)理论将来自他人真实或想象的压力作为促使个人改变行为的重要力量,无论是政府还是企业,对于特定事物或特定行为的宣传、倡导,以及约定俗成的社会规范与道德价值,能够显著提升作为"社会人"的公众对于收益和正当性的感知,降低其对于风险的感知(Xie et al.,2015;Guadagno,2017;Guo & Wei,2019)。

结合对已有关于社会合法性的理论回溯,进一步对社会接受理论和社会许可理论关于公众认知形成过程中的关键影响因素进行总结,梳理其中的特色变量和重叠变量,本研究构建出了"社会接受"与"社会许可"双要素融合的"社会合法性"概念模型,如图 4-13 所示。在初始"社会合法性"概念模型中,现实条件变量通过影响主观感知变量,进而推动社会合法性的形成,换言之,社会合法性的形成需要经历"现实条件—主观感知—合法性认同"的两阶段过程。而社会合法性本身,又覆盖了对特定事物的社会接受与对特定行为的社会许可两个维度的意涵。

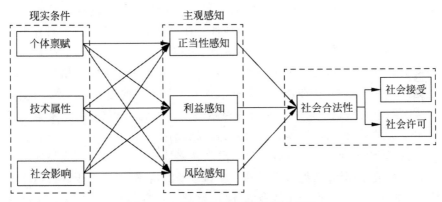

图 4-13 "社会合法性"初始概念模型

## 4.2 理论模型的完善:基于案例的研究

通过对已有文献的梳理和总结,本研究构建了初始"社会合法性"概念模型。但本研究的研究对象是公众对于城市大脑及其应用的合法性认同,而城市大脑所具有的概念新颖、公众认知度低、技术融合度高、与政府治理联系密切等特点,使得在利用社会合法性模型进行理论分析时,还需要针对城市大脑的特殊性,对模型作出进一步修正与完善。

在第 3 章的质性研究环节,本研究通过对我国城市大脑建设背景与进展的追踪以及对典型案例的深度参与式观察,总结了智能治理背景下,技术、政治与公众互动的三个研究命题:

(1)个人兴趣和隐私意识决定了公众个体对城市大脑的关注程度;
(2)作为一种治理技术的城市大脑具有政治和社会嵌入性;
(3)政府会通过声誉建构影响公众对城市大脑的合法性认知。

上述三个命题,分别阐释了公众、技术与政治三种元素在互动过程中扮演的角色和发挥的作用。因此,本研究将围绕上述三个命题,对"社会合法性"初始概念模型中公众个人素质、技术属性与隶属于社会影响的政府行为特征三个现实条件变量及其作用机制进行修正和补充,从而完善初始概念模型,并提出相应的研究假设。

### 4.2.1 兴趣与隐私:影响公众关注的要素

作为一种新兴事物,公众对于城市大脑的认知并不成熟,大部分民众甚至处于零认知基础的状态。因此,对于城市大脑相关议题的关注是影响公众形成对城市大脑心理认知的基础条件。在第 3 章的探索性案例研究中发现,公众个体对于新技术、新事物的兴趣,会在公众尚不具备知识基础和心理认知的情况下,对公众是否愿意关注城市大脑及其合法性的相关议题产生直接影响。此外,在涉及个人数据信息采集和整合的相关议题中,公众首先考虑到的问题是个人隐私安全和隐私保护。因此,公众的隐私意识也会影响公众对于城市大脑及其合法性相关议题的关注。

已有研究表明,对科学技术拥有更强烈兴趣的人,往往具有更强的求知欲和冒险精神,对创新抱有欢迎的态度和喜爱的情感,可能对于新技术的风险、利益以及正当性都给予较高的评价,愿意尝试并接受新事物(Alhakami & Slovic,1994;Venkatesh & Bala,2008;Cialdini,2009)。而隐私意识越强烈,公众对于这些技术的安全性担忧和风险评价越高,对其正当性感知和利益判断往往抱以负面态度(Belanche-Gracia et al.,2015)。笔者通过质性研究所获得的经验知识显示,在对城市大脑不具备充足的了解与知识的情况下,表现出对新技术、新事物强烈兴趣的公众个体,在对待城市大脑的议题时,对其正当性、利益、风险都表达出了较高的评价水平。而当公众了解到城市大脑的工作原理中涉及对公众个人数据信息的归集、整合与再利用后,也表达出了对于个人隐私的担忧,对城市大脑形成了较高的风险感知。

### 4.2.2 技术嵌入:治理技术的特殊性

在第 3 章的探索性案例研究中,笔者在对我国建设城市大脑带来的社会影响进行讨论时,指出了城市大脑的"技术嵌入"特性。与以往有关社会接受、社会许可研究中涉及的新技术或组织行为不同,"城市大脑"在中国的现实语境中并非一种单纯的新技术产品,其实质是政府治理创新的一种表现和手段,城市大脑与政府治理互相嵌套,密不可分(王小芳、王磊,2020;

张蔚文等,2020)。因此,对于城市大脑的社会合法性研究,不仅需要关注城市大脑作为一种技术产品的技术属性,更需要关注其作为一种"治理技术"的政治嵌入性和社会嵌入性。

"嵌入性"(Embeddedness)的概念最早由波兰尼(Polanyi)提出,他认为,人类的经济活动深刻嵌入在社会与文化结构之中(Polanyi,1944)。格兰诺维特(Granovetter)系统地阐释了"嵌入性"理论,开发了社会网络分析方法,用以揭示人的行为与社会网络间的互动关系(Granovetter,1985)。此后,不同的学者从不同的分析视角切入,将"嵌入性"的概念进一步细分为结构嵌入性、认知嵌入性、文化嵌入性、政治嵌入性(Zukin & Dimaggio,1990)、业务嵌入性、技术嵌入性(Andersson et al.,2002),环境嵌入性、组织嵌入性、双边嵌入性(Hagedoorn,2006)等多个维度。但总体而言,"嵌入性"的概念表明,彼此嵌入的两个主体会相互影响,双方在或促进或制约的关系中不断向前发展。在城市大脑推动城市治理创新实践过程中,技术与政治"嵌入性"、技术与社会的"嵌入性"在城市大脑与政府、城市大脑与公众微妙的互动关系中得以深刻体现。

具体而言,城市大脑的政治嵌入性表现在政府利用城市大脑实现的治理能力拓展,包括了更加优质、高效、精准化的公共服务,更全面系统的宏观管理,以及更加便捷、畅通的公众参与渠道。与此同时,这种治理能力的拓展又为城市大脑技术能力的进一步优化提出了新的方向和需求。这种效用并不是城市大脑自身的技术属性,而是城市大脑技术能力与政府行动结合而形成的综合效应,因此不能简单用"技术属性"来定义和衡量。

城市大脑的社会嵌入性表现在社会公众对于智能治理技术日常化、泛在化的渐适性。随着智慧城市建设的深入推进和城市大脑对于社会数据资源的深度开发,能够帮助实现社会公众与政府双向信息交换的途径越来越多,公众与政府通过智能化信息技术进行互动的情况越来越普遍,公众通过智能化技术获得更多便利与收益,智能化技术也通过公众反馈得以进一步迭代改进。智能化技术已经深刻嵌入公众的社会生活并成为一种习惯。

由于在"社会合法性"模型中,"技术属性"变量是一个现实条件,需要利用客观数据进行测量而不能依赖公众个人主观评价。对于城市大脑这种特殊的技术产物,如果仅从技术属性的角度进行相关变量的选取和测度,可能导致测量本身出现偏差,特别是无法准确反映我国不同地区因为智能技术进入时间和发展水平差异以及政府行动差异而带来的公众对于智能技术效用感受不一的情况。在城市大脑及其应用社会合法性的研究框架下,需要对"技术属性"变量进行修正,代之以"技术嵌入性"这个能够同时反映技术自身属性与政府技术应用实际成效的变量,以便在后续研究中作出更加准确、无偏的变量测量和数据采集。

### 4.2.3 声誉建构:对既定路径的调节

对于初始"社会合法性"模型中的"社会影响"变量及其影响路径,在对城市大脑的研究中也存在一定的不适用性。社会合法性模型中的"社会影响"主要指已经形成并成熟的文化制度环境造就的社会共识,以及环境中的行动者为了促进公众对于新事物、新做法的认同而采取的宣传、倡导等措施。

根据笔者在质性研究环节获得的经验知识,一方面,由于城市大脑的主要功能是提升政府治理能力,目前,大部分地区的政府在建设部署城市大脑方面的实践仍处于起步阶段,工作重点在数据归集和相关应用功能开发上,对于如何向公众进行有效的宣传倡导,仍然处于探索阶段,并未形成成熟的做法。

另一方面,由于城市大脑对公众个人信息数据的收集整合具有一定的敏感性,其中存在的隐私伦理问题,可能引发社会争议和公众抵制。因此,在实践中,无论是技术开发者还是政府,为了规避社会风险,都不愿意在城市大脑尚未产生显著社会效用和较为良好的社会评价之前,对城市大脑的工作原理、功能实现的范围和尺度等细节信息进行大规模宣传和解释。笔者在探索性案例中获得的反馈信息表明,城市大脑的技术开发企业和建设城市大脑的地方政府,都试图在城市大脑相关应用已经与公众日常生活深度融合,社会已经初步形成对城市大脑的合法性认同以后,再有针对性地对城市大脑进行声誉塑造和宣传,以进一步强化公众的主观感知和合法性认同感。

由于面向社会大众的城市大脑宣传尚未大规模展开,无法基于现实情境的观测获取相应的客观数据,对"社会影响"变量的检验可能受到较大的数据限制。所以,在城市大脑的社会合法性模型中,笔者用"声誉建构"对"社会影响"变量进行了替换。而结合质性研究的发现,"声誉建构"可能经由三种声誉管理策略实现:一是向公众传递城市大脑在提升政府公共服务质量、促进政府治理创新方面的绩效声誉信息;二是向公众传递政府在通过城市大脑采集和整合公众个人信息数据时将严格遵守有关法律法规要求的程序声誉信息;三是向公众传递政府利用城市大脑保护与科技企业相比处于弱势地位的公众的个人数据信息权益不受侵害的道德声誉信息。

在利用案例研究对理论模型进行完善后,新的理论模型如图 4-14 所示。

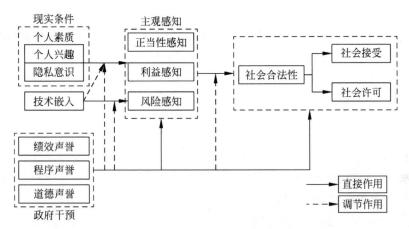

图 4-14 "城市大脑社会合法性"理论模型

基于完善后的模型及前文中对于个人素质变量、技术嵌入变量以及政府声誉干预变量对主观感知、社会合法性可能产生的影响,本研究分别针对现实条件对主观感知的影响、主观感知对社会合法性的影响、主观感知在现实条件与社会合法性之间的中介作用、技术嵌入和声誉干预两种外部因素可能产生的调节作用,提出如下十七组假设。

第一组假设是既有现实条件对正当性感知的三个假设。根据 Venkatesh & Bala(2008)、Cialdini(2009)、Belanche-Gracia 等(2015)、Zuiderwijka 等(2015)文献对公众个人兴趣、隐私意识以及所处环境中技术体现出的实际成效对于公众正当性感知影响的解释,本研究提出个人兴趣、隐私意识、技术嵌入性与公众正当性感知之间关系的假设如下:

H1a:个人兴趣与公众的正当性感知正相关。

H1b:隐私意识与公众的正当性感知负相关。

H1c:技术嵌入性与公众的正当性感知正相关。

第二组假设是既有现实条件对利益感知的三个假设。根据 Davis 等(1989)、Venkatesh & Bala(2008)、Belanche-Gracia 等(2015)文献对公众个人兴趣、隐私意识以及所处环境中技术体现出的实际成效对于公众利益感知影响的解释,本研究提出第二组假设如下:

H2a:个人兴趣与公众的利益感知正相关。

H2b：隐私意识与公众的利益感知负相关。

H2c：技术嵌入性与公众的利益感知正相关。

第三组假设是既有现实条件对风险感知的三个假设。根据 Gupta 等 (2011)、Belanche-Gracia 等(2015)、Guo & Ren(2017)等文献对公众个人兴趣、隐私意识以及所处环境中技术体现出的实际成效对于公众风险感知影响的解释，本研究提出第三组假设如下：

H3a：个人兴趣与公众的风险感知正相关。

H3b：隐私意识与公众的风险感知正相关。

H3c：技术嵌入性与公众的风险感知负相关。

第四组是公众主观感知对城市大脑合法性认同影响的假设。根据已有文献对公众主观感知与合法性认同关系的梳理(Sutinen & Kuperan,1999；Venkatesh & Davis,2000；Boutilier & Thomson,2011；Zhang & Moffat,2015)，本研究提出第四组假设如下：

H4a：公众的正当性感知与对城市大脑及其应用的合法性认同正相关。

H4b：公众的利益感知与对城市大脑及其应用的合法性认同正相关。

H4c：公众的风险感知与对城市大脑及其应用的合法性认同负相关。

第五组是正当性感知在个人素质因素、技术嵌入因素与公众对城市大脑及其应用合法性认同之间的中介效应。已有研究验证了公众对于正当性感知与信任在公众个人素质与合法性关系之间的中介效应(Moffat & Zhang,2014；Guo & Wei,2019)，据此，本研究提出第五组假设：

H5a：正当性感知在个人兴趣与公众对城市大脑及其应用合法性认同的关系中起中介作用。

H5b：正当性感知在隐私意识与公众对城市大脑及其应用合法性认同的关系中起中介作用。

H5c：正当性感知在技术嵌入性与公众对城市大脑及其应用合法性认同的关系中起中介作用。

第六组假设是关于利益感知在个人素质因素、技术嵌入因素与公众对城市大脑及其应用合法性认同之间的中介效应。在技术接受度模型的相关文献中，对于利益感知对公众最终态度和行为的中介作用已经进行了较为丰富的论证和检验(Venkatesh & Davis,2000；Venkatesh & Bala,2008)，由此可以提出第六组假设：

H6a：利益感知在个人兴趣与公众对城市大脑及其应用合法性认同的

关系中起中介作用。

H6b：利益感知在隐私意识与公众对城市大脑及其应用合法性认同的关系中起中介作用。

H6g：利益感知在技术嵌入性与公众对城市大脑及其应用合法性认同的关系中起中介作用。

第七组假设是关于风险感知在个人素质因素、技术嵌入因素与公众对城市大脑及其应用合法性认同之间的中介效应。Gupta等(2011)对公众接受度研究相关文献的系统梳理，也表明了风险感知对公众最终接受决策的中介作用，由此可以提出第七组假设：

H7a：风险感知在个人兴趣与公众对城市大脑及其应用合法性认同的关系中起中介作用。

H7b：风险感知在隐私意识与公众对城市大脑及其应用合法性认同的关系中起中介作用。

H7c：风险感知在技术嵌入性与公众对城市大脑及其应用合法性认同的关系中起中介作用。

第八组假设是关于技术嵌入因素对于个人素质因素的调节作用。根据Venkatesh & Bala(2008)、Curtis等(2010)、Zuiderwijka等(2015)研究，外部环境因素会对个人素质影响公众态度的路径产生调节作用。需要说明的是，尽管技术嵌入性在模型中被视为一个可能直接影响公众主观感知和合法性认同的自变量，但由于技术嵌入因素也属于外部环境因素的一种，对公众个人素质因素影响公众合法性认同的内在机制也可能具有调节作用(Hayes,2018)，即对个人素质因素与公众合法性认同中介过程的调节。考虑到技术嵌入变量所体现的治理技术双向作用的特殊性，本研究仍有必要通过数据分析对技术嵌入变量的作用进行明确。因此，可以提出如下假设：

H8a：技术嵌入性对正当性感知在个人兴趣与公众对城市大脑及其应用合法性认同之间起的中介效应具有调节作用。

H8b：技术嵌入性对利益感知在个人兴趣与公众对城市大脑及其应用合法性认同之间起的中介效应具有调节作用。

H8c：技术嵌入性对风险感知在个人兴趣与公众对城市大脑及其应用合法性认同之间起的中介效应具有调节作用。

H8d：技术嵌入性对正当性感知在隐私意识与公众对城市大脑及其应用合法性认同之间起的中介效应具有调节作用。

H8e：技术嵌入性对利益感知在隐私意识与公众对城市大脑及其应用

合法性认同之间起的中介效应具有调节作用。

H8f：技术嵌入性对风险感知在隐私意识与公众对城市大脑及其应用合法性认同之间起的中介效应具有调节作用。

在公众合法性认同生成的内在机制之外，政府还会通过声誉建构的外在干预，对已经形成的主观感知和合法性认同产生影响，并对既有现实条件变量影响主观感知和合法性认同的路径产生调节作用。考虑到政府可能采取的绩效声誉、程序声誉、道德声誉三种干预策略，本研究针对三种声誉干预策略的效果检验，提出了九组假设。

第九组假设是绩效声誉干预的直接效果假设。已有研究表明，政府向公众传递出的绩效信息(James,2011；Baekgaard & Serritzlew,2016)会对政府信任以及公众对政府行为的评价产生积极效果。由此，可以提出第九组假设：

H9a：绩效声誉干预能够提升公众对城市大脑的正当性感知。

H9b：绩效声誉干预能够提升公众对城市大脑的利益感知。

H9c：绩效声誉干预能够降低公众对城市大脑的风险感知。

H9d：绩效声誉干预能够提升公众对城市大脑及其应用的合法性认同。

第十组假设是绩效声誉干预作为一种外部因素，对主观感知的调节作用假设。Zhang & Moffat(2015)、Zhang 等(2018)学者利用实验的方式，探究了向公众传递不同的信息对公众风险感知、利益感知、正当性感知以及社会许可的促进作用。由此可以提出第十组假设：

H10a：绩效声誉干预在公众正当性感知与对城市大脑及其应用合法性认同之间具有调节作用。

H10b：绩效声誉干预在公众利益感知与对城市大脑及其应用合法性认同之间具有调节作用。

H10c：绩效声誉干预在公众风险感知与对城市大脑及其应用合法性认同之间具有调节作用。

第十一组假设是绩效声誉干预作为一种外部因素，在个人素质、技术嵌入等现实条件因素对公众合法性认同的影响中的调节效应假设。Duyck 等(2008)、Baekgaard & Serritzlew(2016)等研究表明，政府行为等社会因素会与公众个体因素、技术环境因素产生交互效应，进而影响合法性形成。由此可以提出第十一组假设：

H11a：绩效声誉干预在个人兴趣对公众合法性认同的影响中具有调

节作用。

H11b：绩效声誉干预在隐私意识对公众合法性认同的影响中具有调节作用。

H11c：绩效声誉干预在技术嵌入性对公众合法性认同的影响中具有调节作用。

第十二组假设是程序声誉干预的直接效果假设。已有研究表明，政府向公众传递出的程序正义、遵守法制的信息（Van Ryzin，2011；Guo & Wei，2019）会对政府信任以及公众对政府行为的评价产生积极效果。由此，可以提出第十二组假设：

H12a：程序声誉干预能够提升公众对城市大脑的正当性感知。

H12b：程序声誉干预能够提升公众对城市大脑的利益感知。

H12c：程序声誉干预能够降低公众对城市大脑的风险感知。

H12d：程序声誉干预能够提升公众对城市大脑及其应用的合法性认同。

第十三组假设是程序声誉干预作为一种外部因素，对主观感知的调节作用假设。Zhang & Moffat（2015）、Zhang 等（2018）、Guo & Wei（2019）等探究了向公众传递不同的信息对公众风险感知、利益感知、正当性感知以及合法性的促进作用。由此可以提出第十三组假设：

H13a：程序声誉干预在公众正当性感知与对城市大脑及其应用合法性认同之间具有调节作用。

H13b：程序声誉干预在公众利益感知与对城市大脑及其应用合法性认同之间具有调节作用。

H13c：程序声誉干预在公众风险感知与对城市大脑及其应用合法性认同之间具有调节作用。

第十四组假设是程序声誉干预作为一种外部因素，在个人素质因素、技术嵌入因素等现实条件因素对公众合法性认同的影响中的调节效应假设。Duyck 等（2008）、Van Ryzin（2011）、马亮（2018）的研究表明，政府程序正义的形象会与公众个体因素、技术环境因素产生交互效应，进而影响合法性形成。第十四组假设如下：

H14a：程序声誉干预在个人兴趣对公众合法性认同的影响中具有调节作用。

H14b：程序声誉干预在隐私意识对公众合法性认同的影响中具有调节作用。

H14c：程序声誉干预在技术嵌入性对公众合法性认同的影响中具有调节作用。

第十五组假设是道德声誉干预的直接效果假设。关于政策叙事的研究（Jones & McBeth，2010）和政府回应性（Grimmelikhuijsen & Meijer，2014）的研究都强调了政府的道德形象对公众认知和合法性的促进作用，由此可以提出第十五组假设：

H15a：道德声誉干预能够提升公众对城市大脑及其应用的正当性感知。

H15b：道德声誉干预能够提升公众对城市大脑及其应用的利益感知。

H15c：道德声誉干预能够降低公众对城市大脑及其应用的风险感知。

H15d：道德声誉干预能够提升公众对城市大脑及其应用的合法性认同。

第十六组假设是道德声誉干预作为一种外部因素，对主观感知的调节作用假设。Zhang 等（2018）、张书维等（2020）强调了政府信息与公众感知的交互作用对公众认同与接受度的影响，由此可以提出第十六组假设：

H16a：道德声誉干预在公众正当性感知与对城市大脑及其应用合法性认同之间具有调节作用。

H16b：道德声誉干预在公众利益感知与对城市大脑及其应用合法性认同之间具有调节作用。

H16c：道德声誉干预在公众风险感知与对城市大脑及其应用合法性认同之间具有调节作用。

第十七组假设是道德声誉干预作为一种外部因素，在个人素质因素、技术嵌入因素等现实条件因素对公众合法性认同的影响中的调节效应假设。Duyck 等（2008）、Jones（2013）、Jones & Song（2014）等人借助实验的路径，检验了道德形象塑造策略与个人素质、外部技术环境交互效应会对公众心理和态度产生影响，由此可以提出第十七组假设：

H17a：道德声誉干预在个人兴趣对公众合法性认同的影响中具有调节作用。

H17b：道德声誉干预在隐私意识对公众合法性认同的影响中具有调节作用。

H17c：程序声誉干预在技术嵌入性对公众合法性认同的影响中具有调节作用。

## 4.3 本章小结

首先,针对本研究需要回答的研究问题,在第 2 章文献综述提炼出技术赋能政治,进而影响社会合法性的理论脉络基础上,本章再次对社会合法性的相关理论进行回溯,系统梳理了社会接受理论和社会许可理论对于社会合法性形成路径和影响因素的各种解释,创建了"社会合法性形成路径"的初始理论模型。其次,结合在探索性案例研究环节发现的经验知识和研究结论,本章进一步将体现技术与政治、技术与社会公众双向互动和双向适应的"技术嵌入"概念,以及政府试图从外部对已经逐渐形成的城市大脑社会合法性进行调节的"声誉建构"概念,引入初始"社会合法性"模型,对模型进行修正和完善,从而建立兼顾理论普适性和城市大脑特殊情境适切性的"城市大脑社会合法性形成机制"理论模型,并基于该模型,提出了有待实证研究检验的十七组假设。

# 第5章 社会合法性形成机制的多元回归分析

> "关心人的本身,应当始终成为一切技术上奋斗的主要目标……用以保证我们科学思想的成果会造福于人类,而不致成为祸害。"
> ——爱因斯坦(Albert Einstein),《对美国加州理工学院学生的讲话》,1931

基于第4章融合理论研究和现实案例得出的"社会合法性"概念模型以及提出的相应研究假设,本章将以笔者通过网络途径面向全国网络用户发放的调查问卷为样本进行定量分析,根据对相关数据多元线性回归分析的结果,回答本研究的第二个研究问题:在智能治理情境下,作为社会合法性基础的公众认同形成的内在机制是什么?揭示在既有现实条件下,促使作为社会合法性基础的公众认同形成的影响因素,及不同影响因素之间的相互关系。

## 5.1 研究方法

作为一种新兴事物,城市大脑的概念名称虽然已经在社会上广泛传播,但关于城市大脑具体的工作机制以及公众对于这种新生事物的看法,相关的研究案例和实证数据仍旧十分有限。为了能够从全国范围获取公众对于城市大脑社会合法性认知的真实数据,笔者采取了通过网络途径面向全国网络用户发放调查问卷的方法。在获得了充足的调查数据后,围绕第4章提出的关于公众认同形成影响因素的一系列研究假设,笔者对问卷中对应的变量数据展开多元回归分析,逐一验证各组研究假设,得出研究结论。具体操作方法如下。

### 5.1.1 问卷设计

本研究以日常利用互联网在现实空间和数字空间进行信息交换的公众为分析单元。由于问卷调查数据源于受访人主观评价,且在互联网问卷调查过程中,调查者无法对受访人的作答过程进行监督和质量控制,可能面临

## 第5章 社会合法性形成机制的多元回归分析

因受访人不了解、无法回忆或不愿提供问卷问题想要了解的信息,或受访人对问卷的问题理解不一致等情形所导致的回答不准确,数据精确度受损(巴比,2009:243)。为了保障数据采集的质量,在问卷设计环节,需要严格遵从问卷设计的规范性和科学性要求,以确保最终的问卷是一份具备较好信度和效度的高质量问卷。为此,本研究在问卷设计上,主要遵循了以下流程:

(1) 在对已有文献中相关变量的测量进行梳理和对现实案例经验调查与访谈的基础上,形成初始问卷题项。在问卷设计前,针对第4章研究假设所需要测量的相关指标,通过对国内外已有关于社会接受、社会许可、政治信任、组织合法性等领域研究文献的阅读和梳理,总结提炼了较为权威的研究中的理论框架和已有实证研究中较为成熟并被广泛引证的研究量表,从而建立对核心变量的测量题项。与此同时,对于已有研究中较为罕见,而本研究所必需的一些变量,笔者结合在实证调研和访谈过程中积累的经验知识,自主开发了相应的测量题项。在具体题项设计上,采取了多元化的混合问题设计方式。对于正当性信任、利益感知、损失感知、合法性认同等较为抽象、需要依赖受访者主观评价的变量,主要采用五级李克特量表(Likert Scale)形式进行提问,通过多个题项共同测量同一个变量,以减少受访人对相关问题理解差异所导致的非准确回答,提高问卷对相关变量测度的准确性,避免数据分析产生偏差。而对于隐私意识、个人兴趣以及性别、年龄、职业类型、政治偏好、教育程度、知识水平、技术关联性、经济状况等公众个人素质变量,由于这些变量具有相对固定性,可以通过受访人的行为偏好、生活习惯等反映出来,所以主要通过情境再现或直接询问受访人日常行为习惯的方式,进行间接测量。

(2) 在初始问卷题项建立和问卷初稿形成以后,充分征求专家学者及业务实践者对问卷的意见和建议,对问卷题项和逻辑关系进行修整完善。为确保每个问卷题项在具体表述上能够真实有效反映所考察变量,同时保障问卷题项与题项之间逻辑关系清晰,避免题项顺序设置交杂导致的相互影响,笔者一方面同所在研究团队的教师和学生,反复就问卷初稿进行集体讨论,对题项表述、题项顺序、题项间逻辑关系进行不断调整优化;另一方面,在对中央部委、地方政府进行调研访谈,特别是在D县政府部门进行参与式观察期间,笔者也咨询了政府部门相关工作人员对本研究构思和问卷设计的建议,并邀请他们对问卷初稿进行审阅,提出修改意见。根据实践者反馈的意见建议,笔者对问卷的题项再次进行了调整和完善,形成了预调查问卷。

（3）在预调查问卷形成之后，笔者利用在 D 县进行参与式观察研究的时间，面向 D 县的公众进行了预调查，对问卷质量进行评估。笔者利用 8 个周末的时间，通过街头拦访的方式抽样，先后邀请了 50 位当地民众对预调查问卷进行试填。通过记录受访人在填写过程中对相关题项产生的疑问和意见，在填写完成后对调查问卷的整体性评价，以及笔者就受访人对相关问题的理解进行的访谈，检验了问卷中的题项测度是否符合普通民众的认知和理解、是否如实反映了测度变量的含义，进而再次对问卷的长度分布以及相关题项进行了修改补充，完善了公众认为模糊或有歧义的表述，确认了本研究问卷设计的合理性。经过前后八轮设计、修改和完善，形成了最终面向全网发放的调查问卷，整个问卷设计过程历时约六个月。

为了避免受访人担心个人信息泄露而出现的不愿回答等现象，在问卷指导语中，笔者郑重承诺了对受访人个人信息严格保密，所获问卷数据仅供学术研究之用，鼓励受访人填写其真实意向与感受。此外，为了避免问卷在网络发放过程中，因问卷题项中含有较多"政府""官员"等网络敏感词语而导致的问卷被政府有关部门封禁无法填写的情况，在题项设计环节，笔者将问题中的"政府"统一用"有关部门"进行了替换，将"官员"统一用"有关部门工作人员"进行了替换。在实际预调查环节，笔者在 50 位受访人填写完问卷后询问了他们对于"有关部门"和"有关部门工作人员"的理解，受访人的反馈均认为"有关部门"即指向"政府"，"有关部门工作人员"即指向"政府工作人员"。

### 5.1.2 问卷发放与数据采集

在形成最终版本的调查问卷后，笔者借助"问卷星"网络调查平台进行了问卷发放。参与填写调查问卷的受访人通过"问卷星"平台招募，并给予每位受访人少量报酬。为保障样本尽可能具有代表性，受访人来源较为均匀地分布在已经建设城市大脑和未建设城市大脑的地区。包含调查问卷的链接以电子邮件和微信链接的方式，发送给受访人。由于本研究还需要对政府声誉干预策略效果进行检验，在面向网络进行问卷发放时，采用了随机问卷实验的方式（具体实验设计将在第 6 章进行详细阐释）。问卷共分为对照组、一号干预组、二号干预组、三号干预组四个版本，每个版本在问卷题项上均一致，但干预组版本在问卷填写开始时，需要填写者阅读带有相关干预信息的文字表述。在实际发放过程中，每组问卷发出一千份，利用网络平台自带的随机分配功能,确保网络填写者获得问卷的种类是随机的。在通过网络平台质量控制获得问卷结果后,笔者又根据自设质量控制题项、填写耗时记录和问卷填写 IP 与受访人自答所在位置的一致性对比,对问卷逐一进行排查,去掉了可能存在质量问题的问卷。最终获得对照组有效问卷 530 份,对照组有效率 53.0%;获得一号干预组有效问卷 500 份,一号干预组有效率 50.0%;获得二号干预组有效问卷 523 份,有效率 52.3%;三号干预组有效问卷 454 份,有效率 45.4%。最终,各组共计回收有效问卷 2007 份,总体有效问卷回收率为 50.175%。

为避免干预组实验干预对公众初始认知产生作用带来的数据变化,影响本章对在既定现实条件下,公众的社会合法性认知形成内在机制相关研究假设的检验,在本章的数据分析中,笔者只采用了对照组的 530 份问卷数据进行分析,以保证相关数据分析结果的准确性和无偏性。

### 5.1.3 变量测度

根据第 4 章提出的理论模型和研究假设,本章主要检验,在没有政府行为干预的情况下,公众个人素质变量和既有技术嵌入状况变量两类已经存在的现实条件,对于公众个体主观认知情况以及对城市大脑合法性认同情况的影响。主要涉及的自变量、因变量、控制变量以及需要测度的具体指标如下:

**1. 因变量:公众对于城市大脑的合法性认同**

在第 4 章建立的"社会合法性"概念模型中,笔者借鉴 Davis 等(1989,2000)、Wüstenhagen 等(2007)、Parsons & Moffat(2014)、苏竣(2014)等学者的研究,将"社会合法性"的内涵划分为社会接受与社会许可两个维度。其中,社会接受关注的是公众对于某项客观存在的事物或既定事实,如技术成果、行为结果的接受程度,社会许可关注的是公众对于组织正在或即将从事的某种行为,如技术引进、资源开发等的认可程度。对于城市大脑而言,如果公众不接受这项由企业开发出来的技术成果,那么城市大脑本身就失去了其存在的社会合法性。而如果公众不认可政府利用城市大脑进行的治理活动,那么政府借助城市大脑的智能治理创新就失去了其社会合法性。因此,在本研究对"公众对于城市大脑的合法性认同"这一因变量进行测度时,笔者也从社会接受和社会许可两个维度设置了相关的题项进行测量。

在对"公众对于城市大脑的合法性认同"这一变量进行测量之前,笔者根据目前网络上对于城市大脑介绍的公开信息和在实证调研过程中对相关工作人员访谈获得的相关信息,在问卷的题项之上,设计了一段对城市大脑进行介绍的简要表述材料,其中表明了城市大脑在发挥其作用时,需要收集整合的公众个人信息数据,以强化受访人对于城市大脑概念的认知。具体表述如下:

"城市大脑是创新运用大数据、云计算、人工智能等前沿科技,对分散在政府、企业、社会的各类数据进行整合归集,形成的城市大数据仓库和智能治理中枢。请您阅读以下材料,然后回答问题,谢谢您的配合!

为提升政府治理数字化、智能化水平,A市于2019年率先在全国部署建设城市大脑,并对分散在各个渠道的市民个人信息数据进行整合归集,以便为市民提供精准化管理服务。这些信息数据包括:

1. 个人身份信息,如身份证、护照、驾驶证、居住证、社保卡、军官证、工作证、电话号码等;

2. 个人生物识别信息,如面部识别特征、指纹等;

3. 个人财产信息,如征信信息、存款信息、房产信息、信贷信息、银行流水记录等;

4. 个人家庭生活信息,如家中水电气消耗情况、生活垃圾产出情况、家庭成员情况等;

5. 个人健康生理信息,如医疗诊断记录、生育信息、既往病史、家族病史等;

6. 个人活动轨迹信息,如定位记录、通信记录、网络浏览记录、酒店住宿记录、道路交通抓拍记录等。"

在文字表述旁,展示了城市大脑决策指挥大屏的照片,以加深受访人的直观认知(具体见附录A)。受访者在阅读此段介绍性表述后,方可对有关"城市大脑的合法性认同"的测量题项进行作答。在题项设置上,基于已有关于公众对电子信息、核能等技术接受度研究的测度方法(Zuiderwijk et al.,2015;Guo & Ren,2017;Guo & Wei,2019),本研究对公众对城市大脑接受度的测量采用直接测度的方式,即直接在问卷题项中询问受访者"对于材料一中需要对您的个人数据信息进行采集和整合才能顺利运转的城市大脑,您是否接受?"而对公众对于政府利用城市大脑所进行的治理创新认可度的测量,本研究结合实证调研获得的经验,在陈述政府的实际行为后直接测量受访者对相关行为的认可度。具体分为对"利用城市大脑数据信息辅助公共服务的认可度"和"利用城市大脑数据信息创造经济价值的认可度"两个题项进行询问。根据已有研究对社会许可的测量(Zhang & Moffat,2015;Zhang et al.,2015;张书维等,2020),两个题项的问题分别为:"如果有关部门通过城市大脑将您的个人数据信息整合后,用于开发免费提供公共服务的App或小程序,您是否认可?""如果有关部门通过城市大脑将您的个人数据信息整合并做脱敏处理(例如采取匿名化等隐私保护措施)后,向企业和社会开放,以创造更大经济价值,您是否认可?"三个题项答案选项中的"完全不接受/认可""不太接受/认可""不确定""比较接受/认可""完全接受/认可"对应接受度和认可度自低到高的五个等级,分别赋值1~5分。

**2. 自变量:个人素质因素、技术嵌入因素(现实条件变量)**

根据第4章对"社会合法性"理论模型的分解,本研究关注的个人素质因素主要包括个人兴趣、隐私意识两类。技术嵌入因素主要考量城市治理中已经使用智能技术的程度和成效。

Zuiderwijka等(2015)、何光喜等(2015)在研究中指出,个人兴趣一般指受访人对于新科学技术的兴趣及其创新精神。在本研究的质性研究环节,笔者发现,由于城市大脑在全国多数地区的建设布局仍处于刚刚起步阶段,公众对城市大脑的了解程度并不高,个人对于新兴技术和新生事物的兴趣,会对公众是否愿意关注并思考城市大脑的社会合法性问题产生重要的影响。因此,个人兴趣成为本研究考察的一个重要自变量。在本研究的题项设置上,结合已有研究中有关受访人对新兴技术和新兴事物兴趣的测度方法(何光喜等,2015),采用了直接询问受访人对于新技术的兴趣的方法,具体问题为:"您对日常生活中的新技术感兴趣吗?"在选项设置上,根据兴趣度从低到高设置了"完全不感兴趣""不太感兴趣""不确定""比较感兴趣""非常感兴趣"五个题项,对应1~5分。

在有关智慧城市建设与公众信息采集问题的研究中,有学者指出了隐私意识是影响公众采用智能技术产品的重要因素(Belanche-Gracia et al.,2015;Van Zoonen,2016)。本研究在质性研究环节获取的经验知识也表明,公众个人隐私意识是影响公众关注并思考城市大脑社会合法性问题的重要因素。因此,隐私意识成为本研究考察的另一个自变量。在对隐私意识变量的测度上,笔者在借鉴已有研究(Kim et al.,2008;Belanche-Gracia et al.,2015)对受访人隐私意识主观评价测量指标的基础上,进一步将该指标与现实情境的模拟相融合,以提升受访人对于隐私问题的认知。在题项设置上,结合公众日常使用智能手机应用软件时常见的隐私提示信息和隐私设置,设置了两个题项。在第一个题项中,笔者在问卷中置入了"App 隐私政策与免责声明"图片,并询问受访人:"您在使用手机 App 或电脑软件时,会不会仔细阅读它弹出的'隐私政策与免责声明',如下图所示?"在答案选项中,根据用户使用习惯,设置了五个选项,分别为"从来不阅读""一般不阅读""不确定""经常阅读""每次都阅读"五个选项,分别由低到高对应隐私意识的五个等级,对应 1~5 分。在第二个题项中,笔者运用了逻辑嵌套组合,首先置入 App"共享位置信息"设定页面图片,询问受访人:"当您使用手机上的软件时,在它弹出的'共享位置信息'选项框中,您一般会如何选择?"根据手机 App 通常的选项设定,在第一级逻辑中设置了"不允许""允许一次""使用 App 时允许"三个选项,当选择"使用 App 时允许"选项后,进入第二级逻辑的两个选项"仅保持使用期间"和"更改为始终允许",具体见附录 A。两级逻辑对应的四组选项组合"不允许""允许一次""使用 App 时允许—仅保持使用期间""使用 App 时允许—更改为始终允许"分别由高到低对应隐私意识的四个等级,对应 4~1 分。最终根据两个题项对应等级得分加总获得对受访人隐私意识的测度值。

  对于技术嵌入因素,已有研究主要从有助于技术接受和使用的便利条件的角度进行测量(Venkatesh et al.,2003;Parycek & Sachs,2010;Zuiderwijka et al.,2015)。但本研究中的技术嵌入因素在便利条件基础上作出了进一步拓展,意指受访人居住地的城市治理中已经使用智能技术的程度和成效。根据笔者的探索性研究,城市治理中智能技术使用程度越高、成效越好,公众越能够形成对城市大脑等新技术的全面认知,感受到城市大脑为公共服务带来的益处,也越能建立对城市大脑的合法性认同。因此,在本研究对技术嵌入性的测度中,选用了客观测量指标,以受访人日常居住地是否"入选或保留在 2020 年公布的新一轮文明城市评选名单"、是否"入选 2018/2019 年十大智慧城市建设样板工程"、是否"入选 2020 年中国新型智慧城市建设与发展综合影响力评估榜单"三个名单作为指标。入选每个名单,则把每个题项值设为 1,未入选设为 0。根据前期质性研究获得的相关信息,上述三个榜单的评价机构均为国内较为权威的机构,且评价尺度均精确到县(区、市)一级,覆盖面较广,适宜作为本变量测度的观测指标。对三个题项得分加总后,根据不同地区得分值从低到高排序,形成从低到高测度城市治理中已经使用智能技术的程度和成效的四个等级,对应 1~4 分。

**3. 中介变量：正当性感知、利益感知、风险感知（主观感知变量）**

在第 4 章提出的理论模型中，影响公众合法性认同的主观感知变量包括正当性感知、利益感知和风险感知三类，这三类变量可能在现实条件与公众合法性认同之间发挥中介作用，即现实条件作用于公众主观感知，进而通过主观感知的变化引起公众合法性认同的变化。由于涉及主观感知的变量多数依赖于公众的主观评价而难以进行客观量化，本研究采用 5 级李克特量表进行测度，以减少测量的偏误。数字 1～5 依次表示对题项感知程度从"非常低"到"非常高"，3 代表中间状态或中立态度。具体测度如下：

对正当性感知的测度，笔者参考了研究社会许可的相关文献对于"信任"的测度指标。伊斯顿（1999：298）将"正当性"定义为公众对于某种既定事实或行为符合社会公认道德价值规范的信仰。作为社会许可理论中的核心变量，对于组织行为"正当性"的信任，是促成公众社会许可形成的关键要素。这种信任主要包括了组织行为是否符合程序正义、是否公平公正、是否能够带来公共利益、是否尊重公众的意见建议等（Boutilier & Thomson，2011；Zhang & Moffat，2015；张书维等，2020）。结合已有研究经验和中国综合社会调查（Chinese General Social Survey，CGSS）2013 年家户调查开发的政府评价量表，本研究使用了六个题项来测度公众的正当性感知，具体题项如表 5-1 所示。

表 5-1　正当性感知变量测度

| | 测 度 题 项 | 测 度 依 据 |
| --- | --- | --- |
| 正当性感知 | 政府公共服务资源充足程度 | Boutilier & Thomson，2011；Zhang & Moffat，2015；Guo & Wei，2019；CGSS，2013；笔者的探索性研究 |
| | 政府公共服务资源分布均衡程度 | |
| | 获得政府公共服务的便利程度 | |
| | 政府公共服务的普惠性程度 | |
| | 政府公共决策时对公众利益诉求和意见建议的重视程度 | |
| | 政府提供的信息的可信度 | |

资料来源：笔者根据已有研究总结制作。

由于城市大脑是新生事物，已有研究中对于利益感知的测度往往与研究对象密切相关（Xie et al.，2015；Guo & Ren，2017）。因此，本研究对于受访人关于城市大脑利益感知的研究，在借鉴 Martin & Rice（2010）、Belanche-Gracia 等（2015）、Yeh（2017）对城市智能设施和智慧城市接受度，

Zuiderwijka 等(2015)对数据开放技术接受度的研究中,有关公共服务质量提升、政府财政收入增加、经济产业转型等利益感知测度指标的基础上,结合探索性研究获得的城市大脑引入可能带来政府应急管理能力提升、城市违法犯罪行为减少、促进当地数据安全保护技术能力提升、促进政府数据安全保护制度与政策的出台等经验知识,开发了新的城市大脑利益感知测度量表,使用了七个题项来测度公众对于城市大脑的利益感知,具体题项如表 5-2 所示。

表 5-2 利益感知变量测度

| | 测度题项 | 测度依据 |
| --- | --- | --- |
| 利益感知 | 城市大脑有助于政府为本地居民提供更加高效优质的公共服务 | Martin & Rice,2010、2011;Belanche-Gracia et al.,2015;Xie et al.,2015;Zuiderwijka et al.,2015;Yeh,2017;笔者的探索性研究 |
| | 城市大脑可以有效增强本地政府应对突发事件的应急管理能力 | |
| | 城市大脑对城市运行状况的监测有助于减少违法犯罪行为的发生 | |
| | 城市大脑的海量数据资源可以帮助本地招商引资,带动数字产业发展 | |
| | 城市大脑对数据资源的整合利用可以提升本地财政收入 | |
| | 城市大脑可以促进本地数据安全保护技术能力的提升 | |
| | 城市大脑可以促进政府更快制定数据安全保护的政策与制度 | |

资料来源:笔者根据已有研究总结制作。

与利益感知的测度一致,城市大脑的新生事物属性使得对公众风险感知的测度也不能完全借鉴已有研究经验。Belanche-Gracia 等(2015)、van-Zoonen(2016)围绕智慧城市和智能设备使用的研究,以及 Zuiderwijka 等(2015)关于数据开放技术的研究表明,在感知风险方面,公众最关注的是个人隐私泄露的信息安全问题、数字化资源无法普及,以及弱势群体面临的"数字鸿沟"的问题。而在笔者的探索性研究中,还发现了政府部门工作人员可能利用数据资源寻租谋利、城市大脑耗资过大加剧政府财政负担等风险点。基于此,本研究开发了新的城市大脑风险感知测度量表,使用了五个题项来测度公众对于城市大脑的风险感知,具体题项如表 5-3 所示。

表 5-3 风险感知变量测度

| | 测度题项 | 测度依据 |
|---|---|---|
| 风险感知 | 城市大脑对个人数据信息的整合会使我完全处于被监控的状态下 | Martin & Rice, 2010、2011; Belanche-Gracia et al., 2015; Zuiderwijka et al., 2015; van Zoonen, 2016; Yeh, 2017; 笔者的探索性研究 |
| | 城市大脑对数据整合后,一旦数据泄露,会带来更大的危害 | |
| | 城市大脑可能会使无法利用电子设备的弱势群体更加边缘化 | |
| | 掌握城市大脑数据资源的组织和个人可能借此寻租,谋取私利 | |
| | 城市大脑的建设及运营维护会耗费大量公共财政资金,得不偿失 | |

资料来源:笔者根据已有研究总结制作。

**4. 控制变量**

结合已有研究经验,本研究设定了性别、年龄、政治面貌、职业类型、教育水平、既有知识、社会经济地位、技术关联性作为控制变量。其中,性别男设定值为 1,性别女设定值为 0;年龄由受访人根据真实年龄(周岁)填写;政治面貌含"中共党员(含预备党员)""共青团员""民主党派""群众"四个选项,分别对应 1~4 取值,为避免受访人产生误解,在选项设定时,没有特别提及"无党派人士"。职业类型根据 Guo & Ren(2017)、Guo & Wei(2019)基于工作单位性质对职业类型的划分,设定了"政府部门""事业单位""国有企业""民营企业""外资企业""个体商户""农民""学生""无业""其他(请填写)"十个选项,分别对应 1~10 取值。

根据已有关于公众对新技术接受度的研究(Guo & Ren, 2017;何光喜等,2015),对教育水平的测度可以采用最高学历水平进行衡量,在本研究问卷的题项设置上,采用了直接询问受访人最高学历的方法,并将学历从低到高设定为连续的七个等级,分别为小学及小学以下、初中、高中(含中专)、大专、本科、硕士、博士,对应 1~7 分。

对于既有知识,已有研究多采用直接让受访人对自身相关知识掌握程度进行主观评价的方法进行测量(Guo & Ren, 2017;何光喜等,2015),但这种测量方法会因为受访人自我评价失准而导致研究偏误(Guo & Wei, 2019)。因此,在本研究中,笔者采用了邀请受访人回答两道知识性问题的方式,对受访人的既有知识水平进行测量。两道知识性问答分别为:最早建设城市大脑的地区名称,请受访人在"贵阳、北京、深圳、上海、杭州"五个选项中作出选择;最早提出"城市大脑"概念的企业名称,请受访人在"百度、华为、阿里巴巴、腾讯、360"五个选项中作出选择。回答正确的数据标记为1,回答错误的数据标记为0,根据两道题加总后的得分排序,确定受访人既有知识水平的三个等级,对应1~3分。

已有研究将公众个人社会经济地位视为对公众技术接受和社会许可的影响重要因素,并以受访人收入水平作为衡量其社会经济地位的主要指征(Prno & Slocombe,2014;仇焕广等,2006;何光喜等,2015)。基于此,本研究在对受访人社会经济地位的测度上,也采用受访人的收入水平作为衡量指标。在题项设置上,采取了询问受访人月收入区间的形式,根据收入额度,从低到高将月收入水平分为连续的五个区间,以"一千元及以下""一千至五千元""五千至一万元""一万至两万元""两万元及以上"分别对应低收入、较低收入、中等收入、较高收入和高收入五个水平等级,对应1~5分。

Venkatesh & Zhang(2010)、Zuiderwijka 等(2015)在讨论用户采用新兴信息技术的影响因素时,强调了新技术与公众个人生活相关性会对公众采用新技术的意愿产生影响。本研究将这一因素命名为"技术关联性",即个体日常生活与新技术关联的程度。根据已有研究(Parycek & Sachs,2010;Zuiderwijka et al.,2015;Belanche-Gracia et al.,2015)经验,结合当前社会公众普遍使用智能手机进行日常上网活动的现实情况,本研究采用测量受访人日均上网时长的方式来测度技术关联性。具体题项设置方式为询问受访人每日平均上网时长区间,划定"2小时以下""2~5小时(含5小时)""5~8小时(含8小时)""8~11小时(含11小时)""11小时以上"五个连续区间,对应1~5分。

### 5.1.4 分析方法

由于本研究所采用的数据为笔者自主开展网络问卷调查获得的数据,在数据分析中,遵循调查数据分析的通用分析路径,分别采用描述性统计、信度效度检验、因子分析、多元线性回归分析,对数据的有效性及变量与变量之间的相关关系进行分析,对第4章提出的假设进行验证。

**1. 描述性统计**

描述性统计主要围绕公众对于城市大脑及其应用的合法性认同等重要变量展开,包括样本特征情况、公众的个人素质因素、技术嵌入因素以及正当性感知、利益感知、风险感知、对城市大脑及应用的合法性认同等变量,在描述性统计部分呈现变量样本数据的均值、方差以及正态分布情况。

**2. 信度和效度分析**

对于调查数据的分析和应用,通常需要先对调查数据质量作出信度(Reliability)和效度(Validity)分析(巴比,2009:332)。信度是指调查所得数据结果的稳定性和一致性,对于感知型问卷题项,需要利用信度分析检验问卷对相关变量的测量是否具有稳定性和一致性。通常有三种信度测量方法:(1)复测信度(Test-retest Reliability),利用不同的时间,对同一组受访者用相同的问卷在尽可能相似的情境中进行多次测量,对多次测量数据结果差异进行显著性分析以评价问卷信度标准;(2)复本信度(Alternate-form Reliability),是指利用两份等价问卷在尽可能短的时间内测量同一组受访人,根据所获得数据的一致性程度判断问卷信度标准;(3)内部一致性信度(Internal-consistency Reliability),即量表中的题项是否具有同质性,均指向对同一个变量的测度,题项之间同质性越高,表明问卷信度标准越高。

受限于研究成本等因素,本研究对主观评价数据的信度分析采用克隆巴赫-阿尔法(Cronbach's-alpha)系数与总相关系数(Item-total Correlation)检验问卷中各变量题项设置的内部一致性信度。Cronbach's-alpha系数越大,表明问卷题项设置的内部一致性越高,Cronbach's-alpha系数大于0.90,表示信度水平非常好;0.70~0.90,代表信度水平较高,可以采用;0.35~0.70,代表信度水平一般,需要对测量题项进行调整;0.35以下,代表信度水平较差,需要更换测量模型(Nunally,1978、1994)。管理学研究通常认为,Cronbach's-alpha系数值大于0.70,总相关系数大于0.35是通过信度检验的标准值(舒全峰,2020:117)。

效度是指测量结果的有效性程度,即测量结果在多大程度上反映了需要测度的变量的真实含义。已有研究惯常采用的效度分析指标主要包括:(1)内容效度(Content Validity),意指一个题项组合(Item)对于一个变量内容域(Content Domain)的映射程度,反映了题项设置是否与测量变量适配;(2)效标关联效度(Criterion-related Validity),是指量表测量得分与已有理论确定的指标和测量工具准则之间的相关程度;(3)建构效度(Construct Validity)是指研究建构的理论结构与实际测量特质之间的匹配性程度。如前文所述,本研究在问卷设计环节,借鉴了既有权威研究的实证量表,进行了较为扎实的理论铺垫,同时结合了对专家学者、实践操作者的深度调研访谈,听取了他们的意见建议,并进行了预调查对问卷进行检验,可以确信问卷具有较高的内容效度和较高的效标关联效度。对于问卷的建构效度,本研究采用因子分析的方式进行检验,具体检验方法将在下文中展开。

### 3. 主成分因子分析

对于多题项的变量测度,可以采用因子分析的方法,从多个测度题项值中提取出核心变量,对数据进行降维,以确定多元变量的本质结构。考虑到本研究中对正当性感知、利益感知和风险感知三个主观评价变量的测度均采用了多个测量题项进行测量。因此,根据已有研究经验(马庆国,2002),本研究通过主成分因子分析,对上述三个变量的建构效度进行检验,以验证问卷题项设置的合理性。利用因子分析进行效度检验,需要关注 KMO 样本测度值和巴特利特(Bartlett)球形检验值两个指标,以确定题项之间存在较强相关性。KMO 值用于比较题项之间简单相关和偏相关系数,取值在 0 到 1 之间,当 KMO 值不小于 0.7 时,方满足进行因子分析的标准。Bartlett 球性检验值反映了题项之间的相关关系是否显著,如果显著(Sig. 小于 0.05),方可满足进行因子分析的标准。本研究运用主成分因子分析方法,以特征值大于 1 且因子负载绝对值大于 0.5 的原则,通过最大方差法正交旋转提取共同因子,并将因子得分作为对应主观评价变量的值进行回归统计分析。

### 4. 多元线性回归分析

在第 4 章理论模型建构部分,本研究基于对已有研究的综述和案例研究的发现,针对无外部干预情况,建构了公众城市大脑合法性认同生成机制的中介模型,并提出了相应的研究假设。为验证这些研究假设,本研究将首先对拟放入回归模型的所有变量,包括自变量、中介变量、因变量和控制变量进行相关分析,考察变量之间的相关关系。由于本研究涉及较多研究变量,通过相关分析可以判定变量之间依存关系的密切程度,从而对回归分析的适当性作出预判。本研究在对所涉及变量数据的相关分析中,采用皮尔森(Pearson)相关分析法,变量间相关系数绝对值越接近于 1,表明两个变量相关程度越高。当两个变量间相关系数大于 0.7 且显著时,表明两个变量之间存在高度相关,需要考虑变量间可能存在的多重共线性(马庆国,

2002)。在明确变量之间不存在高度相关关系后,方可对变量进行多元回归分析,对研究假设进行检验。

## 5.2 描述性分析结果

### 5.2.1 公众对城市大脑及其应用合法性认同的描述性分析

公众对城市大脑及其应用的合法性认同是本研究最核心的变量。根据本研究建构的"社会合法性"模型,在问卷设置中,本研究测度了公众对于城市大脑的接受度(Acceptance)、对政府利用城市大脑数据信息辅助公共服务的认可度(License1)和对政府利用城市大脑数据信息创造经济价值的认可度(License2)情况,并以三者加总的值作为公众对城市大脑及其应用合法性认同(Legitimacy)的得分。从整体上看,公众对于城市大脑的接受度及政府应用行为的认可度均较高。在获得对照组问卷的530个样本中,对于城市大脑的接受度均值为3.63,接受城市大脑(比较接受+非常接受)的受访者比率为68.12%;对于政府利用城市大脑数据信息辅助公共服务的认可度均值为3.29,认可政府这一行为(比较认可+非常认可)的受访者比率为56.79%;对于政府利用城市大脑数据信息创造经济价值的认可度均值为3.18,认可政府这一行为(比较认可+非常认可)的受访者比率为51.51%。加总后的公众合法性认同均值为10.09。样本数据偏度绝对值小于2,峰度绝对值小于5,符合正态分布(Ghiselli et al.,1981)。具体描述性分析结果如表5-4所示。

表5-4 公众对城市大脑及其应用合法性认同的描述性统计结果($N=530$)

| 变量 | 样本量 | 最小值 | 最大值 | 均值 | 标准差 | 偏度 | 峰度 | 认同率 |
| --- | --- | --- | --- | --- | --- | --- | --- | --- |
| Acceptance | 530 | 1 | 5 | 3.63 | 0.87 | −0.98 | 0.91 | 68.12% |
| License1 | 530 | 1 | 5 | 3.29 | 1.12 | −0.54 | −0.78 | 56.79% |
| License2 | 530 | 1 | 5 | 3.18 | 1.15 | −0.46 | −0.87 | 51.51% |
| Legitimacy | 530 | 3 | 15 | 10.09 | 2.49 | −0.50 | −0.37 | — |

### 5.2.2 自变量的描述性分析

本章所回答的研究问题涉及的自变量包括个人素质因素和技术嵌入因

素两类。个人素质因素中,个人兴趣(Techinterest)在 1～5 分取值范围中的均值为 4.19,表明样本均对新技术抱有较高兴趣。综合隐私意识(Privacy)在 2～9 分取值范围中的均值为 5.29,表明样本隐私意识分布处于中间水平。技术嵌入因素为城市治理中已经使用智能技术的程度和成效,在测度中以智能化得分排序(SmartRank)代表,在 1～4 分取值范围中的均值为 2.30,表明样本所在地智能化程度分布处于中间水平。根据偏度峰度绝对值判断,样本数据符合正态分布。具体描述性分析结果如表 5-5 所示。

表 5-5 各自变量描述性统计结果($N=530$)

| 变量 | 样本量 | 最小值 | 最大值 | 均值 | 标准差 | 偏度 | 峰度 |
| --- | --- | --- | --- | --- | --- | --- | --- |
| Techinterest | 530 | 1 | 5 | 4.19 | 0.82 | −1.04 | 1.22 |
| Privacy1 | 530 | 1 | 5 | 2.74 | 1.13 | 0.47 | −0.92 |
| Privacy2 | 530 | 1 | 4 | 2.55 | 0.81 | −0.35 | −0.51 |
| Privacy | 530 | 2 | 9 | 5.29 | 1.35 | 0.84 | −0.57 |
| SmartRank | 530 | 1 | 4 | 2.30 | 0.98 | 0.29 | −0.90 |

### 5.2.3 中介变量的描述性分析

本研究涉及的正当性感知、利益感知、风险感知三个中介变量,均为主观感知变量,采用 5 级李克特量表的题项组分别进行测量,并对每个变量题项组的各题项逐一进行描述性统计分析。

(1)正当性感知变量描述性分析

对正当性感知测度的 6 个题项,采用 5 级李克特量表(1＝非常不满意,5＝非常满意)分别测量:政府公共服务资源充足程度(Satisfaction1)、政府公共服务资源分布均衡程度(Satisfaction2)、获得政府公共服务的便利程度(Satisfaction3)、政府公共服务的普惠性程度(Satisfaction4)、政府公共决策时对公众利益诉求和意见建议的重视程度(Satisfaction5)、政府提供的信息的可信度(Satisfaction6)(指标建构参考 CGSS,2013),描述性统计结果如表 5-6 所示。以回答满意和非常满意的样本数作为满意率百分比,整体来看,样本公众对政府行为的正当性感知水平较高。样本数据符合正态分布。

表 5-6　正当性感知描述性统计结果($N=530$)

| 变量 | 样本量 | 最小值 | 最大值 | 均值 | 标准差 | 偏度 | 峰度 | 满意率 |
|---|---|---|---|---|---|---|---|---|
| Satisfaction1 | 530 | 1 | 5 | 3.70 | 0.86 | −0.81 | 0.29 | 71.69% |
| Satisfaction2 | 530 | 1 | 5 | 3.46 | 1.09 | −0.35 | −0.69 | 53.97% |
| Satisfaction3 | 530 | 1 | 5 | 3.78 | 0.98 | −0.80 | 0.20 | 71.32% |
| Satisfaction4 | 530 | 1 | 5 | 3.62 | 0.94 | −0.56 | −0.09 | 62.07% |
| Satisfaction5 | 530 | 1 | 5 | 3.36 | 0.91 | −0.55 | −0.12 | 64.77% |
| Satisfaction6 | 530 | 1 | 5 | 3.58 | 0.74 | −0.55 | −0.07 | 61.13% |

（2）利益感知变量描述性统计

对利益感知测度的 7 个题项，采用 5 级李克特量表（1＝非常不认同，5＝非常认同）分别测量：城市大脑有助于政府为本地居民提供更加高效优质的公共服务（Benefit1）、城市大脑可以有效增强本地政府应对突发事件的应急管理能力（Benefit2）、城市大脑对城市运行状况的监测有助于减少违法犯罪行为的发生（Benefit3）、城市大脑的海量数据资源可以帮助本地招商引资并带动数字产业发展（Benefit4）、城市大脑对数据资源的整合利用可以提升本地财政收入（Benefit5）、城市大脑可以促进本地数据安全保护技术能力的提升（Benefit6）、城市大脑可以促进政府更快制定数据安全保护的政策与制度（Benefit7）。描述性统计结果如表 5-7 所示。以回答认同和非常认同的样本数作为认同率百分比，整体来看，样本公众对利益感知水平较高。样本数据符合正态分布。

表 5-7　利益感知描述性统计结果($N=530$)

| 变量 | 样本量 | 最小值 | 最大值 | 均值 | 标准差 | 偏度 | 峰度 | 认同率 |
|---|---|---|---|---|---|---|---|---|
| Benefit1 | 530 | 1 | 5 | 3.91 | 0.80 | −0.78 | 1.07 | 76.22% |
| Benefit2 | 530 | 1 | 5 | 4.06 | 0.87 | −0.82 | 0.47 | 78.11% |
| Benefit3 | 530 | 1 | 5 | 3.76 | 0.91 | −0.50 | −0.08 | 65.28% |
| Benefit4 | 530 | 1 | 5 | 3.64 | 0.89 | −0.60 | 0.31 | 62.26% |
| Benefit5 | 530 | 1 | 5 | 3.65 | 0.92 | −0.39 | −0.18 | 59.63% |
| Benefit6 | 530 | 1 | 5 | 3.41 | 0.97 | −0.72 | −0.25 | 59.29% |
| Benefit7 | 530 | 1 | 5 | 3.59 | 0.87 | −0.93 | 0.70 | 65.85% |

（3）风险感知变量描述性统计

对风险感知测度的 5 个题项，采用 5 级李克特量表（1＝非常不认同，5＝非常认同）分别测量：城市大脑对个人数据信息的整合会使我完全处于被监控的状态下(Risk1);城市大脑对数据整合后,一旦数据泄露,会带来更大的危害(Risk2);城市大脑可能会使无法利用电子设备的弱势群体更加边缘化(Risk3);掌握城市大脑数据资源的组织和个人可能借此寻租,谋取私利(Risk4);城市大脑的建设及运营维护会耗费大量公共财政资金,得不偿失(Risk5)。描述性统计结果如表5-8所示。以回答认同和非常认同的样本数作为认同率百分比,整体来看,样本公众对风险感知水平也较高。样本数据符合正态分布。

表5-8 风险感知描述性统计结果($N=530$)

| 变量 | 样本量 | 最小值 | 最大值 | 均值 | 标准差 | 偏度 | 峰度 | 认同率 |
| --- | --- | --- | --- | --- | --- | --- | --- | --- |
| Risk1 | 530 | 1 | 5 | 3.67 | 0.91 | −0.77 | 0.40 | 67.36% |
| Risk2 | 530 | 1 | 5 | 4.14 | 1.06 | −1.22 | 0.87 | 77.36% |
| Risk3 | 530 | 1 | 5 | 3.80 | 0.91 | −0.74 | 0.51 | 69.81% |
| Risk4 | 530 | 1 | 5 | 3.69 | 0.89 | −0.57 | −0.39 | 62.08% |
| Risk5 | 530 | 1 | 5 | 3.01 | 0.87 | −0.41 | −0.57 | 32.45% |

### 5.2.4 控制变量的描述性分析

对于本研究设定的控制变量的描述性统计结果如表5-9所示。性别(Gender)整体分布较为均衡,年龄(Age)最小取值为14,最大取值为65,平均值为30.18,表明样本年龄较为年轻,与调查问卷发放依靠网络途径存在一定关联。政治面貌(Political status)和职业类型(Job)整体分布也较为均衡。教育水平(Education)最小值取值为2,样本中没有小学及以下学历水平人员,在1~7分取值范围中的均值为4.82,表明样本教育水平整体偏高。既有知识(Knowledge)在1~3分取值范围中的均值为2.06,表明样本对既有知识掌握情况分布处于中间水平。经济地位(Income)在1~5分取值范围中的均值为2.91,表明样本收入分布处于中间水平。技术关联性(Nettime)在1~5分取值范围中的均值为2.49,表明样本技术关联性处于中间偏下水平。样本数据均符合正态分布。

表5-9 各控制变量描述性统计结果($N=530$)

| 变量 | 样本量 | 最小值 | 最大值 | 均值 | 标准差 | 偏度 | 峰度 |
| --- | --- | --- | --- | --- | --- | --- | --- |
| Gender | 530 | 0 | 1 | 0.55 | 0.50 | −0.20 | −1.97 |
| Age | 530 | 14 | 65 | 30.18 | 0.82 | 1.16 | 1.89 |
| Political status | 530 | 1 | 4 | 2.60 | 1.22 | 0.07 | −1.63 |

续表

| 变量 | 样本量 | 最小值 | 最大值 | 均值 | 标准差 | 偏度 | 峰度 |
|---|---|---|---|---|---|---|---|
| Job | 530 | 1 | 10 | 4.46 | 2.00 | 0.81 | −0.15 |
| Education | 530 | 2 | 7 | 4.82 | 0.72 | −0.98 | 2.70 |
| Knowledge | 530 | 1 | 3 | 2.06 | 0.85 | −0.13 | −1.62 |
| Income | 530 | 1 | 5 | 2.91 | 0.92 | −0.07 | −0.16 |
| Nettime | 530 | 1 | 5 | 2.49 | 0.79 | 0.91 | 0.96 |

## 5.3 信度与效度检验结果

针对三个主观感知变量的测度,本研究主要采用克隆巴赫-阿尔法系数(Cronbach's-alpha)与总相关系数(Item-total Correlation)检验问卷中各变量题项的内部一致性信度,采用主成分分析方法对测量的效度进行检验。

### 5.3.1 信度检验

已有研究指出,较高的克隆巴赫-阿尔法系数(Cronbach's-alpha)与总相关系数(Item-total Correlation)可以保证较高的量表信度。其中,Cronbach's-alpha系数值一般应大于0.70,总相关系数值一般应大于0.40(Nunally,1978;Nunally & Bernstein,1994)。根据此标准,对三个主观感知变量的信度检验如表5-10所示。从表中可以看出,本研究使用量表测量的变量的Cronbach's-alpha系数值均大于0.70,题项总相关系数值均大于0.40,满足信度检验标准的要求,通过信度检验。

表 5-10 主观感知变量信度检验结果($N=530$)

| 变量类型 | 测量题项 | Cronbach's-alpha | Item-total Correlation | |
|---|---|---|---|---|
| | | | 最大值 | 最小值 |
| 正当性感知 | 6 | 0.82 | 0.49 | 0.64 |
| 利益感知 | 7 | 0.77 | 0.43 | 0.56 |
| 风险感知 | 5 | 0.73 | 0.41 | 0.61 |

### 5.3.2 效度检验

量表效度是指量表的准确性和有效性,即量表中的各题项在测量某个变量指标时测量数据是否准确反映变量真实情况。由于多个题项因素之间可能存在一定的关联性,可以采用因子分析,对多个题项中的共有信息进行提取,验证整个量表的效度。根据已有研究经验(马庆国,2002),KMO样本测度值和巴特利特(Bartlett)球形检验值可以检验量表中各题项是否适合做因子分析。KMO值在0~1之间,越接近1,越适合做因子分析。在Bartlett球形检验显著的情况下,KMO值高于0.9时,非常适合进行因子分析;在0.7~0.9之间,适合做因子分析;在0.5~0.7之间,勉强适合做因子分析;在0.5以下,不适合做因子分析。

本研究对正当性感知测度量表进行因子分析前,首先进行了KMO和Bartlett球形检验,结果如表5-11所示。结果显示,正当性感知的KMO值为0.846,Bartlett球形检验结果显著(Sig=0.000<0.001),代表目标群体相关矩阵之间有共同因素存在,适合做主成分因子分析。基于此结果,对正当性感知测度进行主成分分析,以特征值大于1且因子负载绝对值大于0.5的原则,通过最大方差法正交旋转提取因子,提取正当性感知因子的效度成分矩阵如表5-12所示。共提取出1个主成分,成分矩阵因子载荷均大于0.60,表明该成分提取有效。

表 5-11　KMO 检验和 Bartlett 球形检验结果(正当性感知)

| 检测类型 | 检测结果 | |
|---|---|---|
| KMO 取样适切性量数 | 0.846 | |
| Bartlett 球形检验 | 近似卡方 | 956.56 |
| | 自由度 | 15 |
| | 显著性 | 0.000 |

表 5-12　关于正当性感知的成分矩阵

| 变量 | 成分 1 |
|---|---|
| Satisfaction1 | 0.736 |
| Satisfaction2 | 0.745 |
| Satisfaction3 | 0.729 |
| Satisfaction4 | 0.722 |
| Satisfaction5 | 0.779 |
| Satisfaction6 | 0.637 |

本研究对利益感知测度量表进行因子分析前,也首先进行了KMO和Bartlett球形检验,结果如表5-13所示。结果显示,利益感知的KMO值为0.838,Bartlett球形检验结果显著(Sig=0.000<0.001),适合做主成分因

子分析。基于此结果,对利益感知测度进行主成分分析,以特征值大于 1 且因子负载绝对值大于 0.5 的原则,通过最大方差法正交旋转提取因子,提取利益感知因子的效度成分矩阵如表 5-14 所示。共提取出 1 个主成分,成分矩阵因子载荷均大于 0.50,表明该成分提取有效。

表 5-13 KMO 检验和 Bartlett 球形检验结果(利益感知)

| 检测类型 | 检测结果 | |
|---|---|---|
| KMO 取样适切性量数 | 0.838 | |
| Bartlett 球形检验 | 近似卡方 | 751.179 |
| | 自由度 | 21 |
| | 显著性 | 0.000 |

表 5-14 关于利益感知的成分矩阵

| 变量 | 成分 1 |
|---|---|
| Benefit1 | 0.640 |
| Benefit2 | 0.632 |
| Benefit3 | 0.612 |
| Benefit4 | 0.586 |
| Benefit5 | 0.674 |
| Benefit6 | 0.715 |
| Benefit7 | 0.697 |

本研究对风险感知测度量表进行因子分析前,亦首先进行了 KMO 和 Bartlett 球形检验,结果如表 5-15 所示。结果显示,风险感知的 KMO 值为 0.759,Bartlett 球形检验结果显著(Sig=0.000<0.001),适合做主成分因子分析。基于此结果,对风险感知测度进行主成分分析,以特征值大于 1 且因子负载绝对值大于 0.5 的原则,通过最大方差法正交旋转提取因子,提取风险感知因子的效度成分矩阵如表 5-16 所示。共提取出 1 个主成分,成分矩阵因子载荷均大于 0.50,表明该成分提取有效。

表 5-15 KMO 检验和 Bartlett 球形检验结果(风险感知)

| 检测类型 | 检测结果 | |
|---|---|---|
| KMO 取样适切性量数 | 0.759 | |
| Bartlett 球形检验 | 近似卡方 | 524.174 |
| | 自由度 | 10 |
| | 显著性 | 0.000 |

表 5-16 关于风险感知的成分矩阵

| 变量 | 成分 1 |
|---|---|
| Risk1 | 0.698 |
| Risk2 | 0.744 |
| Risk3 | 0.645 |
| Risk4 | 0.789 |
| Risk5 | 0.597 |

通过主成分分析，本研究完成了效度检验，将通过信度和效度检验的三组题项所提取的主成分，分别作为正当性感知因子、利益感知因子、风险感知因子，作为本研究回归模型中的中介变量。

## 5.4 多元线性回归分析结果

在完成对变量描述性分析、信度与效度分析后，本研究将对变量间关系展开分析，以回答本研究的研究问题，验证相关研究假设。

### 5.4.1 变量相关性分析

各变量间相关性分析是进行回归分析的前提。在开展回归分析之前，本研究采用皮尔森(Pearson)相关分析法，对自变量和中介变量进行了相关性分析。表 5-17 展示了变量间相关性分析结果。从相关性分析结果可以看出，个人兴趣和正当性感知、利益感知均存在显著正相关性。隐私意识和风险感知存在显著负相关性。受访人常住地技术嵌入水平(表中以"技术嵌入性"指代)与正当性感知存在显著正相关性。相关性分析的结果能够支持本研究的大部分假设，后文将通过多元回归分析，对不同变量之间的影响机制进行详细验证。此外，通过相关性分析结果还可以看出，各自变量之间的相关系数不高，均在 0.40 以下，表明所考察的变量之间不存在多重共线性的问题。

表 5-17 变量间相关性(皮尔森-双侧)分析结果($N=530$)

| 变量 | | 个人兴趣 | 隐私意识 | 技术嵌入性 | 正当性感知 | 利益感知 | 风险感知 |
|---|---|---|---|---|---|---|---|
| 个人兴趣 | 相关性 | 1 | | | | | |
| | 显著性 | | | | | | |

续表

| 变量 | | 个人兴趣 | 隐私意识 | 技术嵌入性 | 正当性感知 | 利益感知 | 风险感知 |
|---|---|---|---|---|---|---|---|
| 隐私意识 | 相关性 | 0.011 | 1 | | | | |
| | 显著性 | 0.795 | | | | | |
| 技术嵌入性 | 相关性 | −0.010 | 0.000 | 1 | | | |
| | 显著性 | 0.816 | 0.995 | | | | |
| 正当性感知 | 相关性 | 0.183** | 0.081 | 0.101* | 1 | | |
| | 显著性 | 0.000 | 0.061 | 0.021 | | | |
| 利益感知 | 相关性 | 0.225** | 0.039 | 0.016 | 0.368** | 1 | |
| | 显著性 | 0.000 | 0.374 | 0.710 | 0.000 | | |
| 风险感知 | 相关性 | 0.082 | −0.148** | −0.011 | −0.240** | −0.253** | 1 |
| | 显著性 | 0.059 | 0.001 | 0.806 | 0.000 | 0.000 | |

注：* 表示在 0.05 水平（双侧）上显著相关；** 表示在 0.01 水平（双侧）上显著相关。

## 5.4.2 正当性感知影响因素回归分析

本研究提出的第一组假设是关于个人素质因素、技术嵌入因素与公众正当性感知之间的关系，具体包括三个假设。

首先是针对个人素质因素的两个假设。根据本研究的社会合法性模型，关注的个人素质因素主要包括个人兴趣和隐私意识，这些因素与公众正当性感知之间关系的假设如下：

H1a：个人兴趣与公众的正当性感知正相关。

H1b：隐私意识与公众的正当性感知负相关。

其次是技术嵌入因素的一个假设。技术嵌入因素主要考量城市治理中已经使用智能技术的程度和成效。对技术嵌入性与公众正当性感知之间关系的假设如下：

H1c：技术嵌入性与公众的正当性感知正相关。

围绕第一组假设，建立第一组回归模型。在第一组回归模型中，正当性感知为因变量，个人兴趣、隐私意识、技术嵌入性为自变量，控制变量包括性别、年龄、政治面貌、职业类型、教育水平、既有知识、经济地位、技术关联性。图 5-1 展示了第一组假设对应的概念模型及检验结果。表 5-18 展示了第一组回归模型的分析结果。

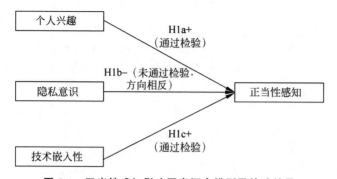

**图 5-1　正当性感知影响因素概念模型及检验结果**

注：图中"＋"代表正相关关系，"－"代表负相关关系，后同。

**表 5-18　以个人素质、技术嵌入性为自变量，以正当性感知为因变量的回归结果**

| | 变量 | 模型 1 | 模型 2 | 模型 3 | 模型 4 |
|---|---|---|---|---|---|
| | $C$ | 0.085 | −0.580 | −0.912 | −1.006 |
| 自变量 | 个人兴趣 | | 0.224*** | 0.224*** | 0.227*** |
| | 隐私意识 | | | 0.055* | 0.054* |
| | 技术嵌入性 | | | | 0.084* |
| 控制变量 | 性别 | 0.005 | 0.001 | −0.007 | −0.009 |
| | 年龄 | −0.007 | −0.012** | −0.012** | −0.012** |
| | 政治面貌 | −0.087** | −0.083** | −0.078** | −0.079** |
| | 职业类型 | −0.005 | −0.004 | 0.000 | −0.002 |
| | 教育水平 | −0.059 | −0.076 | −0.070 | −0.077 |
| | 既有知识 | 0.020 | 0.005 | 0.009 | 0.010 |
| | 经济地位 | 0.189*** | 0.190*** | 0.188*** | 0.171*** |
| | 技术关联性 | 0.027 | 0.011 | 0.018 | 0.009 |
| | $R$ | 0.187 | 0.260 | 0.270 | 0.282 |
| | $R^2$ | 0.035 | 0.068 | 0.073 | 0.079 |
| | Adjusted $R^2$ | 0.020 | 0.051 | 0.055 | 0.060 |
| | $F$ | 2.370 | 4.189 | 4.078 | 4.053 |
| | Sig. | 0.016 | 0.000 | 0.000 | 0.000 |

注：因变量为"正当性感知"；$N=530$；* 表示 $P<0.10$，** 表示 $P<0.05$，*** 表示 $P<0.01$；为简洁起见，表中只呈现非标准化系数估计值，标准误、临界比等均已省略；$C$ 代表截距项。

从表 5-18 所示的回归分析结果可以看出，个人兴趣对公众正当性感知有显著影响（$P<0.01$），且正向影响公众的正当性感知（在总模型中的回归系数为 0.227）。隐私意识和技术嵌入性较为显著地影响公众正当性感知（$P<0.10$），也存在正向影响（回归系数分别为 0.054 与 0.084）。可以看

出,公众的个人兴趣越强,所在地治理智能化水平越高,公众对城市大脑的正当性感知越强。因此,假设 H1a、H1c 通过检验。值得注意的是,假设 H1b 认为隐私意识与公众正当性感知呈负相关关系,但数据分析结果表明,隐私意识与公众正当性感知呈较为显著的正相关关系,结果与原假设判断方向相反。出现这一结果的原因,有待在后文中做出进一步的讨论和验证。此外,样本的经济地位、政治面貌、年龄对公众正当性感知也存在显著影响($P<0.05$),表明本研究的控制变量设置是有意义的。

### 5.4.3 利益感知影响因素回归分析

本研究提出的第二组假设是关于个人素质因素、技术嵌入因素与公众利益感知之间的关系,具体包括三个假设。

首先是针对个人素质因素的两个假设。根据本研究的社会合法性模型,个人素质因素主要包括个人兴趣和隐私意识,这两个因素与公众利益感知之间关系的假设如下:

H2a:个人兴趣与公众的利益感知正相关。

H2b:隐私意识与公众的利益感知负相关。

其次是技术嵌入因素的一个假设。技术嵌入因素主要考量城市治理中已经使用智能技术的程度和成效。对技术嵌入性与公众利益感知之间关系的假设如下:

H2c:技术嵌入性与公众的利益感知正相关。

围绕第二组假设,本研究建立第二组回归模型。在第二组回归模型中,利益感知为因变量,个人兴趣、隐私意识、技术嵌入性为自变量,控制变量仍是性别、年龄、政治面貌、职业类型、教育水平、既有知识、经济地位、技术关联性。图 5-2 展示了第二组假设对应的概念模型及检验结果。表 5-19 展示了第二组回归模型的分析结果。

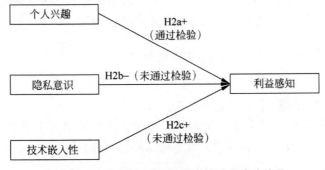

图 5-2 利益感知影响因素概念模型及检验结果

表 5-19 以个人素质、技术嵌入性为自变量,以利益感知为因变量的回归结果

| | 变量 | 模型 1 | 模型 2 | 模型 3 | 模型 4 |
|---|---|---|---|---|---|
| | C | 0.274 | −0.496 | −0.591 | −0.602 |
| 自变量 | 个人兴趣 | | 0.260*** | 0.260*** | 0.260*** |
| | 隐私意识 | | | 0.016 | 0.016 |
| | 技术嵌入性 | | | | 0.009 |
| 控制变量 | 性别 | −0.107 | −0.112 | −0.114 | −0.114 |
| | 年龄 | 0.004 | −0.001 | −0.001 | −0.001 |
| | 政治面貌 | −0.052 | −0.048 | −0.046 | −0.046 |
| | 职业类型 | −0.012 | −0.010 | −0.009 | −0.010 |
| | 教育水平 | −0.106 | −0.126* | −0.124* | −0.125* |
| | 既有知识 | 0.096* | 0.079 | 0.080 | 0.080 |
| | 经济地位 | 0.149** | 0.150*** | 0.149*** | 0.147** |
| | 技术关联性 | −0.070 | −0.088 | −0.086 | −0.087 |
| | $R$ | 0.210 | 0.296 | 0.297 | 0.297 |
| | $R^2$ | 0.044 | 0.088 | 0.088 | 0.088 |
| | Adjusted $R^2$ | 0.030 | 0.072 | 0.071 | 0.069 |
| | F | 3.011 | 5.568 | 5.029 | 4.567 |
| | Sig. | 0.003 | 0.000 | 0.000 | 0.000 |

注:因变量为"利益感知";$N=530$;* 表示 $P<0.10$,** 表示 $P<0.05$,*** 表示 $P<0.01$;为简洁起见,表中只呈现非标准化参数估计值,标准误、临界比等均已省略;C 代表截距项。

从表 5-19 所示的回归分析结果可以看出,个人兴趣显著影响公众利益感知($P<0.01$),且正向影响公众的利益感知(回归系数为 0.260),H2a 通过检验。隐私意识和技术嵌入性与公众利益感知之间的关系不显著($P>0.1$),H2b、H2c 未通过检验。控制变量中,经济地位显著影响公众利益感知($P<0.05$),且正向影响公众的利益感知(回归系数为 0.147)。教育水平较为显著地影响公众利益感知($P<0.10$),且负向影响公众的利益感知(回归系数为 −0.125),表明控制变量选取具有实际意义。

### 5.4.4 风险感知影响因素回归分析

本研究提出的第三组假设是关于个人素质因素、技术嵌入因素与公众风险感知之间的关系,具体包括三个假设。

首先是针对个人素质因素的两个假设。根据本研究的社会合法性模型,个人素质因素主要包括个人兴趣和隐私意识,这些因素与公众风险感知之间关系的假设如下:

H3a：个人兴趣与公众的风险感知正相关。

H3b：隐私意识与公众的风险感知正相关。

其次是技术嵌入因素的一个假设。技术嵌入因素主要考量城市治理中已经使用智能技术的程度和成效。对技术嵌入性与公众风险感知之间关系的假设如下：

H3c：技术嵌入性与公众的风险感知负相关。

围绕第三组假设，本研究建立第三个回归模型。在第三个回归模型中，风险感知为因变量，个人兴趣、隐私意识、技术嵌入性为自变量，控制变量仍是性别、年龄、政治面貌、职业类型、教育水平、既有知识、经济地位、技术关联性。图5-3展示了第三组假设对应的概念模型及检验结果。表5-20展示了第三组回归模型的分析结果。

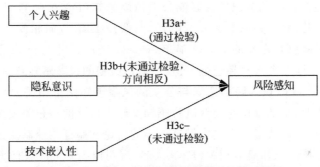

图 5-3　风险感知影响因素概念模型及检验结果

表 5-20　以个人素质、技术嵌入性为自变量，以风险感知为因变量的回归结果

| | 变　　量 | 模型 1 | 模型 2 | 模型 3 | 模型 4 |
|---|---|---|---|---|---|
| C | | −0.585 | −0.913 | −0.325 | −0.311 |
| 自变量 | 个人兴趣 | | 0.110** | 0.110** | 0.110** |
| | 隐私意识 | | | −0.097*** | −0.097*** |
| | 技术嵌入性 | | | | −0.012 |
| 控制变量 | 性别 | −0.024 | −0.026 | −0.012 | −0.012 |
| | 年龄 | −0.003 | −0.005 | −0.004 | −0.004 |
| | 政治面貌 | 0.098*** | 0.099*** | 0.090** | 0.090** |
| | 职业类型 | −5.098×10$^{-5}$ | 0.000 | −0.005 | −0.005 |
| | 教育水平 | 0.107 | 0.098 | 0.089 | 0.090 |
| | 既有知识 | −0.034 | −0.041 | −0.049 | −0.049 |
| | 经济地位 | −0.074 | −0.074 | −0.070 | −0.068 |
| | 技术关联性 | 0.093* | 0.086 | 0.074 | 0.075 |

续表

| 变 量 | 模型 1 | 模型 2 | 模型 3 | 模型 4 |
| --- | --- | --- | --- | --- |
| $R$ | 0.157 | 0.181 | 0.221 | 0.222 |
| $R^2$ | 0.025 | 0.033 | 0.049 | 0.049 |
| Adjusted $R^2$ | 0.010 | 0.016 | 0.031 | 0.029 |
| $F$ | 1.649 | 1.946 | 2.675 | 2.434 |
| Sig. | 0.108 | 0.044 | 0.003 | 0.006 |

注：因变量为"风险感知"；$N=530$；* 表示 $P<0.10$，** 表示 $P<0.05$，*** 表示 $P<0.01$；为简洁起见，表中只呈现非标准化参数估计值，标准误、临界比等均已省略；$C$ 代表截距项。

从表 5-20 所示的回归分析结果可以看出，个人兴趣显著影响公众风险感知（$P<0.05$），且正向影响公众的风险感知（回归系数为 0.110），假设 H3a 通过检验。隐私意识显著影响公众风险感知（$P<0.01$），但负向影响公众的风险感知（回归系数为 -0.097），与假设 H3b 方向相反。技术嵌入性与公众风险感知之间的关系不显著（$P>0.10$），假设 H3c 未通过检验。可以看出，公众的个人兴趣越强，公众对城市大脑的风险感知越强。值得注意的是，假设 H3b 认为隐私意识与公众的风险感知呈正相关关系，但数据分析结果表明，隐私意识与公众风险感知呈较为显著的负相关关系，出现这一结果的原因，也有待在后文中做进一步的讨论和验证。控制变量中，政治面貌与公众风险感知显著相关（$P<0.05$），表明控制变量选取有实际意义。

### 5.4.5 主观感知对合法性认同回归分析

本研究的第四组假设是关于公众对城市大脑的正当性感知、利益感知、风险感知三个主观感知变量与公众对城市大脑及其应用的合法性认同的关系。具体假设为：

H4a：公众的正当性感知与对城市大脑及其应用的合法性认同正相关。

H4b：公众的利益感知与对城市大脑及其应用的合法性认同正相关。

H4c：公众的风险感知与对城市大脑及其应用的合法性认同负相关。

围绕第四组假设，本研究建立第四个回归模型。在第四个回归模型中，公众的合法性认同为因变量，正当性感知、利益感知、风险感知为自变量，控制变量仍是性别、年龄、政治面貌、职业类型、教育水平、既有知识、经济地位、技术关联性。图 5-4 展示了基于主观感知的城市大脑及其应用合法性认同概念模型及检验结果。表 5-21 展示了第四组回归模型的分析结果。

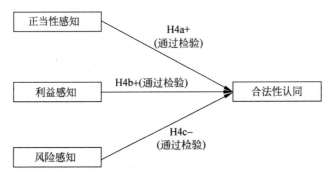

图 5-4 主观感知对合法性认同概念模型及检验结果

表 5-21 以正当性感知、利益感知、风险感知为自变量,以合法性认同为因变量的回归结果

| 变量 | | 模型 1 | 模型 2 | 模型 3 | 模型 4 |
|---|---|---|---|---|---|
| $C$ | | 11.999*** | 11.907*** | 11.618*** | 11.278*** |
| 自变量 | 正当性感知 | | 1.081*** | 0.362*** | 0.271*** |
| | 利益感知 | | | 1.277*** | 1.175*** |
| | 风险感知 | | | | −0.640*** |
| 控制变量 | 性别 | −0.455** | −0.460** | −0.320* | −0.346** |
| | 年龄 | −0.002 | 0.006 | −0.005 | −0.007 |
| | 政治面貌 | −0.081 | 0.013 | 0.016 | 0.066 |
| | 职业类型 | −0.192*** | −0.187*** | −0.175*** | −0.177*** |
| | 教育水平 | −0.181 | −0.118 | −0.025 | 0.028 |
| | 既有知识 | −0.051 | −0.072 | −0.181* | −0.191** |
| | 经济地位 | 0.242* | 0.037 | −0.017 | −0.032 |
| | 技术关联性 | 0.083 | 0.055 | 0.163 | 0.218** |
| $R$ | | 0.230 | 0.485 | 0.638 | 0.684 |
| $R^2$ | | 0.053 | 0.235 | 0.407 | 0.467 |
| Adjusted $R^2$ | | 0.038 | 0.222 | 0.396 | 0.456 |
| $F$ | | 3.627 | 17.792 | 35.613 | 41.291 |
| Sig. | | 0.000 | 0.000 | 0.000 | 0.000 |

注:因变量为"合法性认同";$N=530$;* 表示 $P<0.10$,** 表示 $P<0.05$,*** 表示 $P<0.01$;为简洁起见,表中只呈现非标准化参数估计值,标准误、临界比等均已省略;$C$ 代表截距项。

从表 5-21 的分析结果中可以看出,正当性感知、利益感知、风险感知均显著影响公众的合法性认同($P<0.01$)。其中,正当性感知、利益感知与公众的合法性认同是正相关关系,即正当性感知、利益感知对公众的合法性认同产生正向影响。风险感知与公众的合法性认同是负相关关系,即风险感

知对公众的合法性认同产生负向影响。假设 H4a、H4b、H4c 均通过检验。在控制变量中,性别、职业类型、既有知识、技术关联性均与合法性认同显著相关,表明本研究控制变量选取具有实际意义。

### 5.4.6 正当性感知中介效应回归分析

本研究的第五组假设是关于正当性感知在个人素质因素、技术嵌入因素与公众对城市大脑及其应用合法性认同之间的中介效应。

首先是正当性感知在个人素质因素与合法性认同之间的中介效应的两个假设:

H5a:正当性感知在个人兴趣与公众对城市大脑及其应用合法性认同的关系中起中介作用。

H5b:正当性感知在隐私意识与公众对城市大脑及其应用合法性认同的关系中起中介作用。

其次是正当性感知在技术嵌入因素与合法性认同之间中介效应的一个假设:

H5c:正当性感知在技术嵌入性与公众对城市大脑及其应用合法性认同的关系中起中介作用。

根据已有研究经验,利用线性回归方法检验中介效应的因果逐步回归检验路径是:(1)首先,对自变量 $X$ 与因变量 $Y$ 进行回归,检验回归系数是否显著,如果结果显著,则进行第二步,如果不显著,即可停止中介效应分析;(2)对自变量 $X$ 与中间变量 $M$ 进行回归,检验回归系数是否显著;(3)分析加入中间变量 $M$ 后 $X$ 与 $Y$ 的回归,检验自变量 $X$ 和中间变量 $M$ 对应的回归系数是否显著(温忠麟等,2005、2012)。根据这一检验路径,本研究建立三组模型,对上述假设逐一进行检验。

图 5-5 展示了第五组假设的概念模型及检验结果。正当性感知中介作用回归分析结果如表 5-22 所示。本研究采用基于稳健估计法校正(Bootstrap)标准误的 90%CI(置信区间)进行中介效应的显著性判断,90%CI 的取值区间不包含 0 时代表中介效应显著,包含 0 则不显著(舒全峰,2020:125)。正当性感知在个人兴趣、隐私意识、技术嵌入性与合法性认同之间的中介效应显著性检验如表 5-23 所示。

第一组回归模型针对假设 H5a,自变量为个人兴趣,因变量为合法性认同,中间变量为正当性感知,控制变量仍为性别、年龄、政治面貌、职业属性、教育水平、既有知识、经济地位、技术关联性。由表 5-22 和表 5-23 的结

第5章 社会合法性形成机制的多元回归分析

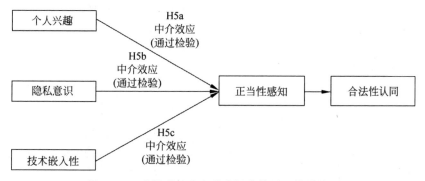

图 5-5 正当性感知中介效应概念模型及检验结果

果可以看出,正当性感知在个人兴趣与合法性认同之间存在中介效应,假设 H5a 通过检验。由于中介模型的总效应显著、直接效应不显著、间接效应显著,表明该中介效应为完全中介效应。

第二组回归模型针对假设 H5b,自变量为隐私意识,因变量为合法性认同,中间变量为正当性感知,控制变量仍为性别、年龄、政治面貌、职业属性、教育水平、既有知识、经济地位、技术关联性。由表 5-22 和表 5-23 的结果可以看出,正当性感知在隐私意识与合法性认同之间存在中介效应,假设 H5b 通过检验。由于中介模型的总效应显著、直接效应显著、间接效应显著,表明该中介效应为部分中介效应。

第三组回归模型针对假设 H5c,自变量为技术嵌入性,因变量为合法性认同,中间变量为正当性感知,控制变量仍为性别、年龄、政治面貌、职业属性、教育水平、既有知识、经济地位、技术关联性。由表 5-22 和表 5-23 的结果可以看出,正当性感知在技术嵌入性与合法性认同之间存在中介效应,假设 H5c 通过检验。由于中介模型的总效应显著、直接效应显著、间接效应显著,表明该中介效应为部分中介效应。

## 5.4.7 利益感知中介效应回归分析

本研究的第六组假设是关于利益感知在个人素质因素、技术嵌入因素与公众对城市大脑及其应用合法性认同之间的中介效应。

首先是利益感知在个人素质因素与合法性认同之间的中介效应的两个假设:

H6a:利益感知在个人兴趣与公众对城市大脑及其应用合法性认同的关系中起中介作用。

表 5-22 正当性感知的中介效应检验结果

| 变量 | Model1(个人兴趣—合法性认同) | | Model2(隐私意识—合法性认同) | | Model3(技术嵌入性—合法性认同) | |
| --- | --- | --- | --- | --- | --- | --- |
| | 正当性感知 | 合法性认同 | 正当性感知 | 合法性认同 | 正当性感知 | 合法性认同 |
| 截距 | −0.580 | 11.515*** | 10.900*** | −0.248 | 10.913*** | 10.649*** | 0.003 | 11.723*** | 11.726*** |
| 个人兴趣 | 0.224*** | 0.133 | 0.370*** | | | | | | |
| 隐私意识 | | | | 0.055* | 0.164** | 0.222*** | | | |
| 技术嵌入性 | | | | | | | 0.079* | 0.178* | 0.262** |
| 正当性感知 | | 1.061*** | | | 1.065*** | | | 1.068*** | |
| 控制变量 | | | | | | | | | |
| $R$ | 0.260 | 0.487 | 0.259 | 0.201 | 0.493 | 0.258 | 0.202 | 0.490 | 0.251 |
| $R^2$ | 0.068 | 0.237 | 0.067 | 0.040 | 0.243 | 0.067 | 0.041 | 0.240 | 0.063 |
| $F$ | 4.189 | 16.140 | 4.158 | 2.431 | 16.661 | 4.133 | 2.453 | 16.395 | 3.874 |
| Sig. | 0.000 | 0.000 | 0.000 | 0.010 | 0.000 | 0.000 | 0.010 | 0.000 | 0.000 |

注：$N=530$；* 表示 $P<0.10$，** 表示 $P<0.05$，*** 表示 $P<0.01$；为简洁起见，表中只呈现非标准化参数估计值、标准误、临界比、标准化系数、控制变量参数等均已省略。

表 5-23　正当性感知直接效应、间接效应与总效应估计表(非标准化解)

| 效应类型 | 平均效应 | Boot 标准误 | 显著性 | Boot CI 下限 | Boot CI 上限 |
| --- | --- | --- | --- | --- | --- |
| 个人兴趣—合法性认同 | | | | | |
| 总效应 | 0.370 | 0.131 | 0.005 | 0.155 | 0.586 |
| 直接效应 | 0.133 | 0.120 | 0.271 | −0.066 | 0.331 |
| 间接效应 | 0.238 | 0.063 | 显著 | 0.135 | 0.342 |
| 隐私意识—合法性认同 | | | | | |
| 总效应 | 0.222 | 0.079 | 0.005 | 0.091 | 0.353 |
| 直接效应 | 0.164 | 0.072 | 0.023 | 0.045 | 0.282 |
| 间接效应 | 0.058 | 0.034 | 显著 | 0.003 | 0.115 |
| 技术嵌入性—合法性认同 | | | | | |
| 总效应 | 0.262 | 0.111 | 0.018 | 0.080 | 0.445 |
| 直接效应 | 0.178 | 0.100 | 0.076 | 0.013 | 0.343 |
| 间接效应 | 0.084 | 0.050 | 显著 | 0.005 | 0.169 |

注：Boot 标准误、Boot CI 下限、Boot CI 上限分别指通过偏差校正的百分位 Bootstrap 法(抽样数目为 5000)估计的间接效应的标准误差、90%置信区间的上下限(后同)。

H6b：利益感知在隐私意识与公众对城市大脑及其应用合法性认同的关系中起中介作用。

其次是利益感知在技术嵌入因素与合法性认同之间中介效应的一个假设：

H6c：利益感知在技术嵌入性与公众对城市大脑及其应用合法性认同的关系中起中介作用。

图 5-6 展示了第六组假设的概念模型及检验结果。利益感知中介作用回归分析结果如表 5-24 所示。本研究采用基于稳健估计法校正(Bootstrap)标准误的 90%CI(置信区间)进行中介效应的显著性判断,90%CI 的取值区间不包含 0 时代表中介效应显著,包含 0 则不显著(舒全峰,2020：125)。利益感知在个人兴趣、隐私意识、技术嵌入性与合法性认同之间的中介效应显著性检验如表 5-25 所示。

第一组回归模型针对 H6a,自变量为个人兴趣,因变量为合法性认同,中间变量为利益感知,控制变量仍为性别、年龄、政治面貌、职业属性、教育水平、既有知识、经济地位、技术关联性。由表 5-24 和表 5-25 的结果可以看出,利益感知在个人兴趣与合法性认同之间存在中介效应,假设 H6a 通过检验。由于中介模型总效应显著、直接效应不显著、间接效应显著,表明

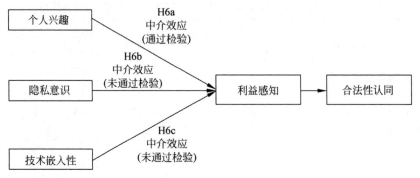

图 5-6　利益感知中介效应概念模型及检验结果

该中介效应为完全中介效应。

第二组回归模型针对 H6b，自变量为隐私意识，因变量为合法性认同，中间变量为利益感知，控制变量仍为性别、年龄、政治面貌、职业属性、教育水平、既有知识、经济地位、技术关联性。由表 5-24 和表 5-25 的结果可以看出，利益感知在隐私意识与合法性认同之间不存在中介效应，假设 H6b 未通过检验。

第三组回归模型针对 H6c，自变量为技术嵌入性，因变量为合法性认同，中间变量为利益感知，控制变量仍为性别、年龄、政治面貌、职业属性、教育水平、既有知识、经济地位、技术关联性。由表 5-24 和表 5-25 的结果可以看出，利益感知在技术嵌入性与合法性认同之间不存在中介效应，假设 H6c 未通过检验。

## 5.4.8　风险感知中介效应回归分析

本研究的第七组假设是关于风险感知在个人素质因素、技术嵌入因素与公众对城市大脑及其应用合法性认同之间的中介效应。

首先是风险感知在个人素质因素与合法性认同之间的中介效应的两个假设：

H7a：风险感知在个人兴趣与公众对城市大脑及其应用合法性认同的关系中起中介作用。

H7b：风险感知在隐私意识与公众对城市大脑及其应用合法性认同的关系中起中介作用。

其次是风险感知在技术嵌入因素与合法性认同之间中介效应的一个假设：

第 5 章　社会合法性形成机制的多元回归分析

表 5-24　利益感知的中介效应检验结果

| 变量 | Model1(个人兴趣—合法性认同) | | | Model2(隐私意识—合法性认同) | | | Model3(技术嵌入性—合法性认同) | | |
|---|---|---|---|---|---|---|---|---|---|
| | 利益感知 | 合法性认同 | 合法性认同 | 利益感知 | 合法性认同 | 合法性认同 | 利益感知 | 合法性认同 | 合法性认同 |
| 截距 | -0.496 | 10.900*** | 11.637*** | 0.179 | 10.384*** | 10.649*** | 0.271 | 11.323*** | 11.726*** |
| 个人兴趣 | 0.260*** | 0.370*** | -0.016 | | | | | | |
| 隐私意识 | | | | 0.016 | 0.199*** | 0.222*** | | | |
| 技术嵌入性 | | | | | | | 0.003 | 0.258*** | 0.262** |
| 利益感知 | | | 1.486*** | | | 1.477*** | | | 1.482*** |
| 控制变量 | | | | | | | | | |
| $R$ | 0.296 | 0.259 | 0.627 | 0.211 | 0.258 | 0.636 | 0.210 | 0.251 | 0.635 |
| $R^2$ | 0.088 | 0.067 | 0.393 | 0.045 | 0.067 | 0.404 | 0.044 | 0.063 | 0.403 |
| $F$ | 5.568 | 4.158 | 33.609 | 2.699 | 4.133 | 35.219 | 2.672 | 3.874 | 35.002 |
| Sig. | 0.000 | 0.000 | 0.000 | 0.004 | 0.000 | 0.000 | 0.005 | 0.000 | 0.000 |

注：$N=530$；* 表示 $P<0.10$，** 表示 $P<0.05$，*** 表示 $P<0.01$。为简洁起见，表中只呈现非标准化参数估计值，标准误、临界比、标准化系数、控制变量参数等均已省略。

表 5-25 利益感知直接效应、间接效应与总效应估计表(非标准化解)

| 效应类型 | 平均效应 | Boot 标准误 | 显著性 | Boot CI 下限 | Boot CI 上限 |
| --- | --- | --- | --- | --- | --- |
| 个人兴趣—合法性认同 | | | | | |
| 总效应 | 0.370 | 0.131 | 0.005 | 0.155 | 0.586 |
| 直接效应 | −0.016 | 0.108 | 0.885 | −0.194 | 0.163 |
| 间接效应 | 0.386 | 0.085 | 显著 | 0.248 | 0.530 |
| 隐私意识—合法性认同 | | | | | |
| 总效应 | 0.222 | 0.079 | 0.005 | 0.091 | 0.353 |
| 直接效应 | 0.199 | 0.064 | 0.002 | 0.094 | 0.304 |
| 间接效应 | 0.058 | 0.034 | 不显著 | −0.060 | 0.106 |
| 技术嵌入性—合法性认同 | | | | | |
| 总效应 | 0.262 | 0.111 | 0.018 | 0.080 | 0.445 |
| 直接效应 | 0.258 | 0.089 | 0.004 | 0.112 | 0.404 |
| 间接效应 | 0.004 | 0.071 | 不显著 | −0.111 | 0.120 |

H7c：风险感知在技术嵌入性与公众对城市大脑及其应用合法性认同的关系中起中介作用。

图 5-7 展示了第七组假设的概念模型及检验结果。风险感知中介作用回归分析结果如表 5-26 所示。本研究采用基于稳健估计法校正(Bootstrap)标准误的 90%CI(置信区间)进行中介效应的显著性判断,90%CI 的取值区间不包含 0 时代表中介效应显著,包含 0 则不显著(舒全峰,2020:125)。风险感知在个人兴趣、隐私意识、技术嵌入性与合法性认同之间的中介效应显著性检验如表 5-27 所示。

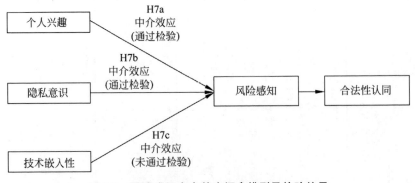

图 5-7 风险感知中介效应概念模型及检验结果

表 5-26 风险感知的中介效应检验结果

| 变量 | Model1（个人兴趣—合法性认同） | | | Model2（隐私意识—合法性认同） | | | Model3（技术嵌入性—合法性认同） | | |
|---|---|---|---|---|---|---|---|---|---|
|  | 风险感知 | 合法性认同 | 合法性认同 | 风险感知 | 合法性认同 | 合法性认同 | 风险感知 | 合法性认同 | 合法性认同 |
| 截距 | −0.913 | 9.974*** | 10.900*** | 0.003 | 10.651*** | 10.649*** | −0.569 | 11.171*** | 11.726*** |
| 个人兴趣 | 0.110** | 0.482*** | 0.370*** | | | | | | |
| 隐私意识 | | | | −0.097*** | 0.130** | 0.222*** | | | |
| 技术嵌入性 | | | | | | | −0.016 | 0.247** | 0.262** |
| 风险感知 | | | −1.014*** | | | −0.956*** | | | −0.975*** |
| 控制变量 | | | | | | | | | |
| $R$ | 0.181 | 0.478 | 0.259 | 0.203 | 0.457 | 0.258 | 0.158 | 0.462 | 0.251 |
| $R^2$ | 0.033 | 0.228 | 0.067 | 0.041 | 0.209 | 0.067 | 0.025 | 0.213 | 0.063 |
| $F$ | 1.946 | 15.349 | 4.158 | 2.478 | 13.691 | 4.133 | 1.476 | 14.046 | 3.874 |
| Sig. | 0.044 | 0.000 | 0.000 | 0.009 | 0.000 | 0.000 | 0.153 | 0.000 | 0.000 |

注：$N=530$；* 表示 $P<0.10$，** 表示 $P<0.05$，*** 表示 $P<0.01$；为简洁起见，表中只呈现非标准化参数估计值，标准误、临界比、标准化系数、控制变量参数等均已省略。

表 5-27　风险感知直接效应、间接效应与总效应估计表(非标准化解)

| 效应类型 | 平均效应 | Boot 标准误 | 显著性 | Boot CI 下限 | Boot CI 上限 |
| --- | --- | --- | --- | --- | --- |
| 个人兴趣—合法性认同 | | | | | |
| 总效应 | 0.370 | 0.131 | 0.005 | 0.155 | 0.586 |
| 直接效应 | 0.482 | 0.120 | 0.000 | 0.285 | 0.679 |
| 间接效应 | −0.112 | 0.052 | 显著 | −0.198 | −0.030 |
| 隐私意识—合法性认同 | | | | | |
| 总效应 | 0.222 | 0.079 | 0.005 | 0.091 | 0.353 |
| 直接效应 | 0.130 | 0.074 | 0.080 | 0.008 | 0.251 |
| 间接效应 | 0.093 | 0.035 | 显著 | 0.037 | 0.153 |
| 技术嵌入性—合法性认同 | | | | | |
| 总效应 | 0.262 | 0.111 | 0.018 | 0.080 | 0.445 |
| 直接效应 | 0.247 | 0.102 | 0.015 | 0.079 | 0.415 |
| 间接效应 | 0.015 | 0.043 | 不显著 | −0.055 | 0.088 |

第一组回归模型针对 H7a,自变量为个人兴趣,因变量为合法性认同,中间变量为风险感知,控制变量仍为性别、年龄、政治面貌、职业属性、教育水平、既有知识、经济地位、技术关联性。由表 5-26 和表 5-27 的结果可以看出,风险感知在个人兴趣与合法性认同之间存在中介效应,假设 H7a 通过检验。由于中介模型的总效应显著、直接效应显著、间接效应显著,表明该中介效应为部分中介效应。

第二组回归模型针对 H7b,自变量为隐私意识,因变量为合法性认同,中间变量为风险感知,控制变量仍为性别、年龄、政治面貌、职业属性、教育水平、既有知识、经济地位、技术关联性。由表 5-26 和表 5-27 的结果可以看出,风险感知在隐私意识与合法性认同之间存在中介效应,假设 H7b 通过检验。由于中介模型的总效应显著、直接效应不显著、间接效应显著,表明该中介效应为完全中介效应。

第三组回归模型针对 H7c,自变量为技术嵌入性,因变量为合法性认同,中间变量为风险感知,控制变量仍为性别、年龄、政治面貌、职业属性、教育水平、既有知识、经济地位、技术关联性。由表 5-26 和表 5-27 的结果可以看出,风险感知在技术嵌入性与合法性认同之间不存在中介效应,假设 H7c 未通过检验。

### 5.4.9 技术嵌入调节效应回归分析

本研究的第八组假设是关于技术嵌入因素对于个人素质因素的调节作用。根据第4章提出的社会合法性模型,由于技术嵌入因素也属于外部环境因素的一种,对公众个人素质因素影响公众合法性认同的内在机制具有调节作用,这种调节作用既有可能是对个人素质因素影响公众合法性认同的直接调节,也可能是对主观感知因素在个人素质因素与公众合法性认同之间中介效应的调节。

首先是技术嵌入因素对个人素质因素中个人兴趣变量调节作用的3个相关假设:

H8a:技术嵌入性对正当性感知在个人兴趣与公众对城市大脑及其应用合法性认同之间起的中介效应具有调节作用。

H8b:技术嵌入性对利益感知在个人兴趣与公众对城市大脑及其应用合法性认同之间起的中介效应具有调节作用。

H8c:技术嵌入性对风险感知在个人兴趣与公众对城市大脑及其应用合法性认同之间起的中介效应具有调节作用。

其次,是技术嵌入因素对个人素质因素中隐私意识变量调节作用的3个相关假设:

H8d:技术嵌入性对正当性感知在隐私意识与公众对城市大脑及其应用合法性认同之间起的中介效应具有调节作用。

H8e:技术嵌入性对利益感知在隐私意识与公众对城市大脑及其应用合法性认同之间起的中介效应具有调节作用。

H8f:技术嵌入性对风险感知在隐私意识与公众对城市大脑及其应用合法性认同之间起的中介效应具有调节作用。

已有研究指出,当自变量与因变量关系受到第三个变量的作用,此时第三个变量如果是调节变量,会对自变量和因变量关系的方向(正或负)与关系的强弱产生影响。而当一个模型中变量大于三个时,可能同时存在中介变量与调节变量。而如果中介变量对自变量与因变量关系的中介效应又被调节变量所影响,就是"有调节的中介效应模型"(Moderated Mediation Model)(Baron & Kenny,1986;温忠麟等,2006;温忠麟等,2012)。Hayes(2018)认为,调节变量是外生情境干预,无论调节效应出现在中介过程中的直接影响还是间接影响环节,都可以将这种模型称为"条件过程模型"(Conditional Process Model)。

Hayes(2018)对条件过程模型的检验步骤如下：

(1) 首先对自变量与因变量、调节变量与因变量、调节项与因变量进行回归,观察系数是否显著,判定是否存在调节效应；

(2) 在检验到存在调节效应之后对调节变量进行"均值±1个标准差"的高低分群,然后分别进行回归,求出在调节变量的不同水平下,自变量对因变量影响的大小；

(3) 观察在调节变量不同水平下,条件间接效果(Conditional Indirect Effect)是否显著,只要在其中一个调节变量水平下的条件间接效果显著(Bootstrap置信区间 CI 取值范围不包括0),即可判定存在中介效应。

本研究借鉴 Hayes(2018)提出的条件过程模型检验方法,对上述八个假设进行验证。

首先,对以"个人兴趣"为自变量的 H8a、H8b、H8c 三个假设进行验证。图 5-8 展示了以"个人兴趣"为自变量的条件过程模型及检验结果。条件过程模型相关回归结果如表 5-28 所示,条件间接效果检验如表 5-29 所示。

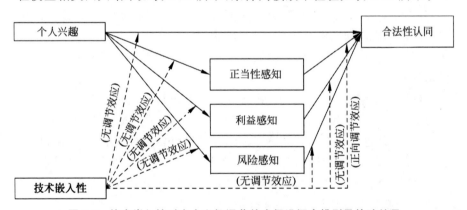

**图 5-8　技术嵌入性对个人兴趣调节效应假设概念模型及检验结果**

从表 5-28 的结果中可以看出,个人兴趣与技术嵌入性的调节项,在个人兴趣对合法性认同的直接作用模型中不显著($P>0.10$),表明技术嵌入性在个人兴趣对合法性认同的直接作用中没有调节效应。

个人兴趣与技术嵌入性的调节项,在"个人兴趣—正当性感知—合法性认同"的中介作用模型中不显著($P>0.10$),但正当性感知与技术嵌入性的调节项在"个人兴趣—正当性感知—合法性认同"的中介作用模型中显著($P<0.10$,标准化系数为 0.098),且中介作用显著("个人兴趣—正当性感知—合法性认同"中介作用模型中 Boot CI 所有取值区间不包含0),表明技

表 5-28 以"个人兴趣"为自变量的条件过程模型回归结果

| 变量类型 | 变量名称 | 直接作用 | 正当性中介 | | 利益中介 | | 风险中介 | |
|---|---|---|---|---|---|---|---|---|
| | | 合法性认同 | 正当性感知 | 合法性认同 | 利益感知 | 合法性认同 | 风险感知 | 合法性认同 |
| | 截距 | 0.000 | 0.000 | −0.010 | 0.000 | −0.001 | 0.000 | 0.000 |
| 自变量 | 个人兴趣 | 0.126*** | 0.189*** | 0.039 | 0.214*** | −0.002 | 0.089** | 0.162*** |
| 调节变量 | 技术嵌入性 | 0.107** | 0.082* | 0.072* | 0.009 | 0.102** | −0.012 | 0.102** |
| 中介变量 | 正当性感知 | | | 0.427*** | | | | |
| | 利益感知 | | | | | 0.593*** | | |
| | 风险感知 | | | | | | | −0.408*** |
| 调节项 | 个人兴趣×技术嵌入性 | −0.011 | 0.036 | −0.047 | −0.011 | −0.014 | −0.040 | −0.028 |
| | 正当性感知×技术嵌入性 | | | 0.098** | | | | |
| | 利益感知×技术嵌入性 | | | | | 0.045 | | |
| | 风险感知×技术嵌入性 | | | | | | | 0.009 |
| 控制变量 | $R$ | 0.279 | 0.275 | 0.502 | 0.297 | 0.636 | 0.185 | 0.489 |
| | $R^2$ | 0.078 | 0.075 | 0.252 | 0.088 | 0.405 | 0.034 | 0.239 |
| | $F$ | 3.988 | 3.841 | 13.368 | 4.550 | 26.988 | 1.676 | 12.459 |
| | Sig. | 0.000 | 0.000 | 0.000 | 0.000 | 0.000 | 0.076 | 0.000 |

注：$N=530$；* 表示 $P<0.10$，** 表示 $P<0.05$，*** 表示 $P<0.01$；为简洁起见，并方便进行调节效应比较，表中呈现标准化参数估计值，标准误、临界值、控制变量参数估计值等均已省略。

表 5-29　主观感知变量在个人兴趣与合法性认同之间的间接效应(标准化解)

| 调节变量取值<br>(Mean±1SD) | 平均效应 | Boot<br>标准误 | Boot<br>CI 下限 | Boot<br>CI 上限 |
| --- | --- | --- | --- | --- |
| 个人兴趣—正当性感知—合法性认同 | | | | |
| −1.000 | 0.050 | 0.023 | 0.015 | 0.089 |
| 0.000 | 0.081 | 0.021 | 0.046 | 0.114 |
| +1.000 | 0.118 | 0.037 | 0.055 | 0.177 |
| 个人兴趣—利益感知—合法性认同 | | | | |
| −1.000 | 0.123 | 0.036 | 0.067 | 0.187 |
| 0.000 | 0.127 | 0.028 | 0.080 | 0.173 |
| +1.000 | 0.130 | 0.046 | 0.052 | 0.203 |
| 个人兴趣—风险感知—合法性认同 | | | | |
| −1.000 | −0.054 | 0.023 | −0.093 | −0.018 |
| 0.000 | −0.036 | 0.018 | −0.066 | −0.007 |
| +1.000 | −0.020 | 0.028 | −0.064 | 0.027 |

术嵌入性对"个人兴趣—正当性感知—合法性认同"中介作用的后半路径，即"正当性感知—合法性认同"具有正向调节效应，H8a 通过检验。

个人兴趣与技术嵌入性的调节项、利益感知与技术嵌入性的调节项，在"个人兴趣—利益感知—合法性认同"的中介作用模型中均不显著($P>0.10$)，表明技术嵌入性对"个人兴趣—利益感知—合法性认同"的中介作用不存在调节效应，H8b 未通过检验。

个人兴趣与技术嵌入性的调节项、风险感知与技术嵌入性的调节项，在"个人兴趣—风险感知—合法性认同"的中介作用模型中均不显著($P>0.10$)，表明技术嵌入性对"个人兴趣—风险感知—合法性认同"的中介作用不存在调节效应，H8c 未通过检验。

其次，对以"隐私意识"为自变量的 H8d、H8e、H8f 三个假设进行验证。图 5-9 展示以"隐私意识"为自变量的条件过程模型及检验结果。条件过程模型相关回归结果如表 5-30 所示，条件间接效果检验如表 5-31 所示。

从表 5-30 的结果中可以看出，隐私意识与技术嵌入性的调节项，在隐私意识对合法性认同的直接作用模型中不显著($P>0.10$)，表明技术嵌入性在隐私意识对合法性认同的直接作用中没有调节效应。

隐私意识与技术嵌入性的调节项，在"隐私意识—正当性感知—合法性认同"的中介作用模型中不显著($P>0.10$)，但正当性感知与技术嵌入性的

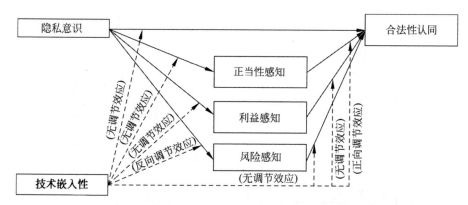

图 5-9 技术嵌入性对隐私意识调节效应假设概念模型

调节项,在"隐私意识—正当性感知—合法性认同"的中介作用模型中显著($P<0.05$,标准化系数为 0.085),且中介作用显著("隐私意识—正当性感知—合法性认同"中介作用模型中 Boot CI 有取值区间不包含 0),表明技术嵌入性对"隐私意识—正当性感知—合法性认同"中介作用的后半路径,即"正当性感知—合法性认同"具有正向调节效应,H8d 通过检验。

隐私意识与技术嵌入性的调节项、利益感知与技术嵌入性的调节项,在"隐私意识—利益感知—合法性认同"的中介作用模型中均不显著($P>0.10$),表明技术嵌入性对"隐私意识—利益感知—合法性认同"的中介作用不存在调节效应,H8e 未通过检验。

隐私意识与技术嵌入性的调节项在"隐私意识—风险感知—合法性认同"的中介作用模型中的前半路径"隐私意识—风险感知"作用显著($P<0.05$,标准化系数为$-0.097$),且中介作用显著("隐私意识—风险感知—合法性认同"中介作用模型中 Boot CI 有取值区间不包含 0),表明技术嵌入性对"隐私意识—风险感知—合法性认同"的中介作用的前半路径存在反向调节效应,H8f 通过检验。

综合以上回归分析结果,可以得出以下结论:

(1) 公众的主观感知都与公众对城市大脑的合法性认同显著相关,其中,正当性感知、利益感知可以提升对城市大脑及其应用的合法性认同,风险感知则可以降低对城市大脑及其应用的合法性认同。

(2) 个人兴趣与隐私意识两项个人素质因素对公众合法性认同产生显著正向影响。

表 5-30 以"隐私意识"为自变量的条件过程模型回归结果

| 变量类型 | 变量名称 | 直接作用 | 正当性中介 | | 利益中介 | | 风险中介 | |
| --- | --- | --- | --- | --- | --- | --- | --- | --- |
| | | 合法性认同 | 正当性感知 | 合法性认同 | 利益感知 | 合法性认同 | 风险感知 | 合法性认同 |
| 自变量 | 截距 | 0.000 | 0.000 | −0.009 | 0.000 | −0.001 | 0.000 | 0.000 |
| | 隐私意识 | 0.119*** | 0.073* | 0.086** | 0.020 | −0.002 | −0.129*** | 0.071* |
| 调节变量 | 技术嵌入性 | 0.101** | 0.076* | 0.069* | 0.001 | 0.102*** | −0.012 | 0.096** |
| 中介变量 | 正当性感知 | | | 0.424*** | | | | |
| | 利益感知 | | | | | 0.593*** | | |
| | 风险感知 | | | | | | | −0.381*** |
| 调节项 | 隐私意识×技术嵌入性 | 0.059 | 0.029 | 0.042 | 0.056 | 0.025 | −0.097* | 0.023 |
| | 正当性感知×技术嵌入性 | | | 0.085** | | | | |
| | 利益感知×技术嵌入性 | | | | | 0.036 | | |
| | 风险感知×技术嵌入性 | | | | | | | 0.009 |
| 控制变量 | $R$ | 0.283 | 0.216 | 0.507 | 0.219 | 0.645 | 0.226 | 0.467 |
| | $R^2$ | 0.080 | 0.047 | 0.257 | 0.048 | 0.416 | 0.051 | 0.218 |
| | $F$ | 4.113 | 2.311 | 13.737 | 2.370 | 28.259 | 2.538 | 11.078 |
| | Sig. | 0.000 | 0.009 | 0.000 | 0.007 | 0.000 | 0.004 | 0.000 |

注：$N=530$；* 表示 $P<0.10$，** 表示 $P<0.05$，*** 表示 $P<0.01$；为简洁起见，并方便进行调节效应比较，表中呈现标准化参数估计值，标准误、临界比、控制变量参数估计值等均已省略。

表 5-31　主观感知变量在隐私意识与合法性认同之间的间接效应(标准化解)

| 调节变量取值<br>(Mean±1SD) | 平均效应 | Boot<br>标准误 | Boot<br>CI 下限 | Boot<br>CI 上限 |
| --- | --- | --- | --- | --- |
| 隐私意识—正当性感知—合法性认同 | | | | |
| −1.000 | 0.015 | 0.021 | −0.019 | 0.049 |
| 0.000 | 0.031 | 0.019 | 0.001 | 0.063 |
| +1.000 | 0.052 | 0.030 | 0.005 | 0.106 |
| 隐私意识—利益感知—合法性认同 | | | | |
| −1.000 | −0.020 | 0.035 | −0.077 | 0.038 |
| 0.000 | 0.012 | 0.027 | −0.033 | 0.059 |
| +1.000 | 0.048 | 0.039 | −0.012 | 0.115 |
| 隐私意识—风险感知—合法性认同 | | | | |
| −1.000 | −0.054 | 0.023 | −0.093 | −0.018 |
| 0.000 | −0.036 | 0.018 | −0.066 | −0.007 |
| +1.000 | −0.020 | 0.028 | −0.064 | 0.027 |

(3) 技术嵌入因素会对公众合法性认同产生显著正向影响。

(4) 正当性感知在个人兴趣与合法性认同之间存在完全中介效应；正当性感知在隐私意识与合法性认同之间存在部分中介效应；正当性感知在技术嵌入与合法性认同之间存在部分中介效应。

(5) 利益感知在个人兴趣与合法性认同之间存在完全中介效应；利益感知在隐私意识与合法性认同之间不存在中介效应；利益感知在技术嵌入与合法性认同之间不存在中介效应。

(6) 风险感知在个人兴趣与合法性认同之间存在部分中介效应；风险感知在隐私意识与合法性认同之间存在完全中介效应；风险感知在技术嵌入与合法性认同之间不存在中介效应。

(7) 技术嵌入性作为一个外生现实条件变量，也会对个人素质因素与主观感知对合法性认同的影响产生调节作用。技术嵌入性对"个人兴趣—正当性感知—合法性认同"中介作用和"隐私意识—正当性感知—合法性认同"中介作用的后半路径，即"正当性感知—合法性认同"具有正向调节效应；技术嵌入性对"隐私意识—风险感知—合法性认同"的中介作用的前半路径"隐私意识—风险感知"存在反向调节效应。对于这种调节效应的作用机制，将在后续的研究中进一步展开讨论。

## 5.5 本章小结

本章基于对 530 名受访人关于城市大脑及其应用合法性认同的问卷调研的结果,详细描述了公众对于城市大脑及其应用的合法性认同,公众对于城市大脑正当性、利益与风险的主观感知,以及公众相关知识、兴趣、隐私意识和所在城市技术嵌入程度的状况。利用回归分析等统计方法,检验了第 4 章有关公众合法性认知形成机制的一系列假设,所检验假设及通过情况如表 5-32 所示。

表 5-32　第一组至第八组研究假设及检验通过情况

| 序号 | 研究假设 | 检验情况 |
| --- | --- | --- |
| 第一组假设 | 正当性感知影响因素 | |
| H1a | 个人兴趣与公众的正当性感知正相关 | 通过 |
| H1b | 隐私意识与公众的正当性感知负相关 | 未通过* |
| H1c | 技术嵌入性与公众的正当性感知正相关 | 通过 |
| 第二组假设 | 利益感知影响因素 | |
| H2a | 个人兴趣与公众的利益感知正相关 | 通过 |
| H2b | 隐私意识与公众的利益感知负相关 | 未通过 |
| H2c | 技术嵌入性与公众的利益感知正相关 | 未通过 |
| 第三组假设 | 风险感知影响因素 | |
| H3a | 个人兴趣与公众的风险感知正相关 | 通过 |
| H3b | 隐私意识与公众的风险感知正相关 | 未通过* |
| H3c | 技术嵌入性与公众的风险感知负相关 | 未通过 |
| 第四组假设 | 主观感知与合法性认同的关系 | |
| H4a | 公众的正当性感知与对城市大脑及其应用的合法性认同正相关 | 通过 |
| H4b | 公众的利益感知与对城市大脑及其应用的合法性认同正相关 | 通过 |
| H4c | 公众的风险感知与对城市大脑及其应用的合法性认同负相关 | 通过 |
| 第五组假设 | 正当性感知的中介效应 | |
| H5a | 正当性感知在个人兴趣与公众对城市大脑及其应用合法性认同的关系中起中介作用 | 通过 |
| H5b | 正当性感知在隐私意识与公众对城市大脑及其应用合法性认同的关系中起中介作用 | 通过 |

续表

| 序号 | 研究假设 | 检验情况 |
|---|---|---|
| 第五组假设 | | |
| H5c | 正当性感知在技术嵌入性与公众对城市大脑及其应用合法性认同的关系中起中介作用 | 通过 |
| 第六组假设 | 利益感知的中介效应 | |
| H6a | 利益感知在个人兴趣与公众对城市大脑及其应用合法性认同的关系中起中介作用 | 通过 |
| H6b | 利益感知在隐私意识与公众对城市大脑及其应用合法性认同的关系中起中介作用 | 未通过 |
| H6c | 利益感知在技术嵌入性与公众对城市大脑及其应用合法性认同的关系中起中介作用 | 未通过 |
| 第七组假设 | 风险感知的中介效应 | |
| H7a | 风险感知在个人兴趣与公众对城市大脑及其应用合法性认同的关系中起中介作用 | 通过 |
| H7b | 风险感知在隐私意识与公众对城市大脑及其应用合法性认同的关系中起中介作用 | 通过 |
| H7c | 风险感知在技术嵌入性与公众对城市大脑及其应用合法性认同的关系中起中介作用 | 未通过 |
| 第八组假设 | 技术嵌入的调节效应 | |
| H8a | 技术嵌入性对正当性感知在个人兴趣与公众对城市大脑及其应用合法性认同之间起的中介效应具有调节作用 | 通过 |
| H8b | 技术嵌入性对利益感知在个人兴趣与公众对城市大脑及其应用合法性认同之间起的中介效应具有调节作用 | 未通过 |
| H8c | 技术嵌入性对风险感知在个人兴趣与公众对城市大脑及其应用合法性认同之间起的中介效应具有调节作用 | 未通过 |
| H8d | 技术嵌入性对正当性感知在隐私意识与公众对城市大脑及其应用合法性认同之间起的中介效应具有调节作用 | 通过 |
| H8e | 技术嵌入性对利益感知在隐私意识与公众对城市大脑及其应用合法性认同之间起的中介效应具有调节作用 | 未通过 |
| H8f | 技术嵌入性对风险感知在隐私意识与公众对城市大脑及其应用合法性认同之间中介效应具有调节作用 | 通过 |

注:未通过检验的假设标记*号表明实际检验结果显著,但与原假设相反。

通过假设验证的情况可以看出,公众的正当性感知、利益感知可以提升对城市大脑及其应用的合法性认同,风险感知则可以降低对城市大脑及其应用的合法性认同。个人兴趣、隐私意识和技术嵌入性三个现实条件是影响公众对城市大脑主观感知与合法性认同的关键变量,都会对公众关于城市大脑的合法性认同产生正向影响(直接作用或通过主观感知的中介效应作用)。技术嵌入性作为一个反映公众居住地城市治理中已经使用智能技术的程度和成效的"外部"环境变量,还会对个人素质变量和主观感知变量对合法性认同的影响产生调节作用。

特别是,与已有文献以及质性研究中政府实践者反馈的信息相区别,公众的隐私意识高,并不会降低其对城市大脑的合法性认同,相反,会提升公众对于城市大脑的合法性认同。对于这一结果,可能的解释是,当公众隐私意识较高时,出于对政府维护公共安全与利益的信任,公众更愿意将个人信息数据交给政府统一管理,而不是让具有技术优势的企业占据。

此外,技术嵌入性调节效应的显著结果表明,技术嵌入进一步强化了正当性感知对社会合法性的提升效果,削弱了隐私意识对风险感知的降低效果。对这一现象可能的解释是,在没有接触治理技术前,公众认为政府通过城市大脑进行数据整合,可以降低个人数据被滥采滥用的风险;但随着新技术在政府治理中使用程度的加深,公众会逐渐意识到,政府对个人数据信息的整合利用也可能存在不合理的地方,也可能给公众自身带来隐私安全风险。

本研究将在后续的第 7 章结合对公众的焦点小组讨论,进一步对上述解释进行验证。

# 第 6 章 基于随机问卷实验的政府干预效果检验

"政策科学建立的目的并不仅仅在于加强能够提升效率的社会机制功能……而是人类尊严与能力的实现。"
——拉斯韦尔(Harold D. Lasswell),《权力与社会》,1950

基于本研究第 4 章对理论研究和现实案例融合得出的"社会合法性"理论模型以及提出的相应研究假设,结合第 5 章对公众合法性认同形成机制的多元回归分析所得出的结论,本章将进一步解答本研究提出的第三个研究问题:政府的行动能否以及如何影响作为社会合法性基础的公众认同?由于现阶段国内大多数地区的城市大脑建设和应用刚刚起步,地方政府在对城市大脑的合法性塑造方面的实践还处于探索阶段,并没有成熟的策略和路径。本研究根据声誉管理理论对公共部门合法性塑造的相关研究和笔者在实证调研过程中获得的经验知识,开发了绩效声誉、程序声誉、道德声誉三种不同的声誉策略。本章将通过随机对照问卷实验的方法,实证检验作为外生干预的三种不同声誉策略的效果,进一步挖掘公众认同的变化机制。

## 6.1 研究方法

本章试图回答的问题是,政府为塑造城市大脑社会合法性而采取的行动能否对公众的合法性认同产生影响,如果产生影响,那么这种影响又是如何形成的。但正如第 5 章所述,由于城市大脑目前仍然属于一种新生事物,一方面,有关社会公众对于城市大脑态度和心理认同的实证数据还非常罕见;另一方面,国内大部分地区的城市大脑建设应用尚处于起步阶段,政府相关部门的"工作重心落在数据归集和应用开发以提高城市大脑的绩效表现上"(DQ02-20200731)。对于城市大脑合法性的塑造和建构,只做出了一些用以回应公众关于数据和隐私安全问题争议的探索性尝试,并未对这些行动的真实效果进行检验。根据已有研究经验,在缺乏实践数据的情况下,可以借助调查实验(问卷实验),通过将设有不同干预项的调查问卷进行随机分配的方法,建立以待检验自变量为干预项的实验组与对照组,排除自变量以外的混淆因素影响,并通过实验组与对照组数据比较,确定自变量是否与因变量真实相关,进而明确变量间的因果的关系(任莉颖,2018:64)。本研究采用等组后测设计情景模拟问卷实验的方式,借助网络调查平台"问卷星",面向网络用户开展问卷调查,并基于随机对照实验(Randomized Controlled Trial,RCT)的路径(陆方文,2020:25),将带有不同前置干预项(含对照组)的四个版本问卷,随机发放给参与调查的受访人。通过接受三种不同干预的受访人的问卷数据与对照组受访人的问卷数据的对比分析,对不同干预项的效果及其对应的研究假设进行了检验。具体操作方法如下所述。

### 6.1.1 实验设计

实验方法所具备的随机化配置、可控干预、可重复性、精确性、时序性等科学研究特征,对"控制—对照—比较"推理逻辑的严格遵循,以及在实验操作过程中能够同时实现兼具信度和效度的概念构建,使得实验法在识别事物之间的因果效应、检验因果机制等方面较之于其他方法具有独特优势(孟天广,2017;苏竣等,2020),也能够对尚未大规模实施的政策提前进行效果预判和评估,处理复杂的公共管理问题(范柏乃、蓝志勇,2013;马亮,2015)。社会科学研究常用的真实验方法包括实验室实验(Lab Experiment)、实地实验(Field Experiment)、调查实验(Survey Experiment)等不同类型。

对于现实社会问题的研究,实验室实验往往存在因被试样本数量较少而导致的效度问题。开展大样本的实地实验则面临研究成本和伦理风险较高等困难。而调查研究往往能够得到足以代表研究总体的大型样本数据,且易于借助计算机等技术手段实现随机化分组,调查实验可以同时具备较高的内部效度和外部效度(Mullinix et al.,2015)。加之数据结构化程度高、实验实施操作简便、成本相对低廉等优势,调查实验在涉及民情民意等复杂性、现实性强的行为公共管理问题研究中的应用普遍而广泛(Mutz,2011;张书维、李纾,2018)。因此,解决本章研究问题最适宜的方法是调查实验法。

根据笔者在第 3 章的探索性案例研究中获取的经验知识和在第 4 章建构的社会合法性理论模型,政府对于城市大脑社会合法性的建构和塑造,可能经由三种声誉管理策略实现:一是向公众传递城市大脑在提升政府公共服务质量、促进政府治理创新方面的绩效声誉信息;二是向公众传递政府在通过城市大脑采集和整合公众个人信息数据时将严格遵守有关法律法规要求的程序声誉信息;三是向公众传递政府利用城市大脑保护与科技企业相比处于弱势地位的公众的个人信息数据权益不受侵害的道德声誉信息。政府的三种声誉策略,都可能直接对公众的正当性感知、利益感知、风险感知、合法性认同等主观感知产生影响。基于此,本研究基于析因调查实验的逻辑(任莉颖,2018:64),分别构建了绩效声誉干预、程序声誉干预、道德声誉干预三个版本的情景模拟干预。由于问卷调查实验的情境启动难度较实验室实验更大,本研究借鉴已有研究经验(de Fine Licht,2011、2014a、2014b;Dafoe et al.,2018;Linos et al.,2020;张书维等,2020),通过模拟新闻通讯报道的方式呈现实验情境文本,以增强文本的"真实感"和被试的代入感。

实验采取随机化等组后测设计(Randomized Posttest Control Group Design)的方式,将被试随机地分成四个组。根据实验目的,其中一组是不接受实验干预的对照组,另外三组为分别接受不同实验干预的实验组。然后对所有小组进行后测验,获得各组后测验分数后,将实验组后测验分数与对照组后测验分数及其差异显著性进行比较,以确定实验干预的效果(范柏乃、蓝志勇,2013:122)。实验问卷共分为四个版本,包括三个实验组版本和一个对照组版本。每个版本在问卷题项上均一致,仅在前置实验情境文本材料上有所区别。实验材料为一则有关城市大脑的虚拟新闻通讯报道。

在样本分配设计方面,采用了主体间设计(Between-subjects Design)(任莉颖,2018:66)。经由网络调查平台招募的被试,在填写网络调查问卷时,会通过网络调查平台事先设定的随机分配程序,随机获得一个版本的问卷进行作答,通过简单随机分配的方式,将被试随机分配至对照组和三个实验组中的任意一个组别。

问卷的前置实验情境文本分为三个部分。第一部分是对城市大脑的简要介绍和引导语:

"城市大脑是创新运用大数据、云计算、人工智能等前沿科技,对分散在政府、企业、社会的各类数据进行整合归集,形成的城市大数据仓库和智能治理中枢。请您阅读以下材料,然后回答问题,谢谢您的配合!"

第二部分是对城市大脑发挥作用时需要收集整合的公众个人信息数据的陈述和一张城市大脑决策指挥大屏的照片,用以强化被试对城市大脑的

概念认知和对可能带来的个人损益的思考:

"为提升政府治理数字化、智能化水平,A 市于 2019 年率先在全国部署建设城市大脑,并对分散在各个渠道的市民个人信息数据进行整合归集,以便为市民提供精准化管理服务。这些信息数据包括:

1. 个人身份信息,如身份证、护照、驾驶证、居住证、社保卡、军官证、工作证、电话号码等;

2. 个人生物识别信息,如面部识别特征、指纹等;

3. 个人财产信息,如征信信息、存款信息、房产信息、信贷信息等;

4. 个人家庭生活信息,如家中水电气消耗情况、生活垃圾产出情况、家庭成员情况等;

5. 个人健康生理信息,如医疗诊断记录、生育信息、既往病史、家族病史等;

6. 个人活动轨迹信息,如定位记录、通信记录、酒店住宿记录、道路交通抓拍记录等。"

第三部分是干预主体,即对三种声誉策略的操纵。其中,关于不同声誉策略的具体表述,笔者在设计时,参照了实证调研获取的文本资料和访谈记录中的文字表述。

绩效声誉模拟干预文本表述为:

"一直以来,公共服务效率不高是困扰城市健康发展的一个痼疾。城市大脑利用前沿科技发展的最新成果,对城市数据资源进行整合归集和应用开发,实现了对城市运行、居民生活的全面监测和精准治理,有效提升了城市公共服务的效率和质量。

根据统计,一年多来,A 市基于城市大脑开发的智能政务服务系统,有效提升了城市公共服务的效率和质量,市民办理各类证照的行政审批时间缩短 90% 以上,原本一个月才能办成的证件,现在只用一天就能办成。

智能金融服务系统将市民申请小额信贷的时间缩短了 99%,从信用评估到钱款到账最快只需要 2 分钟。

智能医疗服务系统,实现了线上挂号、线上缴费、轻症与慢性病线上诊疗,以及域内不同医院之间医学影像与医学检验报告互认等功能,将市民看病的等候时间缩短了 40%,人均门诊费用降低了 30%。

智能交通服务系统,将市民寻找、等待停车位的时间缩短了 70%,高峰时段道路通行效率最高提升了 50%。

智能社区服务系统,实现了对拥有低龄儿童、高龄老人、残障人士家庭的精准服务,将社区服务响应速度提升了80%。"

并在此段文字后增加展示了便民政务服务客户端手机页面的截图,以加深受访人的认知(详见附录A)。

程序声誉模拟干预文本表述为:

"针对社会各界对于个人隐私和数据权保障等问题的关切,近年来,国家密集制定、出台了《中华人民共和国网络安全法》《中华人民共和国个人信息保护法》《中华人民共和国数据安全法》等法律,新颁布的《中华人民共和国民法典》也对公众个人信息权属做了规定。A市为规范城市大脑数据资源的使用,先后制定了《城市数据共享开放管理办法》和《城市大脑赋能城市治理促进条例》,明确规定:

'各有关单位和个人在采集公众个人信息数据时,必须事先获得公众授权同意。

各有关单位和个人在利用城市大脑平台对于涉及公众个人信息的数据进行整合、共享、开放时,必须进行加密和匿名化等脱敏处理。

任何单位和个人,未经政府有关部门批准,不得擅自利用公众个人信息数据,开展以营利为目的的商业活动。

对于获得政府有关部门批准,利用脱敏后的公众个人信息数据进行相关应用服务产品开发的单位和个人,应及时向社会公示所利用数据类型、审批详情、加密与脱敏措施、所获收益及收益分配办法。

任何单位和个人,故意非法窃取、泄露、篡改公众个人信息数据,或因违反相关规定,导致公众个人信息泄露、篡改、丢失的,都将被严肃追究法律责任。'

为了充分保护公众的合法权益,避免公众个人信息数据泄露给公众人身、财产安全和个人隐私带来风险和危害,除了不断强化数据安全保护技术外,城市大脑对相关数据的整合严格遵循了国家和地方有关的法律法规和监管政策,并对相关数据资源的使用权限进行了严格的限制。"

在此段文字之后,展示了一张依法保护公民个人信息的宣传漫画,以增强公众认知(详见附录A)。

道德声誉干预文本表述为:

"近年来,随着智能手机、智能手环等设备的大规模普及,相关手机应用软件开发企业积累了大量用户个人信息数据。但由于部分企业对用户数据保护意识不强,以及数据分散分布给政府监管造成较大困难,导致不法分子通过各种途径窃取公众个人信息数据,对公众进行电信网络诈骗的案件频繁发生,社会危害严重。

而受限于专业知识和能力的不足,在面对自身信息数据被肆意采集和滥用的情况时,人民群众往往不具有与应用软件开发企业讨价还价和保护自身权益的能力,处于极端弱势的地位。

A 市自建设城市大脑以来,通过整合归集各类社会数据资源,不断强化对异常 App、异常银行账户、异常手机号码、异常转账交易等疑似电信诈骗风险动态的监测侦查能力,开发出的智能反诈识别系统,在过去一年多时间里,成功实行反欺诈识别 3200 余次,帮助群众挽回潜在损失 791 万元。发现违法违规收集使用个人信息的应用软件近 100 个,在将相关情况上报国家管理部门后,国家对这些问题应用软件进行了集中整治,有力保护了人民群众的隐私和财产安全。

建设部署城市大脑,借助行政力量,逐步对被不同组织占据的个人信息数据进行收拢整合、集中建库,引导社会各界树立对数据公共性的认知和数据安全保护意识,是政府运用新技术手段,提升对数据要素资源的监管和治理能力、防范数据资源滥采滥用风险、打击电信网络诈骗、保护弱势群众的信息数据权益、维护公共利益的一项伟大尝试。"

在此段文字之后,展示了一张警方提示谨防诈骗的宣传漫画,以增强公众认知(详见附录 A)。

实验组和对照组的问卷中都包含了第一、第二部分的文本表述,第三部分的三种表述及宣传图则分别出现在三个实验组的问卷版本中。所有问卷的填写者,需在个人兴趣、隐私意识、既有知识题项回答完毕后,阅读上述前置性文本材料,并在阅读完材料以后,方可开始填写后续问卷题项。调查问卷的题项设计和对相关变量的测量已经在第 5 章进行了详细介绍,具体实验问卷设计布局见附录 A。

### 6.1.2 被试样本

在调查问卷发放过程中,初始设定为每个组招募 1000 名被试,即四种问卷各发出 1000 份,共计 4000 份,被试自愿参与问卷填写,填写完成后能够获得少量报酬。通过网络平台对所获问卷的质量控制筛查和笔者利用自设质量控制题项、填写耗时记录、问卷填写 IP 与受访人自答所在位置的一致性对比,对问卷进行二次筛查,去掉了可能存在质量问题的问卷。最终回收对照组有效被试问卷 530 份;回收一号干预组(绩效声誉)有效被试问卷

523份，回收二号干预组（程序声誉）有效被试问卷500份；回收三号干预组（道德声誉）有效被试问卷454份。总计获得有效被试问卷2007份，有效回收率为50.175%。被试样本的基本情况分布如表6-1所示。

表6-1 被试样本的基本情况分布

| 变量 | 组别 | 个案数 | 平均值 | 标准差 | 标准误差 | 均值95%置信区间 | | 最小值 | 最大值 |
|---|---|---|---|---|---|---|---|---|---|
| | | | | | | 下限 | 上限 | | |
| 性别 | 1 | 530 | 1.55 | 0.498 | 0.022 | 1.51 | 1.59 | 0 | 1 |
| | 2 | 523 | 1.54 | 0.499 | 0.022 | 1.49 | 1.58 | 0 | 1 |
| | 3 | 500 | 1.52 | 0.500 | 0.022 | 1.48 | 1.56 | 0 | 1 |
| | 4 | 454 | 1.50 | 0.501 | 0.023 | 1.45 | 1.55 | 0 | 1 |
| | 总计 | 2007 | 1.53 | 0.499 | 0.011 | 1.51 | 1.55 | 0 | 1 |
| 年龄 | 1 | 530 | 30.18 | 8.211 | 0.357 | 29.47 | 30.88 | 14 | 65 |
| | 2 | 523 | 30.68 | 8.219 | 0.359 | 29.97 | 31.39 | 13 | 66 |
| | 3 | 500 | 29.86 | 7.822 | 0.350 | 29.17 | 30.55 | 13 | 73 |
| | 4 | 454 | 30.89 | 8.813 | 0.414 | 30.07 | 31.70 | 17 | 65 |
| | 总计 | 2007 | 30.39 | 8.263 | 0.184 | 30.03 | 30.75 | 13 | 73 |
| 政治面貌 | 1 | 530 | 2.60 | 1.221 | 0.053 | 2.50 | 2.71 | 1 | 4 |
| | 2 | 523 | 2.69 | 1.255 | 0.055 | 2.58 | 2.80 | 1 | 4 |
| | 3 | 500 | 2.65 | 1.213 | 0.054 | 2.54 | 2.75 | 1 | 4 |
| | 4 | 454 | 2.70 | 1.244 | 0.058 | 2.59 | 2.82 | 1 | 4 |
| | 总计 | 2007 | 2.66 | 1.233 | 0.028 | 2.61 | 2.71 | 1 | 4 |
| 职业类型 | 1 | 530 | 4.46 | 2.004 | 0.087 | 4.29 | 4.63 | 1 | 10 |
| | 2 | 523 | 4.32 | 1.904 | 0.083 | 4.16 | 4.48 | 1 | 10 |
| | 3 | 500 | 4.27 | 1.903 | 0.085 | 4.10 | 4.44 | 1 | 10 |
| | 4 | 454 | 4.54 | 2.010 | 0.094 | 4.35 | 4.72 | 1 | 10 |
| | 总计 | 2007 | 4.39 | 1.956 | 0.044 | 4.31 | 4.48 | 1 | 10 |
| 教育水平 | 1 | 530 | 4.82 | 0.724 | 0.031 | 4.76 | 4.88 | 2 | 7 |
| | 2 | 523 | 4.80 | 0.810 | 0.035 | 4.73 | 4.87 | 1 | 7 |
| | 3 | 500 | 4.87 | 0.750 | 0.034 | 4.80 | 4.94 | 2 | 7 |
| | 4 | 454 | 4.78 | 0.759 | 0.036 | 4.71 | 4.85 | 2 | 7 |
| | 总计 | 2007 | 4.82 | 0.762 | 0.017 | 4.79 | 4.85 | 1 | 7 |
| 既有知识 | 1 | 530 | 2.07 | 0.853 | 0.037 | 1.99 | 2.14 | 1 | 3 |
| | 2 | 523 | 2.12 | 0.840 | 0.037 | 2.05 | 2.19 | 1 | 3 |
| | 3 | 500 | 2.15 | 0.850 | 0.038 | 2.08 | 2.23 | 1 | 3 |
| | 4 | 454 | 2.19 | 0.874 | 0.041 | 2.11 | 2.27 | 1 | 3 |
| | 总计 | 2007 | 2.13 | 0.854 | 0.019 | 2.09 | 2.17 | 1 | 3 |

续表

| 变量 | 组别 | 个案数 | 平均值 | 标准差 | 标准误差 | 均值95%置信区间 | | 最小值 | 最大值 |
|---|---|---|---|---|---|---|---|---|---|
| | | | | | | 下限 | 上限 | | |
| 经济地位 | 1 | 530 | 2.91 | 0.919 | 0.040 | 2.83 | 2.99 | 1 | 5 |
| | 2 | 523 | 2.89 | 0.957 | 0.042 | 2.81 | 2.98 | 1 | 5 |
| | 3 | 500 | 2.93 | 0.927 | 0.041 | 2.85 | 3.02 | 1 | 5 |
| | 4 | 454 | 2.85 | 0.935 | 0.044 | 2.77 | 2.94 | 1 | 5 |
| | 总计 | 2007 | 2.90 | 0.934 | 0.021 | 2.86 | 2.94 | 1 | 5 |
| 技术关联性 | 1 | 530 | 2.494 | 0.795 | 0.035 | 2.426 | 2.562 | 1 | 5 |
| | 2 | 523 | 2.402 | 0.804 | 0.035 | 2.332 | 2.471 | 1 | 5 |
| | 3 | 500 | 2.468 | 0.826 | 0.037 | 2.395 | 2.541 | 1 | 5 |
| | 4 | 454 | 2.504 | 0.824 | 0.039 | 2.428 | 2.580 | 1 | 5 |
| | 总计 | 2007 | 2.466 | 0.812 | 0.018 | 2.430 | 2.501 | 1 | 5 |

由于被试的性别、年龄、职业类型、政治面貌、教育水平、既有知识、经济地位、技术关联性等控制变量可能会对调查实验结果产生影响,本研究在问卷收集阶段和统计阶段进行了随机化干预和随机化检验(孟天广等,2015)。参照已有研究经验(卢文岱、朱红兵,2015;张书维等,2020),本研究通过单因素方差分析,对三个实验组和一个对照组被试的性别、年龄、政治面貌、职业类型等分别进行显著性检验。首先对各组数据进行方差齐性检验,检验结果如表 6-2 所示。由于不具有方差齐性,但样本量足够大,可以采用塔姆黑尼检验(Tamhane's T2)比较各组均值差异情况,如表 6-3、表 6-4 所示。根据方差分析结果(Tamhane's T2 检验,$P > 0.202$),被试各组的性别、年龄、政治面貌、职业类型、教育水平、既有知识、经济地位、技术关联性等控制变量均未呈现显著差异,表明本实验在样本方面实现了随机化分配,也为后续研究分析的开展奠定了良好的基础。

表 6-2　被试样本方差齐性检验

| 变量 | 莱文统计 | 自由度1 | 自由度2 | 显著性 |
|---|---|---|---|---|
| 性别 | 2.158 | 3 | 2003 | 0.091 |
| 年龄 | 2.901 | 3 | 2003 | 0.034 |
| 政治面貌 | 2.324 | 3 | 2003 | 0.073 |
| 职业类型 | 2.742 | 3 | 2003 | 0.042 |
| 教育水平 | 1.973 | 3 | 2003 | 0.116 |

续表

| 变量 | 莱文统计 | 自由度1 | 自由度2 | 显著性 |
|---|---|---|---|---|
| 既有知识 | 2.567 | 3 | 2003 | 0.053 |
| 经济地位 | 1.008 | 3 | 2003 | 0.388 |
| 技术关联性 | 0.784 | 3 | 2003 | 0.503 |

表 6-3  被试样本方差分析结果

| 变量 | 类别 | 平方和 | 自由度 | 均方 | $F$ | 显著性 |
|---|---|---|---|---|---|---|
| 性别 | 组间 | 0.650 | 3 | 0.217 | 0.869 | 0.457 |
|  | 组内 | 499.620 | 2003 | 0.249 |  |  |
|  | 总计 | 500.270 | 2006 |  |  |  |
| 年龄 | 组间 | 320.420 | 3 | 106.807 | 1.566 | 0.196 |
|  | 组内 | 136639.105 | 2003 | 68.217 |  |  |
|  | 总计 | 136959.525 | 2006 |  |  |  |
| 政治面貌 | 组间 | 3.076 | 3 | 1.025 | 0.674 | 0.568 |
|  | 组内 | 3045.812 | 2003 | 1.521 |  |  |
|  | 总计 | 3048.888 | 2006 |  |  |  |
| 职业类型 | 组间 | 21.631 | 3 | 7.210 | 1.887 | 0.130 |
|  | 组内 | 7655.408 | 2003 | 3.822 |  |  |
|  | 总计 | 7677.038 | 2006 |  |  |  |
| 教育水平 | 组间 | 1.987 | 3 | 0.662 | 1.142 | 0.331 |
|  | 组内 | 1161.439 | 2003 | 0.580 |  |  |
|  | 总计 | 1163.426 | 2006 |  |  |  |
| 既有知识 | 组间 | 4.165 | 3 | 1.388 | 1.905 | 0.127 |
|  | 组内 | 1459.633 | 2003 | 0.729 |  |  |
|  | 总计 | 1463.798 | 2006 |  |  |  |
| 经济地位 | 组间 | 1.564 | 3 | 0.521 | 0.597 | 0.617 |
|  | 组内 | 1749.701 | 2003 | 0.874 |  |  |
|  | 总计 | 1751.265 | 2006 |  |  |  |
| 技术关联性 | 组间 | 3.271 | 3 | 1.090 | 1.654 | 0.175 |
|  | 组内 | 1320.141 | 2003 | 0.659 |  |  |
|  | 总计 | 1323.412 | 2006 |  |  |  |

表 6-4　Tamhane's T2 检验

| 因变量 | (I) Group | (J) Group | 平均值差值(I~J) | 标准误差 | 显著性 | 95%置信区间 下限 | 95%置信区间 上限 |
| --- | --- | --- | --- | --- | --- | --- | --- |
| 性别 | 1 | 2 | 0.014 | 0.031 | 0.998 | −0.07 | 0.09 |
| | | 3 | 0.029 | 0.031 | 0.925 | −0.05 | 0.11 |
| | | 4 | 0.049 | 0.032 | 0.551 | −0.04 | 0.13 |
| | 2 | 1 | −0.014 | 0.031 | 0.998 | −0.09 | 0.07 |
| | | 3 | 0.015 | 0.031 | 0.997 | −0.07 | 0.10 |
| | | 4 | 0.035 | 0.032 | 0.849 | −0.05 | 0.12 |
| | 3 | 1 | −0.029 | 0.031 | 0.925 | −0.11 | 0.05 |
| | | 2 | −0.015 | 0.031 | 0.997 | −0.10 | 0.07 |
| | | 4 | 0.020 | 0.032 | 0.990 | −0.07 | 0.11 |
| | 4 | 1 | −0.049 | 0.032 | 0.551 | −0.13 | 0.04 |
| | | 2 | −0.035 | 0.032 | 0.849 | −0.12 | 0.05 |
| | | 3 | −0.020 | 0.032 | 0.990 | −0.11 | 0.07 |
| 年龄 | 1 | 2 | −0.505 | 0.506 | 0.900 | −1.84 | 0.83 |
| | | 3 | 0.313 | 0.500 | 0.989 | −1.00 | 1.63 |
| | | 4 | −0.712 | 0.546 | 0.723 | −2.15 | 0.73 |
| | 2 | 1 | 0.505 | 0.506 | 0.900 | −0.83 | 1.84 |
| | | 3 | 0.819 | 0.502 | 0.479 | −0.50 | 2.14 |
| | | 4 | −0.207 | 0.548 | 0.999 | −1.65 | 1.24 |
| | 3 | 1 | −0.313 | 0.500 | 0.989 | −1.63 | 1.00 |
| | | 2 | −0.819 | 0.502 | 0.479 | −2.14 | 0.50 |
| | | 4 | −1.026 | 0.542 | 0.304 | −2.45 | 0.40 |
| | 4 | 1 | 0.712 | 0.546 | 0.723 | −0.73 | 2.15 |
| | | 2 | 0.207 | 0.548 | 0.999 | −1.24 | 1.65 |
| | | 3 | 1.026 | 0.542 | 0.304 | −0.40 | 2.45 |
| 政治面貌 | 1 | 2 | −0.086 | 0.076 | 0.832 | −0.29 | 0.11 |
| | | 3 | −0.042 | 0.076 | 0.994 | −0.24 | 0.16 |
| | | 4 | −0.099 | 0.079 | 0.758 | −0.31 | 0.11 |
| | 2 | 1 | 0.086 | 0.076 | 0.832 | −0.11 | 0.29 |
| | | 3 | 0.044 | 0.077 | 0.993 | −0.16 | 0.25 |
| | | 4 | −0.012 | 0.080 | 1.000 | −0.22 | 0.20 |
| | 3 | 1 | 0.042 | 0.076 | 0.994 | −0.16 | 0.24 |
| | | 2 | −0.044 | 0.077 | 0.993 | −0.25 | 0.16 |
| | | 4 | −0.057 | 0.080 | 0.980 | −0.27 | 0.15 |

续表

| 因变量 | (I) Group | (J) Group | 平均值差值(I~J) | 标准误差 | 显著性 | 95%置信区间 下限 | 上限 |
|---|---|---|---|---|---|---|---|
| 政治面貌 | 4 | 1 | 0.099 | 0.079 | 0.758 | −0.11 | 0.31 |
| | | 2 | 0.012 | 0.080 | 1.000 | −0.20 | 0.22 |
| | | 3 | 0.057 | 0.080 | 0.980 | −0.15 | 0.27 |
| 职业类型 | 1 | 2 | 0.135 | 0.120 | 0.838 | −0.18 | 0.45 |
| | | 3 | 0.185 | 0.122 | 0.566 | −0.14 | 0.51 |
| | | 4 | −0.081 | 0.128 | 0.989 | −0.42 | 0.26 |
| | 2 | 1 | −0.135 | 0.120 | 0.838 | −0.45 | 0.18 |
| | | 3 | 0.049 | 0.119 | 0.999 | −0.26 | 0.36 |
| | | 4 | −0.216 | 0.126 | 0.417 | −0.55 | 0.12 |
| | 3 | 1 | −0.185 | 0.122 | 0.566 | −0.51 | 0.14 |
| | | 2 | −0.049 | 0.119 | 0.999 | −0.36 | 0.26 |
| | | 4 | −0.265 | 0.127 | 0.202 | −0.60 | 0.07 |
| | 4 | 1 | 0.081 | 0.128 | 0.989 | −0.26 | 0.42 |
| | | 2 | 0.216 | 0.126 | 0.417 | −0.12 | 0.55 |
| | | 3 | 0.265 | 0.127 | 0.202 | −0.07 | 0.60 |
| 教育水平 | 1 | 2 | 0.020 | 0.047 | 0.999 | −0.11 | 0.14 |
| | | 3 | −0.047 | 0.046 | 0.886 | −0.17 | 0.07 |
| | | 4 | 0.039 | 0.048 | 0.961 | −0.09 | 0.16 |
| | 2 | 1 | −0.020 | 0.047 | 0.999 | −0.14 | 0.11 |
| | | 3 | −0.067 | 0.049 | 0.674 | −0.20 | 0.06 |
| | | 4 | 0.019 | 0.050 | 0.999 | −0.11 | 0.15 |
| | 3 | 1 | 0.047 | 0.046 | 0.886 | −0.07 | 0.17 |
| | | 2 | 0.067 | 0.049 | 0.674 | −0.06 | 0.20 |
| | | 4 | 0.086 | 0.049 | 0.392 | −0.04 | 0.21 |
| | 4 | 1 | −0.039 | 0.048 | 0.961 | −0.16 | 0.09 |
| | | 2 | −0.019 | 0.050 | 0.999 | −0.15 | 0.11 |
| | | 3 | −0.086 | 0.049 | 0.392 | −0.21 | 0.04 |
| 既有知识 | 1 | 2 | −0.056 | 0.052 | 0.861 | −0.19 | 0.08 |
| | | 3 | −0.086 | 0.053 | 0.488 | −0.23 | 0.05 |
| | | 4 | −0.126 | 0.055 | 0.132 | −0.27 | 0.02 |
| | 2 | 1 | 0.056 | 0.052 | 0.861 | −0.08 | 0.19 |
| | | 3 | −0.030 | 0.053 | 0.994 | −0.17 | 0.11 |
| | | 4 | −0.069 | 0.055 | 0.755 | −0.21 | 0.08 |

续表

| 因变量 | (I) Group | (J) Group | 平均值差值(I−J) | 标准误差 | 显著性 | 95%置信区间 下限 | 95%置信区间 上限 |
|---|---|---|---|---|---|---|---|
| 既有知识 | 3 | 1 | 0.086 | 0.053 | 0.488 | −0.05 | 0.23 |
| | | 2 | 0.030 | 0.053 | 0.994 | −0.11 | 0.17 |
| | | 4 | −0.040 | 0.056 | 0.980 | −0.19 | 0.11 |
| | 4 | 1 | 0.126 | 0.055 | 0.132 | −0.02 | 0.27 |
| | | 2 | 0.069 | 0.055 | 0.755 | −0.08 | 0.21 |
| | | 3 | 0.040 | 0.056 | 0.980 | −0.11 | 0.19 |
| 经济地位 | 1 | 2 | 0.015 | 0.058 | 1.000 | −0.14 | 0.17 |
| | | 3 | −0.026 | 0.058 | 0.998 | −0.18 | 0.13 |
| | | 4 | 0.053 | 0.059 | 0.939 | −0.10 | 0.21 |
| | 2 | 1 | −0.015 | 0.058 | 1.000 | −0.17 | 0.14 |
| | | 3 | −0.041 | 0.059 | 0.982 | −0.20 | 0.11 |
| | | 4 | 0.038 | 0.061 | 0.989 | −0.12 | 0.20 |
| | 3 | 1 | 0.026 | 0.058 | 0.998 | −0.13 | 0.18 |
| | | 2 | 0.041 | 0.059 | 0.982 | −0.11 | 0.20 |
| | | 4 | 0.079 | 0.060 | 0.715 | −0.08 | 0.24 |
| | 4 | 1 | −0.053 | 0.059 | 0.939 | −0.21 | 0.10 |
| | | 2 | −0.038 | 0.061 | 0.989 | −0.20 | 0.12 |
| | | 3 | −0.079 | 0.060 | 0.715 | −0.24 | 0.08 |
| 技术关联性 | 1 | 2 | 0.093 | 0.049 | 0.310 | −0.037 | 0.223 |
| | | 3 | 0.026 | 0.051 | 0.996 | −0.107 | 0.160 |
| | | 4 | −0.010 | 0.052 | 1.000 | −0.147 | 0.127 |
| | 2 | 1 | −0.093 | 0.049 | 0.310 | −0.223 | 0.037 |
| | | 3 | −0.066 | 0.051 | 0.723 | −0.201 | 0.068 |
| | | 4 | −0.103 | 0.052 | 0.262 | −0.241 | 0.035 |
| | 3 | 1 | −0.026 | 0.051 | 0.996 | −0.160 | 0.107 |
| | | 2 | 0.066 | 0.051 | 0.723 | −0.068 | 0.201 |
| | | 4 | −0.036 | 0.053 | 0.984 | −0.177 | 0.105 |
| | 4 | 1 | 0.010 | 0.052 | 1.000 | −0.127 | 0.147 |
| | | 2 | 0.103 | 0.052 | 0.262 | −0.035 | 0.241 |
| | | 3 | 0.036 | 0.053 | 0.984 | −0.105 | 0.177 |

### 6.1.3 分析方法

针对本章的研究问题,在对实验结果进行验证的过程中,将分为三个环节开展,第一个环节是基于描述性统计和独立样本 T 检验的实验干预效果检验。通过比较实验组和干预组被试在相关变量上的均值差异及均值差的显著性,来验证实验干预是否能够直接对公众的主观感知、合法性认同产生影响。

第二个环节是干预操纵对主观感知变量影响合法性认同的调节效应分析。根据第 5 章的分析,正当性感知、利益感知都与合法性认同显著正相关,风险感知与合法性认同显著负相关。参考已有研究的经验(Hayes,2018;温忠麟、叶宝娟,2014;张书维等,2020),在样本量足够大,满足正态分布和方差齐性的情况下,可以通过多因素协方差分析(ANCOVA)或设定实验组取值为 1、对照组取值为 0 的哑变量,并进行回归分析,判断自变量与因变量、调节变量之间的关系。

第三个环节是干预操纵对现实条件变量影响主观感知变量的调节效应分析。已有研究指出,调节变量会对自变量和因变量关系的方向(正或负)与关系的强弱产生影响。调节变量还可能通过"条件过程模型",特别是"有调节的中介效应模型",对自变量、中介变量与因变量之间的中介过程产生调节作用(Baron & Kenny,1986;Hayes,2018;温忠麟等,2006;温忠麟等,2012)。在第 4 章提出的社会合法性理论模型中,由于政府声誉行为是一种外部后天干预,可能通过调节个人素质因素、技术嵌入因素等既定因素影响公众主观感知的原生路径,从而间接影响公众的合法性认同,这种影响就是一种"有调节的中介效应"。在本研究中,作为调节变量的"是否接受实验干预"为二分类别变量,自变量、中介变量、因变量均为连续变量,根据 Hayes(2018)指出的检验方法,可将实验组或对照组设定为实验组取值为 1、对照组取值为 0 的哑变量,并进行条件过程回归分析,判断自变量、调节变量与因变量之间的关系。

## 6.2 对绩效声誉策略的效果检验

在通过案例分析获得的三种政府声誉策略中,绩效声誉策略试图通过向公众宣传城市大脑带来的政府公共服务和治理绩效改进,提升公众对于城市大脑的利益感知和正当性感知,降低公众对于城市大脑的风险感知,进而提升公众对于城市大脑及其应用的合法性认同。基于此,本研究针对绩效声誉的效果,提出如下假设:

H9a:绩效声誉干预能够提升公众对城市大脑的正当性感知。

H9b：绩效声誉干预能够提升公众对城市大脑的利益感知。

H9c：绩效声誉干预能够降低公众对城市大脑的风险感知。

H9d：绩效声誉干预能够提升公众对城市大脑及其应用的合法性认同。

而对于政府声誉干预策略的作用过程，根据第4章的"社会合法性"理论模型，本研究提出，政府声誉干预策略的作用可能包括两个方面：一是政府声誉策略调节主观感知变量对公众合法性认同的影响；二是政府声誉干预策略，作为一种后来的社会干预，也可能对个人素质因素、技术嵌入因素等既定因素对公众合法性认同的原生影响产生调节作用。因此，针对绩效声誉的作用机制，本研究提出如下两组假设：

第一组是绩效声誉干预在公众主观感知因素与对城市大脑及其应用的合法性认同之间调节作用的假设：

H10a：绩效声誉干预在公众正当性感知与对城市大脑及其应用的合法性认同之间具有调节作用。

H10b：绩效声誉干预在公众利益感知与对城市大脑及其应用的合法性认同之间具有调节作用。

H10c：绩效声誉干预在公众风险感知与对城市大脑及其应用的合法性认同之间具有调节作用。

第二组是绩效声誉干预作为一种后天外部干预因素，在个人素质因素、技术嵌入因素等既定现实条件因素对公众合法性认同的影响中的调节效应的假设：

H11a：绩效声誉干预在个人兴趣对公众合法性认同的影响中具有调节作用。

H11b：绩效声誉干预在隐私意识对公众合法性认同的影响中具有调节作用。

H11c：绩效声誉干预在技术嵌入性对公众合法性认同的影响中具有调节作用。

### 6.2.1 基于描述性统计和 $t$ 检验的观测

通过对绩效声誉干预组和对照组数据的描述性统计和基于实验分组差异的独立样本 $t$ 检验，验证第九组假设。

对照组(小组编号为1)和绩效声誉干预组(小组编号为2)在正当性感知、利益感知、风险感知和合法性认同四个指标上的描述性统计结果如表6-5所示。在对实验组与对照组相关变量进行描述性统计分析后，再利

用独立样本 $t$ 检验的方法检验相关变量之间的差异是否显著。表 6-6 展示了独立样本 $t$ 检验的相关结果。从表 6-6 可以看出,绩效声誉干预组和对照组的方差齐性检验不显著($P>0.05$),满足方差齐性,因此,应看第一行的 $t$ 检验结果。根据假定方差齐性的 $t$ 检验结果,绩效声誉干预组和对照组在正当性感知、利益感知、风险感知、合法性认同四个指标上的均值差异都不显著($P>0.10$),表明绩效声誉干预并未对公众的正当性感知、利益感知、风险感知、合法性认同产生显著影响,H9a、H9b、H9c、H9d 均未能通过验证。

表 6-5 对照组与绩效声誉干预组公众主观感知与合法性认同差异

| 变量 | 组别 | 样本数 | 平均值 | 标准差 | 标准误差 |
| --- | --- | --- | --- | --- | --- |
| 正当性感知 | 1 | 530 | 0.053 | 1.031 | 0.045 |
|  | 2 | 523 | 0.013 | 1.044 | 0.046 |
|  | 总计 | 1053 | 0.033 | 1.037 | 0.032 |
| 利益感知 | 1 | 530 | −0.012 | 1.084 | 0.047 |
|  | 2 | 523 | 0.028 | 0.989 | 0.043 |
|  | 总计 | 1053 | 0.008 | 1.038 | 0.032 |
| 风险感知 | 1 | 530 | 0.089 | 1.058 | 0.046 |
|  | 2 | 523 | 0.106 | 0.963 | 0.042 |
|  | 总计 | 1053 | 0.097 | 1.012 | 0.031 |
| 合法性认同 | 1 | 530 | 10.094 | 2.485 | 0.108 |
|  | 2 | 523 | 10.067 | 2.334 | 0.102 |
|  | 总计 | 1053 | 10.081 | 2.410 | 0.074 |

表 6-6 绩效声誉干预组与对照组独立样本 $t$ 检验结果

| 变量 | 方差假定 | 莱文方差等同性检验 | | 平均值等同性 $t$ 检验 | | | | |
| --- | --- | --- | --- | --- | --- | --- | --- | --- |
|  |  | $F$ | 显著性 | $t$ | 自由度 | 显著性(双尾) | 平均值差值 | 标准误差值 |
| 正当性感知 | 假定等方差 | 0.282 | 0.595 | 0.625 | 1051 | 0.532 | 0.040 | 0.064 |
|  | 不假定等方差 |  |  | 0.625 | 1050.277 | 0.532 | 0.040 | 0.064 |
| 利益感知 | 假定等方差 | 3.584 | 0.059 | −0.630 | 1051 | 0.529 | −0.040 | 0.064 |
|  | 不假定等方差 |  |  | −0.631 | 1044.580 | 0.528 | −0.040 | 0.064 |

续表

| 变量 | 方差假定 | 莱文方差等同性检验 | | 平均值等同性 $t$ 检验 | | | | |
|---|---|---|---|---|---|---|---|---|
| | | $F$ | 显著性 | $t$ | 自由度 | 显著性（双尾） | 平均值差值 | 标准误差值 |
| 风险感知 | 假定等方差 | 2.524 | 0.112 | −0.276 | 1051 | 0.783 | −0.017 | 0.062 |
| | 不假定等方差 | | | −0.276 | 1044.152 | 0.782 | −0.017 | 0.062 |
| 合法性认同 | 假定等方差 | 2.069 | 0.151 | 0.184 | 1051 | 0.854 | 0.027 | 0.149 |
| | 不假定等方差 | | | 0.185 | 1048.422 | 0.854 | 0.027 | 0.149 |

### 6.2.2 绩效声誉干预对主观感知与合法性认同关系的调节效应检验

根据第5章的分析，正当性感知、利益感知与风险感知均与公众合法性认同高度相关，本小节以绩效声誉干预作为哑变量（实验组取值为1，对照组取值为0）分别做正当性感知与合法性认同、利益感知与合法性认同、风险感知与合法性认同的回归（对各变量参数取值均已做标准化处理），通过判断回归系数是否具有显著差异，来判断绩效声誉干预对主观感知与合法性认同关系的调节效应。

对三个主观感知变量与合法性认同的回归分析如表6-7所示。根据表中展示的结果，可以看出，只有风险感知与绩效声誉干预的调节项显著（$P<0.01$，标准化系数0.167），表明绩效声誉干预仅对风险感知与公众合法性认同的关系有正向调节作用。H10a、H10b未通过检验，H10c通过检验。

表6-7 绩效声誉干预对主观感知与合法性认同的调节效应检验

| 变量类型 | 绩效声誉干预对正当性感知 | 绩效声誉干预对利益感知 | 绩效声誉干预对风险感知 |
|---|---|---|---|
| 截距 | 0.000 | 0.017 | 0.002 |
| 绩效声誉干预(Dummy) | −0.002 | −0.033 | −0.006 |
| 正当性感知 | 0.449*** | | |

续表

| 变量类型 | 绩效声誉干预对<br>正当性感知 | 绩效声誉干预对<br>利益感知 | 绩效声誉干预对<br>风险感知 |
|---|---|---|---|
| 利益感知 | | 0.592*** | |
| 风险感知 | | | −0.389*** |
| 正当性感知×绩效声誉干预 | −0.078 | | |
| 利益感知×绩效声誉干预 | | −0.022 | |
| 风险感知×绩效声誉干预 | | | 0.167*** |
| 控制变量 | | | |
| $R$ | 0.455 | 0.606 | 0.383 |
| $R^2$ | 0.207 | 0.368 | 0.147 |
| $F$ | 24.703 | 55.067 | 16.272 |
| Sig. | 0.000 | 0.000 | 0.000 |

注：因变量为"合法性认同"；$N=1053$；* 表示 $P<0.10$，** 表示 $P<0.05$，*** 表示 $P<0.01$；为简洁起见，并方便进行调节效应比较，表中呈现标准化参数估计值，标准误、临界比、控制变量参数估计值等均已省略。

### 6.2.3 绩效声誉干预对现实条件与合法性认同关系的调节效应检验

**1. 绩效声誉干预在个人兴趣对公众合法性认同的影响中的调节效应**

如前文所述，而当一个模型中包含的变量多于三个时，可能同时包含中介变量和调节变量，构成"条件过程模型"（Hayes，2018）。在第 5 章已经证明，个人兴趣与公众合法性认同之间的关系，还受到主观感知变量的中介作用。本研究中的声誉干预调节变量是一个外生情境干预，可能会对中介过程中的任意一条影响路径产生调解作用。图 6-1 展示了绩效声誉干预在个人兴趣对公众合法性认同的影响中的调节效应假设模型与检验结果。根据 Hayes（2018）对条件过程模型的检验步骤，对绩效声誉干预在个人兴趣对公众合法性认同的影响中的调节效应检验的回归分析结果如表 6-8 所示。

从表 6-8 可以看出，在个人兴趣对公众合法性认同影响的所有路径中，只有绩效声誉干预与风险感知的调节项标准化回归系数显著（$P<0.01$，标准化系数为 0.171），且第 5 章已经证明，风险感知对个人兴趣与合法性认同关系存在中介作用，表明绩效声誉干预会对风险感知对个人兴趣与合法

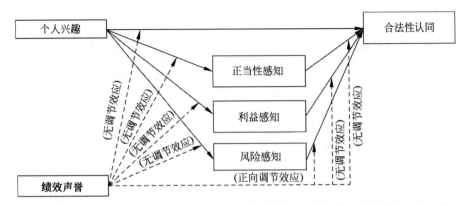

图 6-1　绩效声誉干预在个人兴趣对合法性认同的影响中的调节效应模型与检验结果

性认同的中介效应的后半路径产生调节作用,假设 H11a 通过验证。

**2. 绩效声誉干预在隐私意识对公众合法性认同的影响中的调节效应**

第 5 章已经证明,隐私意识与公众合法性认同之间的关系,还受到主观感知变量的中介作用。本研究中的声誉干预调节变量是一个外生情境干预,可能会在中介过程的任意一条影响路径中发挥调解作用。图 6-2 展示了绩效声誉干预在隐私意识对公众合法性认同的影响中的调节效应假设模型与检验结果。根据 Hayes(2018)对条件过程模型的检验步骤,对绩效声誉干预在隐私意识对公众合法性认同的影响中的调节效应检验的回归分析结果如表 6-9 所示。

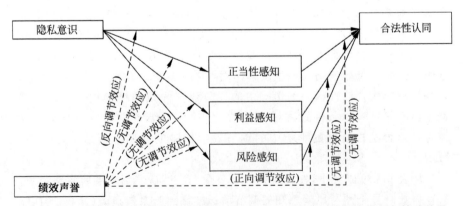

图 6-2　绩效声誉干预在隐私意识对合法性认同的影响中的调节效应模型与检验结果

表 6-8 以"个人兴趣"为自变量,以绩效声誉干预为调节变量的条件过程模型回归结果

| 变量类型 | 变量名称 | 直接作用 | 正当性感知中介 | | 利益感知中介 | | 风险感知中介 | |
|---|---|---|---|---|---|---|---|---|
| | | 合法性认同 | 正当性感知 | 合法性认同 | 利益感知 | 合法性认同 | 风险感知 | 合法性认同 |
| | 截距 | −0.001 | 0.004 | −0.003 | −0.029 | 0.017 | −0.017 | −0.007 |
| 自变量 | 个人兴趣 | 0.134*** | 0.183*** | 0.053 | 0.223*** | 0.001 | 0.093** | 0.171*** |
| 调节变量 | 绩效声誉干预 | 0.002 | −0.008 | 0.005 | 0.061 | −0.034 | 0.033 | 0.012 |
| 中介变量 | 正当性感知 | | | 0.440*** | | | | |
| | 利益感知 | | | | | 0.592*** | | |
| | 风险感知 | | | | | | | −0.404*** |
| 调节项 | 个人兴趣×绩效声誉干预 | 0.002 | 0.013 | 0.013 | 0.049 | −0.022 | −0.019 | −0.017 |
| | 正当性感知×绩效声誉干预 | | | −0.081 | | | | |
| | 利益感知×绩效声誉干预 | | | | | −0.015 | | |
| | 风险感知×绩效声誉干预 | | | | | | | 0.171*** |
| 控制变量 | $R$ | 0.247 | 0.267 | 0.459 | 0.322 | 0.607 | 0.171 | 0.415 |
| | $R^2$ | 0.061 | 0.071 | 0.210 | 0.103 | 0.368 | 0.029 | 0.172 |
| | $F$ | 6.131 | 7.242 | 21.285 | 10.918 | 46.544 | 2.843 | 16.613 |
| | Sig. | 0.000 | 0.000 | 0.000 | 0.000 | 0.000 | 0.001 | 0.000 |

注:$N=1053$;* 表示 $P<0.10$,** 表示 $P<0.05$,*** 表示 $P<0.01$;为简洁起见,并方便进行调节效应比较,表中呈现标准化参数估计值,标准误,临界比,控制变量参数估计值等均已省略。

表 6-9 以"隐私意识"为自变量，以绩效声誉干预为调节变量的条件过程模型回归结果

| 变量类型 | 变量名称 | 直接作用 | 正当性感知中介 | | 利益感知中介 | | 风险感知中介 | |
|---|---|---|---|---|---|---|---|---|
| | | 合法性认同 | 正当性感知 | 合法性认同 | 利益感知 | 合法性认同 | 风险感知 | 合法性认同 |
| | 截距 | 0.008 | 0.016 | 0.002 | -0.015 | 0.016 | -0.013 | 0.005 |
| 自变量 | 隐私意识 | 0.379*** | 0.278*** | 0.276*** | 0.309*** | 0.215*** | -0.278** | 0.291*** |
| 调节变量 | 绩效声誉干预 | -0.017 | -0.033 | -0.005 | 0.030 | -0.033 | 0.026 | 0.012 |
| 中介变量 | 正当性感知 | | | 0.371*** | | | | |
| | 利益感知 | | | | | 0.530*** | | |
| | 风险感知 | | | | | | | -0.315*** |
| 调节项 | 隐私意识×绩效声誉干预 | -0.171*** | 0.040 | -0.176*** | -0.043 | -0.156*** | 0.215*** | -0.096* |
| | 正当性感知×绩效声誉干预 | | | -0.029 | | | | |
| | 利益感知×绩效声誉干预 | | | | | 0.025 | | |
| | 风险感知×绩效声誉干预 | | | | | | | 0.105* |
| 控制变量 | $R$ | 0.365 | 0.347 | 0.495 | 0.351 | 0.625 | 0.250 | 0.450 |
| | $R^2$ | 0.133 | 0.121 | 0.245 | 0.123 | 0.390 | 0.062 | 0.202 |
| | $F$ | 14.560 | 12.982 | 25.994 | 13.277 | 50.122 | 6.296 | 20.263 |
| | Sig. | 0.000 | 0.000 | 0.000 | 0.000 | 0.000 | 0.000 | 0.000 |

注：$N=1053$；* 表示 $P<0.10$，** 表示 $P<0.05$，*** 表示 $P<0.01$；为简洁起见，并方便进行调节效应比较，表中呈现标准化参数估计值，标准误、临界比、控制变量参数估计值等均已省略。

从表 6-9 可以看出，在隐私意识对公众合法性认同影响的所有路径中，绩效声誉干预与隐私意识的调节项在隐私意识与公众合法性认同回归中的标准化回归系数始终显著（$P<0.10$，标准化回归系数始终为负），绩效声誉干预与风险感知的调节项显著（$P<0.10$，标准化回归系数为 0.105），且第 5 章已经证明，正当性感知、风险感知对隐私意识与合法性认同关系存在中介作用，表明绩效声誉干预会对隐私意识与合法性认同的直接影响产生反向调节作用；绩效声誉干预会在风险感知对隐私意识与合法性认同的中介效应的后半路径产生正向调节作用，假设 H11b 通过验证。

**3. 绩效声誉干预在技术嵌入性对公众合法性认同的影响中的调节效应**

第 5 章已经证明，技术嵌入性与公众合法性认同之间的关系，还受到主观感知变量的中介作用。本研究中的声誉干预调节变量是一个外生情境干预，仍可能会在中介过程的任意一条影响路径中发挥调解作用。图 6-3 展示了绩效声誉干预在技术嵌入性对公众合法性认同的影响中的调节效应假设模型与检验结果。根据 Hayes(2018)对条件过程模型的检验步骤，对绩效声誉干预在技术嵌入性对公众合法性认同的影响中的调节效应检验的回归分析结果如表 6-10 所示。

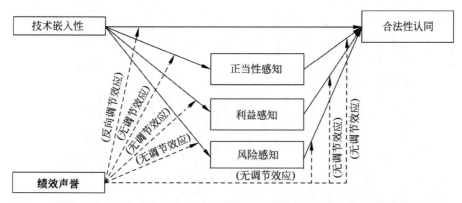

**图 6-3　绩效声誉干预在技术嵌入性对合法性认同的影响中的调节效应模型与检验结果**

从表 6-10 可以看出，在技术嵌入性对公众合法性认同影响的所有路径中，绩效声誉干预与技术嵌入性的调节项在技术嵌入性与公众合法性认同直接作用回归、利益感知中介作用回归、风险感知中介作用回归中显著（$P<0.10$，标准化回归系数始终为负），绩效声誉干预与风险感知的调节项影响显著（$P<0.01$，标准化回归系数为 0.165）。但第 5 章已经证明，利益感

表 6-10 以"技术嵌入性"为自变量,以绩效声誉干预为调节变量的条件过程模型回归结果

| 变量类型 | 变量名称 | 直接作用 | 正当性感知中介 | | 利益感知中介 | | 风险感知中介 | |
|---|---|---|---|---|---|---|---|---|
| | | 合法性认同 | 正当性感知 | 合法性认同 | 利益感知 | 合法性认同 | 风险感知 | 合法性认同 |
| | 截距 | 0.009 | 0.017 | 0.002 | −0.017 | 0.016 | −0.012 | 0.005 |
| 自变量 | 技术嵌入性 | 0.097** | 0.073* | 0.064 | −0.008 | 0.102*** | −0.014 | 0.092*** |
| 调节变量 | 绩效声誉干预 | −0.016 | −0.032 | −0.005 | 0.034 | −0.036 | 0.026 | −0.008 |
| 中介变量 | 正当性感知 | | | 0.443*** | | | | |
| | 利益感知 | | | | | 0.591*** | | |
| | 风险感知 | | | | | | | −0.388*** |
| 调节项 | 技术嵌入性×绩效声誉干预 | −0.112* | −0.048 | −0.086 | −0.009 | −0.106** | −0.029 | −0.116** |
| | 正当性感知×绩效声誉干预 | | | −0.069 | | | | |
| | 利益感知×绩效声誉干预 | | | | | −0.019 | | |
| | 风险感知×绩效声誉干预 | | | | | | | 0.165*** |
| 控制变量 | $R$ | 0.220 | 0.198 | 0.457 | 0.210 | 0.611 | 0.153 | 0.389 |
| | $R^2$ | 0.048 | 0.039 | 0.209 | 0.044 | 0.373 | 0.023 | 0.151 |
| | $F$ | 4.799 | 3.870 | 21.156 | 4.364 | 47.559 | 2.257 | 14.274 |
| | Sig. | 0.000 | 0.000 | 0.000 | 0.000 | 0.000 | 0.010 | 0.000 |

注:$N=1053$;\* 表示 $P<0.10$,\*\* 表示 $P<0.05$,\*\*\* 表示 $P<0.01$;为简洁起见,并方便进行调节效应比较,表中呈现标准化参数估计值,标准误、临界比、控制变量参数估计值等均已省略。

知、风险感知对技术嵌入性与合法性认同关系并不存在中介作用,表明绩效声誉干预会对技术嵌入性与合法性认同的直接影响产生反向调节作用,假设 H11c 通过验证。

## 6.3 对程序声誉策略的效果检验

在通过案例分析获得的三种政府声誉策略中,程序声誉策略试图通过向公众宣传城市大脑在数据采集和整合过程中对于法律法规的遵守,提升公众对于城市大脑的利益感知和正当性感知,降低公众对于城市大脑的风险感知,进而提升公众对于城市大脑及其应用的合法性认同。基于此,本研究针对程序声誉的效果,提出如下假设:

H12a:程序声誉干预能够提升公众对城市大脑的正当性感知。

H12b:程序声誉干预能够提升公众对城市大脑的利益感知。

H12c:程序声誉干预能够降低公众对城市大脑的风险感知。

H12d:程序声誉干预能够提升公众对城市大脑及其应用的合法性认同。

前文已经提出,政府声誉干预策略的作用可能包括两个方面:一是政府声誉策略调节主观感知变量对公众合法性认同的影响;二是政府声誉干预策略,作为一种后来的社会干预,也可能对个人素质因素、技术嵌入因素等既定因素对公众合法性认同的原生影响产生调节作用。因此,针对程序声誉的作用机制,本研究再次提出如下两组假设。

第一组是程序声誉干预在公众主观感知因素与对城市大脑及其应用的合法性认同之间调节作用的假设:

H13a:程序声誉干预在公众正当性感知与对城市大脑及其应用的合法性认同之间具有调节作用。

H13b:程序声誉干预在公众利益感知与对城市大脑及其应用的合法性认同之间具有调节作用。

H13c:程序声誉干预在公众风险感知与对城市大脑及其应用的合法性认同之间具有调节作用。

第二组是程序声誉干预作为一种后天外部干预因素,在个人素质因素、技术嵌入因素等既定现实条件因素对公众合法性认同的影响中的调节效应假设:

H14a:程序声誉干预在个人兴趣对公众合法性认同的影响中具有调

节作用。

H14b：程序声誉干预在隐私意识对公众合法性认同的影响中具有调节作用。

H14c：程序声誉干预在技术嵌入性对公众合法性认同的影响中具有调节作用。

### 6.3.1 基于描述性统计和 $t$ 检验的观测

通过对程序声誉干预组和对照组数据的描述性统计和基于实验分组差异的独立样本 $t$ 检验，验证第十二组假设。

对照组（小组编号为1）和程序声誉干预组（小组编号为3）在正当性感知、利益感知、风险感知和合法性认同四个指标上的描述性统计结果如表6-11所示。

表6-11 对照组与程序声誉干预组公众主观感知与合法性认同差异

| 变量 | 组别 | 样本数 | 平均值 | 标准差 | 标准误差 |
|---|---|---|---|---|---|
| 正当性感知 | 1 | 530 | 0.053 | 1.031 | 0.045 |
|  | 3 | 500 | 0.030 | 1.019 | 0.046 |
|  | 总计 | 1030 | 0.042 | 1.025 | 0.032 |
| 利益感知 | 1 | 530 | −0.012 | 1.084 | 0.047 |
|  | 3 | 500 | 0.048 | 1.010 | 0.045 |
|  | 总计 | 1030 | 0.017 | 1.049 | 0.033 |
| 风险感知 | 1 | 530 | 0.089 | 1.058 | 0.046 |
|  | 3 | 500 | −0.034 | 1.080 | 0.048 |
|  | 总计 | 1030 | 0.029 | 1.070 | 0.033 |
| 合法性认同 | 1 | 530 | 10.094 | 2.485 | 0.108 |
|  | 3 | 500 | 10.452 | 2.344 | 0.105 |
|  | 总计 | 1030 | 10.268 | 2.423 | 0.076 |

在对实验组与对照组相关变量进行描述性统计分析后，再利用独立样本 $t$ 检验的方法观测相关变量之间是否存在显著差异。表6-12展示了独立样本 $t$ 检验的相关结果。从表6-12可以看出，程序声誉干预组和对照组在正当性感知、利益感知上的均值差异不显著，表明程序声誉干预并未对公众的正当性感知、利益感知产生影响，H12a、H12b未能通过验证。但在风险感知和合法性认同上的均值差异显著（$P<0.05$），对照组风险感知与实验组风险感知均值差为0.123，实验组风险感知显著低于对照组（$P<$

0.10),表明程序声誉干预能够降低公众对城市大脑的风险感知,H12c 通过验证。对照组合法性认同与实验组合法性认同均值差为-0.358,实验组合法性认同显著高于对照组,表明程序声誉干预能够提升公众对城市大脑及其应用的合法性认同,H12d 通过验证。

表 6-12 程序声誉干预组与对照组独立样本 $t$ 检验结果

| 变量 | 方差假定 | 莱文方差等同性检验 | | 平均值等同性 $t$ 检验 | | | | |
|---|---|---|---|---|---|---|---|---|
| | | F | 显著性 | t | 自由度 | 显著性(双尾) | 平均值差值 | 标准误差值 |
| 正当性感知 | 假定等方差 | 0.062 | 0.804 | 0.367 | 1028 | 0.714 | 0.023 | 0.064 |
| | 不假定等方差 | | | 0.367 | 1025.738 | 0.714 | 0.023 | 0.064 |
| 利益感知 | 假定等方差 | 3.804 | 0.051 | -0.930 | 1028 | 0.353 | -0.061 | 0.065 |
| | 不假定等方差 | | | -0.932 | 1027.831 | 0.352 | -0.061 | 0.065 |
| 风险感知 | 假定等方差 | 0.653 | 0.419 | 1.845 | 1028 | 0.065* | 0.123 | 0.067 |
| | 不假定等方差 | | | 1.844 | 1021.737 | 0.065 | 0.123 | 0.067 |
| 合法性认同 | 假定等方差 | 1.925 | 0.166 | -2.373 | 1028 | 0.018** | -0.358 | 0.151 |
| | 不假定等方差 | | | -2.377 | 1028.000 | 0.018 | -0.358 | 0.150 |

注:* 表示 $P<0.10$,** 表示 $P<0.50$,*** 表示 $P<0.01$。

### 6.3.2 程序声誉干预对主观感知与合法性认同关系的调节效应检验

根据第 5 章的分析,正当性感知、利益感知与风险感知均与公众合法性认同高度相关,本小节以程序声誉干预作为哑变量(实验组取值为 1,对照组取值为 0)分别做正当性感知与合法性认同、利益感知与合法性认同、风险感知与合法性认同的回归(对各变量参数取值均已做标准化处理),通过判断回归系数是否具有显著差异,来判断程序声誉干预对主观感知与合法性认同关系的调节效应。

对三个主观感知变量与合法性认同的回归分析如表 6-13 所示。根据表中展示的结果,可以看出,只有风险感知与程序声誉干预的调节项显著($P<0.05$,标准化系数 0.145),表明程序声誉干预仅对风险感知与公众合法性认同的关系有正向调节作用。H13a、H13b 未通过检验,H13c 通过检验。

表 6-13　程序声誉干预对主观感知与合法性认同的调节效应检验

| 变量类型 | 程序声誉干预对正当性感知 | 程序声誉干预对利益感知 | 程序声誉干预对风险感知 |
| --- | --- | --- | --- |
| 截距 | −0.073* | −0.052 | −0.044 |
| 程序声誉干预(Dummy) | 0.149*** | 0.107** | 0.100* |
| 正当性感知 | 0.444*** | | |
| 利益感知 | | 0.592*** | |
| 风险感知 | | | −0.406*** |
| 正当性感知×程序声誉干预 | −0.079 | | |
| 利益感知×程序声誉干预 | | 0.037 | |
| 风险感知×程序声誉干预 | | | 0.145** |
| 控制变量 | | | |
| $R$ | 0.453 | 0.634 | 0.399 |
| $R^2$ | 0.206 | 0.402 | 0.159 |
| $F$ | 23.940 | 62.160 | 17.519 |
| Sig. | 0.000 | 0.000 | 0.000 |

注：因变量为"合法性认同"；$N=1030$；* 表示 $P<0.10$，** 表示 $P<0.05$，*** 表示 $P<0.01$；为简洁起见，并方便进行调节效应比较，表中呈现标准化参数估计值，标准误、临界比、控制变量参数估计值等均已省略。

### 6.3.3　程序声誉干预对现实条件与合法性认同关系的调节效应检验

**1. 程序声誉干预在个人兴趣对公众合法性认同的影响中的调节效应**

如前文所述，而当一个模型中包含的变量多于三个时，可能同时包含中介变量和调节变量，构成"条件过程模型"(Hayes,2018)。在第 5 章已经证明，个人兴趣与公众合法性认同之间的关系，还受到主观感知变量的中介作用。本研究中的程序声誉干预调节变量是一个外生情境干预，可能会在中介过程的任意一条影响路径中发挥调解作用。图 6-4 展示了程序声誉干预在个人兴趣对公众合法性认同的影响中的调节效应假设模型与检验结果。根据 Hayes(2018)对条件过程模型的检验步骤，对程序声誉干预在个人兴趣对公众合法性认同的影响中的调节效应检验的回归分析结果如表 6-14 所示。

从表 6-14 可以看出，在个人兴趣对公众合法性认同影响的所有路径中，只有程序声誉干预与风险感知的调节项标准化回归系数显著($P<0.01$，

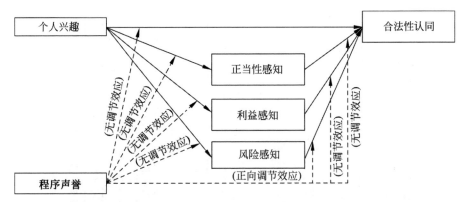

**图 6-4　程序声誉干预在个人兴趣对合法性认同的影响中的调节效应模型与检验结果**

标准化系数为 0.149),且第 5 章已经证明,风险感知对个人兴趣与合法性认同关系存在中介作用,表明程序声誉干预会对风险感知对个人兴趣与合法性认同的中介效应的后半路径产生正向调节作用,假设 H14a 通过验证。

**2. 程序声誉干预在隐私意识对公众合法性认同的影响中的调节效应**

第 5 章已经证明,隐私意识与公众合法性认同之间的关系,还受到主观感知变量的中介作用。本研究中的程序声誉干预调节变量是一个外生情境干预,也可能会对该中介过程中的任意一条影响路径产生调解作用。图 6-5 展示了程序声誉干预在隐私意识对公众合法性认同的影响中的调节效应假设模型与检验结果。根据 Hayes(2018)对条件过程模型的检验步骤,对程序声誉干预在隐私意识对公众合法性认同的影响中的调节效应检验的回归分析结果如表 6-15 所示。

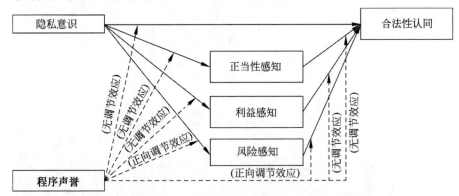

**图 6-5　程序声誉干预在隐私意识对合法性认同的影响中的调节效应模型与检验结果**

表6-14 以"个人兴趣"为自变量,以程序声誉干预为调节变量的条件过程模型回归结果

| 变量类型 | 变量名称 | 直接作用 | 正当性感知中介 | | 利益感知中介 | | 风险感知中介 | |
|---|---|---|---|---|---|---|---|---|
| | | 合法性认同 | 正当性感知 | 合法性认同 | 利益感知 | 合法性认同 | 风险感知 | 合法性认同 |
| 自变量 | 截距 | −0.067 | 0.012 | −0.073* | −0.025 | −0.052 | 0.058 | −0.043 |
| | 个人兴趣 | 0.117*** | 0.172*** | 0.041 | 0.213*** | −0.010 | 0.091** | 0.154*** |
| 调节变量 | 程序声誉干预 | 0.139** | −0.024 | 0.148*** | 0.052 | 0.107** | −0.119* | 0.098* |
| 中介变量 | 正当性感知 | | | 0.437*** | | | | |
| | 利益感知 | | | | | 0.594*** | | |
| | 风险感知 | | | | | | | −0.420*** |
| 调节项 | 个人兴趣×程序声誉干预 | 0.015 | −0.010 | 0.034 | 0.017 | −0.005 | −0.023 | −0.003 |
| | 正当性感知×程序声誉干预 | | | −0.084 | | | | |
| | 利益感知×程序声誉干预 | | | | | 0.038 | | |
| | 风险感知×程序声誉干预 | | | | | | | 0.149*** |
| 控制变量 | $R$ | 0.243 | 0.244 | 0.457 | 0.291 | 0.634 | 0.157 | 0.426 |
| | $R^2$ | 0.059 | 0.060 | 0.209 | 0.084 | 0.402 | 0.025 | 0.181 |
| | $F$ | 5.821 | 5.856 | 20.631 | 8.536 | 52.522 | 2.333 | 17.326 |
| | Sig. | 0.000 | 0.000 | 0.000 | 0.000 | 0.000 | 0.008 | 0.000 |

注:$N=1030$;* 表示 $P<0.10$,** 表示 $P<0.05$,*** 表示 $P<0.01$;为简洁起见,并方便进行调节效应比较,表中呈现标准化参数估计值,标准误,临界比,控制变量参数估计值等均已省略。

表 6-15 以"隐私意识"为自变量,以程序声誉干预为调节变量的条件过程模型回归结果

| 变量类型 | 变量名称 | 直接作用 | 正当性感知中介 | | 利益感知中介 | | 风险感知中介 | |
|---|---|---|---|---|---|---|---|---|
| | | 合法性认同 | 正当性感知 | 合法性认同 | 利益感知 | 合法性认同 | 风险感知 | 合法性认同 |
| | 截距 | −0.064 | 0.014 | −0.069 | −0.022 | −0.052 | 0.055 | −0.046 |
| 自变量 | 隐私意识 | 0.376*** | 0.276*** | 0.274*** | 0.311*** | 0.212*** | −0.263*** | 0.290*** |
| 调节变量 | 程序声誉干预 | 0.132** | −0.029 | 0.142*** | 0.047 | 0.106** | −0.114* | 0.101* |
| 中介变量 | 正当性感知 | | | 0.368*** | | | | |
| | 利益感知 | | | | | 0.531*** | | |
| | 风险感知 | | | | | | | −0.328*** |
| 调节项 | 隐私感知×程序声誉干预 | −0.081 | −0.004 | −0.063 | −0.051 | −0.070 | 0.114* | −0.028 |
| | 正当性感知×程序声誉干预 | | | −0.059 | | | | |
| | 利益感知×程序声誉干预 | | | | | 0.059 | | |
| | 风险感知×程序声誉干预 | | | | | | | 0.102* |
| 控制变量 | $R$ | 0.394 | 0.324 | 0.509 | 0.342 | 0.656 | 0.252 | 0.478 |
| | $R^2$ | 0.155 | 0.105 | 0.259 | 0.117 | 0.431 | 0.063 | 0.229 |
| | $F$ | 17.012 | 10.853 | 27.358 | 12.224 | 59.131 | 6.252 | 23.195 |
| | Sig. | 0.000 | 0.000 | 0.000 | 0.000 | 0.000 | 0.000 | 0.000 |

注:$N=1030$;* 表示 $P<0.10$,** 表示 $P<0.05$,*** 表示 $P<0.01$;为简洁起见,并方便进行调节效应比较,表中呈现标准化参数估计值,标准误、临界比、控制变量参数估计值等均已省略。

从表 6-15 可以看出,在隐私意识对公众合法性认同影响的所有路径中,程序声誉干预与隐私意识的调节项在隐私意识与风险认知回归中的标准化回归系数显著($P<0.10$,标准化回归系数为 0.114),程序声誉干预与风险感知的调节项,在风险感知对隐私意识与合法性认同的中介作用回归中显著($P<0.10$,标准化回归系数为 0.102),且第 5 章已经证明,正当性感知、风险感知对隐私意识与合法性认同关系存在中介作用,表明程序声誉干预会对隐私意识与风险认知的关系、风险认知与合法性认同的关系产生正向调节作用,假设 H14b 通过验证。

**3. 程序声誉干预在技术嵌入性对公众合法性认同的影响中的调节效应**

第 5 章已经证明,技术嵌入性与公众合法性认同之间的关系,还受到主观感知变量的中介作用。声誉干预调节变量作为一个外生情境干预,可能会在中介过程的任意一条影响路径中发挥调解作用。图 6-6 展示了程序声誉干预在技术嵌入性对公众合法性认同的影响中的调节效应假设模型与检验结果。根据 Hayes(2018)对条件过程模型的检验步骤,对程序声誉干预在技术嵌入性对公众合法性认同的影响中的调节效应检验回归分析结果如表 6-16 所示。

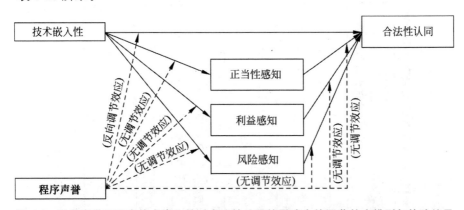

**图 6-6　程序声誉干预在技术嵌入性对合法性认同的影响中的调节效应模型与检验结果**

从表 6-16 可以看出,在技术嵌入性对公众合法性认同影响的所有路径中,程序声誉干预与技术嵌入性的调节项在技术嵌入性与公众合法性认同直接作用回归及三个中介效应的直接作用回归中均显著($P<0.10$,标准化回归系数始终为负),程序声誉干预与风险感知调节项在风险感知中介作用回归中显著($P<0.05$,标准化回归系数为 0.143)。但第 5 章已经证明,利

## 表6-16 以"技术嵌入性"为自变量，以程序声誉干预为调节变量的条件过程模型回归结果

| 变量类型 | 变量名称 | 直接作用 | 正当性感知中介 | | 利益感知中介 | | 风险感知中介 | |
|---|---|---|---|---|---|---|---|---|
| | | 合法性认同 | 正当性感知 | 合法性认同 | 利益感知 | 合法性认同 | 风险感知 | 合法性认同 |
| 自变量 | 截距 | −0.058 | 0.018 | −0.066 | −0.025 | −0.043 | 0.057 | −0.035 |
| 自变量 | 技术嵌入性 | 0.102** | 0.079* | 0.067 | 0.004 | 0.100*** | −0.009 | 0.098** |
| 调节变量 | 程序声誉干预 | 0.131** | −0.035 | 0.145*** | 0.054 | 0.098** | −0.117* | 0.092 |
| 中介变量 | 正当性感知 | | | 0.438*** | | | | |
| 中介变量 | 利益感知 | | | | | 0.591*** | | |
| 中介变量 | 风险感知 | | | | | | | −0.405*** |
| 调节项 | 技术嵌入性×程序声誉干预 | −0.119* | −0.030 | −0.101* | −0.022 | −0.105** | −0.006 | −0.120** |
| 调节项 | 正当性感知×程序声誉干预 | | | −0.070 | | | | |
| 调节项 | 利益感知×程序声誉干预 | | | | | 0.038 | | |
| 调节项 | 风险感知×程序声誉干预 | | | | | | | 0.143** |
| 控制变量 | $R$ | 0.223 | 0.192 | 0.456 | 0.194 | 0.638 | 0.136 | 0.405 |
| 控制变量 | $R^2$ | 0.050 | 0.037 | 0.208 | 0.037 | 0.407 | 0.018 | 0.164 |
| 控制变量 | $F$ | 4.840 | 3.525 | 20.564 | 3.604 | 53.590 | 1.732 | 15.356 |
| 控制变量 | Sig. | 0.000 | 0.000 | 0.000 | 0.000 | 0.000 | 0.062 | 0.000 |

注：$N=1030$；* 表示 $P<0.10$，** 表示 $P<0.05$，*** 表示 $P<0.01$；为简洁起见，并方便进行调节效应比较，表中呈现标准化参数估计值，标准误、临界比、控制变量参数估计值等均已省略。

益感知、风险感知对技术嵌入性与合法性认同关系并不存在中介作用,表明程序声誉干预仅会对技术嵌入性与合法性认同的直接影响产生反向调节作用,假设 H14c 通过验证。

## 6.4 对道德声誉策略的效果检验

在通过案例分析获得的三种政府声誉策略中,道德声誉策略试图通过向公众宣传城市大脑在保护处于弱势地位的公众的个人信息数据权益上的作用,提升公众对于城市大脑的利益感知和正当性感知,降低公众对于城市大脑的风险感知,进而提升公众对于城市大脑及其应用的合法性认同。基于此,本研究针对道德声誉的效果提出如下假设:

H15a:道德声誉干预能够提升公众对城市大脑及其应用的正当性感知。

H15b:道德声誉干预能够提升公众对城市大脑及其应用的利益感知。

H15c:道德声誉干预能够降低公众对城市大脑及其应用的风险感知。

H15d:道德声誉干预能够提升公众对城市大脑及其应用的合法性认同。

前文已经提出,政府声誉干预策略的作用可能包括两个方面:一是政府声誉策略调节主观感知变量对公众合法性认同的影响;二是政府声誉策略,作为一种后来的社会干预,也可能对个人素质因素、技术嵌入因素等既定因素对公众合法性认同的原生影响产生调节作用。因此,针对道德声誉的作用机制,本研究再次提出如下两组假设。

第一组是道德声誉干预在公众主观感知因素与合法性认同之间调节作用的假设:

H16a:道德声誉干预在公众正当性感知与对城市大脑及其应用的合法性认同之间具有调节作用。

H16b:道德声誉干预在公众利益感知与对城市大脑及其应用的合法性认同之间具有调节作用。

H16c:道德声誉干预在公众风险感知与对城市大脑及其应用的合法性认同之间具有调节作用。

第二组是道德声誉干预作为一种后天外部干预因素,在个人素质因素、技术嵌入因素等既定现实条件因素对公众合法性认同的影响中的调节效应的假设：

H17a：道德声誉干预在个人兴趣对公众合法性认同的影响中具有调节作用。

H17b：道德声誉干预在隐私意识对公众合法性认同的影响中具有调节作用。

H17c：道德声誉干预在技术嵌入性对公众合法性认同的影响中具有调节作用。

### 6.4.1 基于描述性统计和 $t$ 检验的观测

通过对道德声誉干预组和对照组数据的描述性统计和基于实验分组差异的独立样本 $t$ 检验，验证第十五组假设。

对照组（小组编号为1）和道德声誉干预组（小组编号为4）在正当性感知、利益感知、风险感知和合法性认同四个指标上的描述性统计结果如表 6-17 所示。

表 6-17 对照组与道德声誉干预组公众主观感知与合法性认同差异

| 变量 | 组别 | 样本数 | 平均值 | 标准差 | 标准误差 |
|---|---|---|---|---|---|
| 正当性感知 | 1 | 530 | 0.053 | 1.031 | 0.045 |
|  | 4 | 454 | −0.091 | 0.915 | 0.043 |
|  | 总计 | 984 | −0.013 | 0.981 | 0.031 |
| 利益感知 | 1 | 530 | −0.012 | 1.084 | 0.047 |
|  | 4 | 454 | −0.079 | 0.919 | 0.043 |
|  | 总计 | 984 | −0.043 | 1.011 | 0.032 |
| 风险感知 | 1 | 530 | 0.089 | 1.058 | 0.046 |
|  | 4 | 454 | −0.158 | 0.859 | 0.040 |
|  | 总计 | 984 | −0.025 | 0.979 | 0.031 |
| 合法性认同 | 1 | 530 | 10.094 | 2.485 | 0.108 |
|  | 4 | 454 | 10.079 | 2.203 | 0.103 |
|  | 总计 | 984 | 10.087 | 2.358 | 0.075 |

在对实验组与对照组相关变量进行描述性统计分析后，再利用独立样本 $t$ 检验的方法观测相关变量之间是否存在显著差异。表 6-18 展示了独立样本 $t$ 检验的相关结果。从表 6-18 可以看出，道德声誉干预组和对照组的方差齐性检验显著，不满足方差齐性，因此，应看第二行的 $t$ 检验结果。根据 $t$ 检验结果，道德声誉干预组和对照组在正当性感知（$P<0.05$，均值

差为 0.144)、风险感知($P<0.01$,均值差为 0.247)两个指标上的均值差异显著,但在利益感知与合法性认同指标上的均值差异并不显著。表明道德声誉干预显著降低了公众的正当性感知和风险感知,H15c 通过验证。H15a 不能通过检验,实际影响方向与原假设相反。H15b 和 H15d 不能通过验证。

表 6-18 道德声誉干预组与对照组独立样本 $t$ 检验结果

| 变量 | 方差假定 | 莱文方差等同性检验 | | 平均值等同性 $t$ 检验 | | | | |
| --- | --- | --- | --- | --- | --- | --- | --- | --- |
| | | F | 显著性 | t | 自由度 | 显著性（双尾） | 平均值差值 | 标准误差值 |
| 正当性感知 | 假定等方差 | 5.834 | 0.016 | 2.303 | 982 | 0.022 | 0.144 | 0.063 |
| | 不假定等方差 | | | 2.324 | 980.737 | 0.020 | 0.144 | 0.062 |
| 利益感知 | 假定等方差 | 10.163 | 0.001 | 1.026 | 982 | 0.305 | 0.066 | 0.065 |
| | 不假定等方差 | | | 1.039 | 981.880 | 0.299 | 0.066 | 0.064 |
| 风险感知 | 假定等方差 | 10.578 | 0.001 | 3.979 | 982 | 0.000 | 0.247 | 0.062 |
| | 不假定等方差 | | | 4.042 | 979.224 | 0.000 | 0.247 | 0.061 |
| 合法性认同 | 假定等方差 | 8.934 | 0.003 | 0.100 | 982 | 0.921 | 0.015 | 0.151 |
| | 不假定等方差 | | | 0.101 | 980.831 | 0.920 | 0.015 | 0.149 |

## 6.4.2 道德声誉干预对主观感知与合法性认同关系的调节效应检验

根据第 5 章的分析,正当性感知、利益感知与风险感知均与公众合法性认同高度相关,本小节以道德声誉干预作为哑变量(实验组取值为 1,对照组取值为 0)分别做正当性感知与合法性认同、利益感知与合法性认同、风险感知与合法性认同的回归(对各变量参数取值均已做标准化处理),通过判断回归系数是否具有显著差异,来判断道德声誉干预对主观感知与合法性认同关系的调节效应。

对三个主观感知变量与合法性认同的回归分析如表 6-19 所示。根据表中展示的结果,可以看出,道德声誉干预与主观感知变量的调节项均不显著,表明道德干预对主观感知与合法性认同不存在调节效应,H16a、H16b、H16c 均未通过验证。

表 6-19 道德声誉干预对主观感知与合法性认同的调节效应检验

| 变量类型 | 道德声誉干预对正当性感知 | 道德声誉干预对利益感知 | 道德声誉干预对风险感知 |
| --- | --- | --- | --- |
| 截距 | −0.020 | −0.015 | 0.053 |
| 道德声誉干预(Dummy) | 0.039 | 0.031 | −0.118** |
| 正当性感知 | 0.442*** | | |
| 利益感知 | | 0.591*** | |
| 风险感知 | | | −0.385*** |
| 正当性感知×道德声誉干预 | −0.061 | | |
| 利益感知×道德声誉干预 | | −0.048 | |
| 风险感知×道德声誉干预 | | | −0.032 |
| 控制变量 | | | |
| $R$ | 0.436 | 0.581 | 0.416 |
| $R^2$ | 0.190 | 0.338 | 0.173 |
| $F$ | 22.881 | 49.707 | 20.356 |
| Sig. | 0.000 | 0.000 | 0.000 |

注：因变量为"合法性认同"；$N=984$；* 表示 $P<0.10$，** 表示 $P<0.05$，*** 表示 $P<0.01$；为简洁起见，并方便进行调节效应比较，表中呈现标准化参数估计值，标准误、临界比、控制变量参数估计值等均已省略。

### 6.4.3 道德声誉干预对现实条件与合法性认同关系的调节效应检验

**1. 道德声誉干预在个人兴趣对公众合法性认同的影响中的调节效应**

在第 5 章已经证明，个人兴趣与公众合法性认同之间的关系，还受到主观感知变量的中介作用。Hayes(2018)指出，无论调节效应出现在中介过程中的直接影响还是间接影响环节，都可以将这种模型称为"条件过程模型"。本研究中的道德声誉干预调节变量是一个外生情境干预，可能会在中介过程的任意一条影响路径中发挥调解作用。图 6-7 展示了道德声誉干预在个人兴趣对公众合法性认同的影响中的调节效应假设模型与检验结果。根据 Hayes(2018)对条件过程模型的检验步骤，对道德声誉干预在个人兴趣对公众合法性认同的影响中的调节效应检验的回归分析结果如表 6-20 所示。

从表 6-20 可以看出，在个人兴趣对公众合法性认同影响的所有路径中，道德声誉的所有调节项标准化回归系数均不显著，表明道德声誉干预在

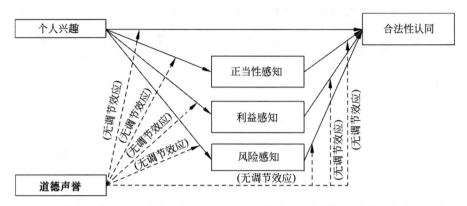

**图 6-7　道德声誉干预在个人兴趣对合法性认同的影响中的调节效应模型与检验结果**

个人兴趣对公众合法性认同的影响中不存在调节效应,假设 H17a 未通过验证。

**2. 道德声誉干预在隐私意识对公众合法性认同的影响中的调节效应**

第 5 章已经证明,隐私意识与公众合法性认同之间的关系,还受到主观感知变量的中介作用。本研究中的道德声誉干预调节变量是一个外生情境干预,也可能会在中介过程的任意一条影响路径中发挥调解作用。图 6-8 展示了道德声誉干预在隐私意识对公众合法性认同的影响中的调节效应假设模型与检验结果。根据 Hayes(2018)对条件过程模型的检验步骤,对道德声誉干预在隐私意识对公众合法性认同的影响中的调节效应检验回归分析结果如表 6-21 所示。

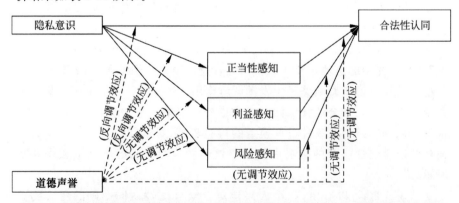

**图 6-8　道德声誉干预在隐私意识对合法性认同的影响中的调节效应模型与检验结果**

表 6-20 以"个人兴趣"为自变量,以道德声誉干预为调节变量的条件过程模型回归结果

| 变量类型 | 变量名称 | 直接作用 | 正当性感知中介 | | 利益感知中介 | | 风险感知中介 | |
|---|---|---|---|---|---|---|---|---|
| | | 合法性认同 | 正当性感知 | 合法性认同 | 利益感知 | 合法性认同 | 风险感知 | 合法性认同 |
| | 截距 | 0.005 | 0.058 | −0.020 | 0.034 | −0.052 | 0.119*** | 0.052 |
| 自变量 | 个人兴趣 | 0.136*** | 0.192*** | 0.054 | 0.230*** | −0.010 | 0.089** | 0.172*** |
| 调节变量 | 道德声誉干预 | −0.010 | −0.126** | 0.040 | −0.074 | 0.107** | −0.258*** | −0.117** |
| 中介变量 | 正当性感知 | | | 0.432*** | | | | |
| | 利益感知 | | | | | 0.594*** | | |
| | 风险感知 | | | | | | | −0.399*** |
| 调节项 | 个人兴趣×道德声誉干预 | −0.029 | −0.057 | 0.003 | −0.030 | −0.005 | −0.044 | −0.045 |
| | 正当性感知×道德声誉干预 | | | −0.059 | | | | |
| | 利益感知×道德声誉干预 | | | | | 0.038 | | |
| | 风险感知×道德声誉干预 | | | | | | | −0.025 |
| 控制变量 | $R$ | 0.188 | 0.237 | 0.440 | 0.282 | 0.581 | 0.193 | 0.443 |
| | $R^2$ | 0.035 | 0.056 | 0.193 | 0.079 | 0.338 | 0.037 | 0.196 |
| | $F$ | 3.572 | 5.772 | 19.382 | 8.378 | 41.337 | 3.777 | 19.709 |
| | Sig. | 0.000 | 0.000 | 0.000 | 0.000 | 0.000 | 0.000 | 0.000 |

注:$N=984$;\* 表示 $P<0.10$,\*\* 表示 $P<0.05$,\*\*\* 表示 $P<0.01$;为简洁起见,并方便进行调节效应比较,表中呈现标准化参数估计值,标准误、临界比、控制变量参数估计值等均已省略。

表 6-21 以"隐私意识"为自变量,以道德声誉干预为调节变量的条件过程模型回归结果

| 变量类型 | 变量名称 | 直接作用 | 正当性感知中介 | | 利益感知中介 | | 风险感知中介 | |
|---|---|---|---|---|---|---|---|---|
| | | 合法性认同 | 正当性感知 | 合法性认同 | 利益感知 | 合法性认同 | 风险感知 | 合法性认同 |
| | 截距 | -0.025 | 0.037 | -0.038 | 0.011 | -0.030 | 0.143*** | 0.020 |
| 自变量 | 隐私意识 | 0.371*** | 0.280*** | 0.269*** | 0.307*** | 0.209*** | -0.273*** | 0.287*** |
| 调节变量 | 道德声誉干预 | 0.035 | -0.100 | 0.071 | -0.033 | 0.106** | -0.304*** | -0.074 |
| 中介变量 | 正当性感知 | | | 0.364*** | | | | |
| | 利益感知 | | | | | 0.528*** | | |
| | 风险感知 | | | | | | | -0.308*** |
| 调节项 | 隐私意识×道德声誉干预 | -0.183*** | -0.189*** | -0.114* | -0.092 | -0.134** | 0.053 | -0.186*** |
| | 正当性感知×道德声誉干预 | | | 0.003 | | | | |
| | 利益感知×道德声誉干预 | | | | | -0.003 | | |
| | 风险感知×道德声誉干预 | | | | | | | -0.087 |
| 控制变量 | $R$ | 0.341 | 0.280 | 0.489 | 0.327 | 0.603 | 0.307 | 0.472 |
| | $R^2$ | 0.116 | 0.078 | 0.239 | 0.107 | 0.364 | 0.094 | 0.223 |
| | $F$ | 12.765 | 8.252 | 25.420 | 11.646 | 46.291 | 10.152 | 23.164 |
| | Sig. | 0.000 | 0.000 | 0.000 | 0.000 | 0.000 | 0.000 | 0.000 |

注: $N=984$; ** 表示 $P<0.10$, ** 表示 $P<0.05$, *** 表示 $P<0.01$;为简洁起见,并方便进行调节效应比较,表中呈现标准化参数估计值,标准误、临界比、控制变量参数估计值等均已省略。

从表 6-21 可以看出，在隐私意识对公众合法性认同影响的所有路径中，道德声誉干预与隐私意识的调节项在隐私意识与公众合法性认同的直接影响中始终显著（$P<0.10$，标准化回归系数始终为负），表明道德声誉干预在隐私意识与公众合法性认同的关系中存在反向调节效应。道德声誉干预与隐私意识的调节项在隐私意识与正当性的关系中的标准化回归系数显著（$P<0.01$，标准化回归系数为$-0.189$），表明道德声誉干预对隐私意识与正当性感知之间的关系存在反向调节效应。且第 5 章已经证明，正当性感知、风险感知对隐私意识与合法性认同关系存在中介作用，假设 H17b 通过验证。

**3. 道德声誉干预在技术嵌入性对公众合法性认同的影响中的调节效应**

第 5 章已经证明，技术嵌入性与公众合法性认同之间的关系，还受到主观感知变量的中介作用。本研究中的道德声誉干预调节变量作为外生情境干预，可能会在中介过程的任意一条影响路径中发挥调解作用。图 6-9 展示了道德声誉干预在技术嵌入性对公众合法性认同的影响中的调节效应假设模型与检验结果。根据 Hayes（2018）对条件过程模型的检验步骤，对道德声誉干预在技术嵌入性对公众合法性认同的影响中的调节效应检验的回归分析结果如表 6-22 所示。

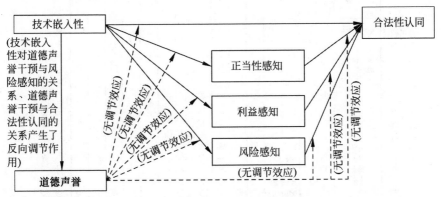

**图 6-9　道德声誉干预在技术嵌入性对合法性认同的影响中的调节效应模型与检验结果**

从表 6-22 可以看出，在技术嵌入性对公众合法性认同影响的所有路径中，道德声誉干预与技术嵌入性的调节项在技术嵌入性与风险感知的作用及风险感知在技术嵌入性与合法性认同间的中介作用中的标准化回归系数显著（$P<0.10$，标准化回归系数始终为负）。但第 5 章已经证明，利益感知、

表 6-22 以"技术嵌入性"为自变量，以道德声誉干预为调节变量的条件过程模型回归结果

| 变量类型 | 变量名称 | 直接作用 | 正当性感知中介 | | 利益感知中介 | | 风险感知中介 | |
|---|---|---|---|---|---|---|---|---|
| | | 合法性认同 | 正当性感知 | 合法性认同 | 利益感知 | 合法性认同 | 风险感知 | 合法性认同 |
| | 截距 | 0.006 | 0.060 | −0.020 | 0.037 | −0.015 | 0.120*** | 0.052 |
| 自变量 | 技术嵌入性 | 0.112*** | 0.087** | 0.073* | 0.007 | 0.108*** | −0.018 | 0.105*** |
| 调节变量 | 道德声誉干预 | −0.014 | −0.131** | 0.039 | −0.079 | 0.031 | −0.260*** | −0.119*** |
| 中介变量 | 正当性感知 | | | 0.436*** | | | | |
| | 利益感知 | | | | | 0.591*** | | |
| | 风险感知 | | | | | | | −0.384*** |
| 调节项 | 技术嵌入性×道德声誉干预 | −0.054 | −0.041 | −0.032 | 0.031 | −0.070 | −0.110* | −0.101* |
| | 正当性感知×道德声誉干预 | | | −0.058 | | | | |
| | 利益感知×道德声誉干预 | | | | | −0.049 | | |
| | 风险感知×道德声誉干预 | | | | | | | −0.033 |
| 控制变量 | $R$ | 0.168 | 0.181 | 0.440 | 0.184 | 0.587 | 0.198 | 0.423 |
| | $R^2$ | 0.028 | 0.033 | 0.194 | 0.034 | 0.345 | 0.039 | 0.179 |
| | $F$ | 2.837 | 3.312 | 19.469 | 3.412 | 42.603 | 3.982 | 17.641 |
| | Sig. | 0.002 | 0.000 | 0.000 | 0.000 | 0.000 | 0.000 | 0.000 |

注：$N=984$；* 表示 $P<0.10$，** 表示 $P<0.05$，*** 表示 $P<0.01$，**** 表示 $P<0.001$；为简洁起见，并方便进行调节效应比较，表中呈现标准化参数估计值，标准误、临界比、控制变量参数估计值等均已省略。

风险感知对技术嵌入性与合法性认同关系并不存在中介作用,假设 H17c 未通过验证。

但 Hayes(2018)指出,在不存在中介作用的情况下,当加入新的调节变量时,也可能出现自变量与调节变量的调节项对中介变量关系的影响变为显著的情况,此时可能是自变量与调节变量在模型中地位调换,调节变量起到了自变量的作用。在"技术嵌入性—风险感知中介—合法性认同模型"中,道德声誉干预、道德声誉干预与技术嵌入性交互项对风险感知的回归系数均显著($P<0.10$,标准化回归系数均为负),技术嵌入性对风险感知的回归系数不显著。与此同时,技术嵌入性、道德声誉干预、风险感知、道德声誉干预与技术嵌入性交互项对合法性认同的标准化回归系数均显著($P<0.10$,标准化回归系数均为负)。考虑到技术嵌入性是一个既定的外部干预现实条件变量,这一现象说明,技术嵌入性反而作为一个调节变量,对道德声誉干预与风险感知的关系、道德声誉干预与合法性认同的关系产生了反向调节作用。技术嵌入性越高,即城市智能化程度和成效越好,也会影响在道德声誉干预下公众对于风险与合法性认同的判断,弱化道德声誉干预对公众风险感知的降低作用。这一结果与第 5 章关于技术嵌入性的调节作用相呼应。

## 6.5 本章小结

为了回答本研究的第三个研究问题,本章通过等组后测设计情景模拟问卷实验的方法,对绩效声誉、程序声誉和道德声誉三种声誉干预策略的效果进行了检验。基于对 530 名对照组被试样本,523 名绩效声誉干预组被试样本,500 名程序声誉干预组被试样本和 454 名道德声誉干预组被试样本,共计 2007 名被试样本的数据描述性统计、$t$ 检验对比分析及回归分析,检验了第 4 章关于政府行为对公众合法性认同影响的一系列假设,所检验假设及通过情况如表 6-23 所示。

实验发现,通过宣传城市大脑在提升政府公共服务质量、促进政府治理创新方面效用进行的绩效声誉建构,并未对被试样本关于城市大脑正当性、利益和风险的主观感知以及城市大脑的合法性认同产生显著直接影响,绩效声誉干预对风险感知与公众合法性认同的关系具有显著的正向调节作用,即绩效声誉干预会加剧风险感知对公众合法性认同的负面影响。绩效声誉干预对隐私意识、技术嵌入性与合法性认同的直接关系具有反向调节作用，即弱化隐私意识、技术嵌入性对合法性的提升作用。

通过塑造政府及时出台法律法规，并严格按照相关规定进行个人信息数据采集的法治化形象进行的程序声誉建构，能够直接显著降低被试样本对城市大脑的风险感知，提升被试样本对于城市大脑的合法性认同。程序声誉干预对风险感知与公众合法性认同的关系也具有显著正向调节作用，即程序声誉干预会加剧风险感知对公众合法性认同的负面影响。程序声誉干预也会对隐私意识与风险认知的关系产生显著正向调节作用，即加剧前文已经证实的隐私意识对风险感知的降低作用。程序声誉干预还会对技术嵌入性与合法性认同的直接影响产生反向调节作用，即减弱技术嵌入性对合法性认同的正面影响。

通过塑造政府维护处于弱势地位的公众个人数据信息权益的英雄形象进行的道德声誉建构，显著降低了被试样本对于城市大脑的风险感知，同时也降低了正当性感知，但未能对城市大脑利益感知与合法性认同产生直接影响。道德声誉干预在隐私意识与公众合法性认同的直接关系和隐私意识与正当性感知的关系中存在反向调节效应。由于前文已经证明，正当性感知在隐私意识与合法性认同之间存在中介作用，因此，道德声誉干预会减弱隐私意识对正当性感知与合法性认同的正面影响。此外，在技术嵌入性与道德声誉干预的相互关系中，技术嵌入性作为一个既定的外部干预现实条件变量，反而对道德声誉干预与风险感知的关系、道德声誉干预与合法性认同的关系产生了反向调节作用，即技术嵌入性会弱化道德声誉干预对公众风险感知的降低作用。这一现象，进一步佐证了第5章在检验技术嵌入性的调节作用时发现的，技术嵌入会激发公众对智能治理的风险感知。技术与政治之间形成了互相嵌套、互相影响的关系。

表 6-23　第九组至第十七组研究假设及检验通过情况

| 序号 | 研究假设 | 检验情况 |
| --- | --- | --- |
| 第九组假设 | | |
| H9a | 绩效声誉干预能够提升公众对城市大脑的正当性感知 | 未通过 |
| H9b | 绩效声誉干预能够提升公众对城市大脑的利益感知 | 未通过 |
| H9c | 绩效声誉干预能够降低公众对城市大脑的风险感知 | 未通过 |
| H9d | 绩效声誉干预能够提升公众对城市大脑及应用的合法性认同 | 未通过 |

续表

| 序号 | 研究假设 | 检验情况 |
|---|---|---|
| 第十组假设 | | |
| H10a | 绩效声誉干预在公众正当性感知与对城市大脑及其应用合法性认同间具调节作用 | 未通过 |
| H10b | 绩效声誉干预在公众利益感知与对城市大脑及其应用合法性认同间具有调节作用 | 未通过 |
| H10c | 绩效声誉干预在公众风险感知与对城市大脑及其应用合法性认同间具有调节作用 | 通过 |
| 第十一组假设 | | |
| H11a | 绩效声誉干预在个人兴趣对公众合法性认同的影响中具有调节作用 | 通过 |
| H11b | 绩效声誉干预在隐私意识对公众合法性认同的影响中具有调节作用 | 通过 |
| H11c | 绩效声誉干预在技术嵌入性对公众合法性认同的影响中具有调节作用 | 通过 |
| 第十二组假设 | | |
| H12a | 程序声誉干预能够提升公众对城市大脑的正当性感知 | 未通过 |
| H12b | 程序声誉干预能够提升公众对城市大脑的利益感知 | 未通过 |
| H12c | 程序声誉干预能够降低公众对城市大脑的风险感知 | 通过 |
| H12d | 程序声誉干预能够提升公众对城市大脑及应用的合法性认同 | 通过 |
| 第十三组假设 | | |
| H13a | 程序声誉干预在公众正当性感知与对城市大脑及其应用合法性认同间具调节作用 | 未通过 |
| H13b | 程序声誉干预在公众利益感知与对城市大脑及其应用合法性认同间具有调节作用 | 未通过 |
| H13c | 程序声誉干预在公众风险感知与对城市大脑及其应用合法性认同间具有调节作用 | 通过 |
| 第十四组假设 | | |
| H14a | 程序声誉干预在个人兴趣对公众合法性认同的影响中具有调节作用 | 通过 |
| H14b | 程序声誉干预在隐私意识对公众合法性认同的影响中具有调节作用 | 通过 |
| H14c | 程序声誉干预在技术嵌入性对公众合法性认同的影响中具有调节作用 | 通过 |

续表

| 序号 | 研究假设 | 检验情况 |
|---|---|---|
| 第十五组假设 | | |
| H15a | 道德声誉干预能够提升公众对城市大脑及其应用的正当性感知 | 未通过* |
| H15b | 道德声誉干预能够提升公众对城市大脑及其应用的利益感知 | 未通过 |
| H15c | 道德声誉干预能够降低公众对城市大脑及其应用的风险感知 | 通过 |
| H15d | 道德声誉干预能够提升公众对城市大脑及应用的合法性认同 | 未通过 |
| 第十六组假设 | | |
| H16a | 道德声誉干预在公众正当性感知与对城市大脑及其应用合法性认同间具调节作用 | 未通过 |
| H16b | 道德声誉干预在公众利益感知与对城市大脑及其应用合法性认同间具有调节作用 | 未通过 |
| H16c | 道德声誉干预在公众风险感知与对城市大脑及其应用合法性认同间具有调节作用 | 未通过 |
| 第十七组假设 | | |
| H17a | 道德声誉干预在个人兴趣对公众合法性认同的影响中具有调节作用 | 未通过 |
| H17b | 道德声誉干预在隐私意识对公众合法性认同的影响中具有调节作用 | 通过 |
| H17c | 道德声誉干预在技术嵌入性对公众合法性认同的影响中具有调节作用 | 未通过* |

注：未通过检验的假设标记*号表明实际检验结果显著,但与原假设相反。

# 第 7 章 讨论与结论

> "这是一个陌生的前沿,在人类历史上从未发生过。正当你惊奇于现代世界不断增加的方便度、个性化以及高效率时,新的社会制度会悄无声息地潜入,如猫一样前行。"
> ——卡普兰(Jerry Kaplan),《人工智能时代》,2014

本研究针对我国各地建设部署城市大脑带来的智能治理与公众反馈,旨在回答三个核心研究问题:一是公众对于智能治理社会合法性的问题具有什么样的现实态度和表现?二是智能治理社会合法性形成的内在机制是什么?三是政府的干预行动能否以及如何影响智能治理的社会合法性。基于对现实案例的质性研究,在第 3 章回答了第一个研究问题。此后,利用对"城市大脑公众认知"调查问卷数据的分析以及"城市大脑公众认知"情景模拟问卷实验数据的对比分析,在第 5 章和第 6 章分别回答了第二、第三个研究问题。本章将对本研究的实证结果进行更加深入的解释与讨论,借助与已有理论的再次对话,以及在质性研究过程中面向公众开展焦点小组讨论的相关记录,进一步对实证研究的结论进行验证,形成本研究的最终结论。

## 7.1 讨 论

### 7.1.1 从"技术赋能"到"技术嵌入"

第 2 章文献综述部分,回顾了过去的理论研究对于技术、政府、社会公众三者互动关系的讨论,提炼了技术发展赋能政府治理,政府以技术发展成果为工具和手段,影响公众心理认知,进而塑造治理的社会合法性,使公众做出社会接受或社会许可决定的逻辑链条。在这一逻辑链中,原本应该作为合法性根基的社会公众只能被动接受外部力量对自己的形塑,以至于面对滚滚而来的数字化、智能化浪潮,社会涌起更加强烈的对于新技术治理背景下"数字利维坦"的忧思(van Zoonen,2016;郧彦辉,2015)。尽管这种解释符合人类社会发展过程的表象,但无法回应社会公众突破忍耐极限后摧枯拉朽的革命力量。而作为文明创造之源的"人性",也在这种解释中被忽视了。

本研究通过对具有中国特色的技术与政治结合的产物——城市大脑产生的背景、国内建设情况以及 Z 市 D 县利用城市大脑进行的治理创新实践与社会公众反馈的质性探索,基于实证证据提出了"技术嵌入"的概念,并对其进行了阐释。

与已有研究将技术视为一种工具的赋能逻辑不同,以城市大脑为代表的智能化技术,在帮助政府提升治理能力的同时,也在不断通过技术革命,拓展社会的边界,制造新的"权力空场"。而占据技术领先地位的其他社会力量,正试图借助数据、算法等技术优势,空间、组织灵活性以及单一而纯粹的谋利目标,在权力空场创建新的社会秩序,与现代国家竞争权力,侵蚀国家权威的合法性。技术与政治的互动过程,不再仅仅是技术为政治生产、赋能的过程,技术也开始对传统政治形成制约和入侵之势(Gasser & Almeida,2017;Perry & Uuk,2019;弗洛里迪,2016;王小芳、王磊,2019;庞金友,2020)。而随着因技术弱势带来的政府权力弱化现象逐渐暴露,数据与智能技术的政治意义又受到政府的重视。政府则通过其在传统权力场域中的优势,尝试夺回"技术—社会"系统中的主导权,对技术进行驯化与归化,抵制新兴科技帝国的入侵(Janssen et al.,2020;钱德勒、科塔达,2008;黄嘉,2012;何明升,2018)。

在城市大脑的建设实践中,技术提供者在辅助政府的同时,又希望能够借助对政治权力的渗透与融合,获取更多更深的数据挖掘与价值开发的权力。而政府在利用城市大脑技术的过程中,悄然向技术提供者"偷师学艺",不断创新政府组织模式与权力分配结构,巩固其在既有权力场域中的地位,并积蓄自己的技术能力,为夺取新的权力空场做准备。技术对政治赋能又竞争,政治对技术利用又防范的相互嵌套关系,展现了"用技术治理"和"对技术治理"的一体化,这是"技术嵌入"的第一层含义。

"技术嵌入"的第二层含义,则是将公众的角色引入了技术与政治的二元关系中,变成了"技术—政治—公众"的三元互动,公众的价值在智能技术越来越强烈的数据需求和社会变革产生的新"数据秩序"中日益显现(何明升,2018)。一方面,智能技术向社会环境的深度扩散和渗透,打破了传统政治框架下公众诉求表达与精英民意提取间的重重阻碍,放大了普通公民的政治表达,向公众赋权(Matheus et al.,2018;基恩,2003;辛德曼,2015;

黄萃等,2017;庞金友,2020)。另一方面,技术与政治新的联合,需要以精细化、持续化的数据资源为基础。尽管在短期内,借助原有技术和权力优势,技术开发企业和政府占据了原始数据资本积累的优势,公众一方在自身数据权益保障方面稍显弱势。但作为数据资源生产者的社会公众,也在自己的私域被技术和政治不断入侵的过程中逐渐觉醒并开始有意识地抗争,未来社会形成公众以数据权利结构制约权力的机制,也并非完全不可能(Martin & Rice,2015;Belanche-Gracia et al. ,2015;彭特兰,2015)。

中国城市大脑领域建设实践中,公众对于深度数据采集和利用行为的抗议,就体现了公众支持的重要性。要想使城市大脑能够真正发挥作用,需要对公众的各类细颗粒度个人信息数据进行整合归集,实现对每个人、每个家庭乃至社会每个角落的"精准画像"。而在应用城市大脑进一步实现治理创新的过程中,又需要对整合而来的公众个人信息数据等各类社会数据进行再开发,以创造公共价值和经济价值。每一个环节的成功、持续的实现,都有赖于公众的支持与许可。在技术与政治相互竞争的过程中,技术企业与政府也争相寻求作为用户的公众支持,企业不断开发各种新的应用功能,以守住并扩大自己的数据汲取能力;而作为后来者的政府,也试图用各种方式,将具有最高资源价值的公众数据流引入自己的领地。

笔者曾针对智慧城市建设的公众认知问题,分别于2016年和2020年在我国东部的浙江省,2017年和2020年在我国中部的湖北省,各组织了两次焦点小组讨论,而通过两个地区前后两组焦点小组讨论的对比可以看出,在技术嵌入逐渐加深的过程中,公众切实地体会到了自身的价值变化。

在2016年和2017年相对较早的焦点小组讨论中,由于城市大脑的概念当时刚刚兴起,公众也并未形成对智能治理的认知,受访人普遍认为智慧城市建设的作用在于强化政府治理、促进经济发展,公众自身的诉求表达和权利维护居于次要地位:

"我觉得大数据主要还是服务于企业和产业应用,老百姓的需求本身就是五花八门,各不相同,城市治理嘛可能需要的,老百姓要解决自己的问题还是要(自己)去找政府。"(HZ04-20160813)

"智能生态城主要是发展智慧产业,我们杭州现在智慧城市建设是不错的,但主要还是服务于政府管理和经济这块,公众服务肯定是有的,但主要还是迎接G20嘛,要有一些不一样的特色,给世界看一看。"(HZ05-20160813)

"我们能有什么影响力,我们的意见既没有地方可以去说,也没人会

听。"(XF01-20170709)

"你说在建智慧城市,什么叫智慧城市?我听都没(听)过。这跟老百姓有什么关系,政府玩这些概念一天一个花样,谁知道明天又叫什么城市,什么地球的。"(XF02-20170709)

"这个行政审批局设立,审批流程一次性解决,主要还是上级政府的要求和安排,现在企业的日子不好过啊……老百姓懂啥子呢?你告诉他'放管服'改革,他知道'放管服'是什么意思吗?"(XF03-20170709)

但在 2020 年对两地公众组织的焦点小组讨论中,受访人都表达了对于政府重视个人诉求和公共服务效率的满意:

"现在什么'最多跑一次'啦,'浙里办'啊,天天宣传,确实方便了很多。"(HZ06-20201114)

"城市大脑有个 App 的,但是现在主要用'浙里办'比较多,比以前方便,也比以前(反应)快。"(HZ07-20201114)

"我觉得老百姓的诉求越来越被重视是真的,特别是疫情这个事情以来,智能手机上的很多功能(政府)也用起来了,可能就是需要一些这样的危机,政府和老百姓之间才能更好地磨合,相互理解吧。"(HZ08-20201114)

"现在手机上(应用)多方便,你看疫情期间,买菜都能给你送到门口,在微信公众号上提个要求马上都能解决,政府也不容易啊。"(XF01-20200516)

"这几年,政府对老百姓的重视程度确实比以前强得多,不管是农村的扶贫还是现在城市里搞的信息化……"(XF02-20200516)

"现在网络好厉害,一曝光影响好大吧!就是 12345 都比直接找政府找社区强,马上就解决了。不解决是要处分人的。"(XF04-20200516)

日渐觉醒并崛起的公众力量,正在成为促成"技术—政治—公众"三角互动关系走向平衡、趋于稳态的关键。而更加重视公众的需求与声音,也成为智能治理的一种发展走向和趋势。这是城市大脑"社会合法性"问题之所以重要并值得深入研究的原因所在。

### 7.1.2 是"隐私危机"还是"安全屏障"

无论是已有的理论研究还是笔者在质性研究环节的实证调研,社会各界普遍把公众的隐私意识和对隐私问题的担忧,看作智慧城市与城市大脑建设面对的一种困难(Belanche-Gracia et al., 2015; van Zoonen, 2016)。

然而，本研究在利用问卷调查数据对公众关于城市大脑合法性认知的变化及其形成机制的分析中却发现，公众隐私意识越高，对城市大脑的合法性认同越高。为什么会出现这样一种"反常识"的结果？这是不是因为，公众普遍认知中的隐私威胁来源于技术企业，而政府建设城市大脑，利用政府信用背书，从"官方"的角度去进行数据采集和整合，反而会给予公众一种安全感？

一些学者指出，在政府的信息化取得良好绩效的状态下，公众会增强对政府的信任，并愿意向政府共享自己的信息和数据（Martin & Rice, 2010; Belanche-Gracia & Ariño, 2015）。而基于中国等"大政府"社会现实情境的分析也表明，中国、新加坡等受东方制度文化影响深刻，民众集体主义思想观念较为强烈的国家，公众对于政府利用智能技术进行社会治理的态度也更包容且积极（Greitens, 2013; Gurinskaya, 2020; Wu et al., 2020; Tan, 2020）。因此，隐私意识较高的公众，在意识到大数据与人工智能技术给个人隐私和安全带来的威胁时，首先想到的仍然是依靠政府行动维护自己的权利（Wu et al., 2020; 李文钊, 2020）。出于对政府代表公共利益的信任，公众会更加支持政府利用个人信息数据的治理行动，将政府视为抵御以创造利润为目标、拥有强大技术能力却在道德上并不占有优势的企业巨头侵犯公众个人权利的"安全屏障"（Xie et al., 2015; Zhang & Dafoe, 2018; Bradford et al., 2020; Alarabiat et al., 2021）。

而笔者在2020年对浙江省和湖北省两地公众的焦点小组讨论中，也就这一问题组织了讨论。受访人的回应表明，在公众意识到对个人信息数据采集可能威胁自身隐私安全时，公众会选择寻求政府帮助。较之于将自己的数据交给科技企业，公众也更愿意把自己的个人信息数据交给政府。

"我认为让政府来采集我们个人（信息）数据，肯定比企业做要安全，企业毕竟是以营利为目的的，政府的职能是公共服务，是为了公益嘛。而且现在我们都能感受到哦，确实见了成效的。"（HZ07-20201114）

"现在最大的问题是数据采集法律门槛太低，只要有技术都能做。所以很多小企业，为了发展壮大，就会做一些违法的事情。政府的主要任务不是自己创办个企业去跟科技巨头抢数据，应该是需要建立一种体制机制，能够直接对科技巨头的数据形成监管的权力，这样才能缩短治理距离，减少治理成本，最快见效。"（HZ08-20201114）

"像阿里这类大企业，现在收集了那么多数据，其实比城市大脑对我们的威胁肯定要大得多。国家现在进行整治，也是为了维护老百姓的利益，我

是支持的。"(HZ09-20201114)

"确实城市大脑也可能存在数据隐私问题，但是政府是有制约的，是要维护老百姓利益的，肯定不会像企业为了谋利不择手段啊。你看现在，在淘宝上买个东西登记个手机号，天天都能收到垃圾短信，其他各个平台都给你推送一样的东西，这都是企业做的烂事儿。就应该让政府狠狠地治治他们。"(XF02-20200516)

"与其让我们的个人信息被企业收走，不如让政府统一征集完了以后政府统一管理，哪个企业要用，需要多少给你批多少，跟卖地一样，要给政府交钱，这个钱抵消一部分老百姓的税费，这才是正道。现在企业拿老百姓个人隐私赚钱，老百姓无可奈何，必须得要政府出手。"(XF05-20200516)

"你算是隐私观念比较强的，所以会考虑这个问题。其实老百姓哪里考虑什么隐私不隐私，只要好用，只要能占到便宜，注册一堆账号薅羊毛正常得很……就是考虑到隐私的问题，也是企业有问题，政府去管理，我们遇到问题，也是想到找政府。政府自己在数据管理上出问题，不多见。"(XF06-20200516)

根据焦点小组讨论反馈的信息也可以看出，在面对个人信息采集与个人隐私安全之间的冲突时，尽管公众会对城市大脑的隐私安全抱以忧虑，但公众会将科技企业非法采集个人信息数据的行为视作对个人隐私安全的首要威胁，而将政府视为解决威胁、维护公众个人信息安全的力量。因此，公众隐私意识越高，对以政府为主体的城市大脑建设及应用的合法性认同越高，在逻辑上和实际情境中都是成立的。

### 7.1.3 追求"绩效创新"还是"社会正义"

已有关于政府对合法性塑造的文献指出，为了树立政府在公众心中的良好形象和社会合法性，政府往往会主动面向公众开展宣传沟通，进行声誉建构和声誉管理（Carpenter & Krause, 2012; Christensen & Lodge, 2018）。政府的声誉可以划分为四个维度，并对应四种相应的声誉塑造策略：一是主动向公众展示政府公共服务效能、社会经济水平提升的绩效声誉建构；二是主动向社会展现法治形象以及行政人员对于法律法规和各类程序要求的严格遵循的程序声誉塑造策略；三是主动向公众宣扬政府对社会弱势群体的关怀、对民众诉求的回应、对道德风尚的弘扬的道德声誉塑造策略；四是主动向社会呈现出政府具有高水平科学知识与专业技能，能够自主应对各种突发状况和复杂问题的技术声誉（Christensen & Lodge,

## 第7章 讨论与结论

2018；Wei et al.，2021）。

在对我国城市大脑建设实践的质性研究过程中，本研究发现，在政府意识到公众的合法性认同对于城市大脑持续性开展数据采集整合，以及后续数据资源开发利用的重要性后，尽管尚未大规模进行实践，但部分先进地区的地方政府，在建构和塑造城市大脑声誉，回应社会公众关于数据和隐私安全问题的争议方面，已经开展了一些探索性尝试。根据质性研究获得的经验知识，这些尝试可以分为三种声誉构建的策略：一是向公众传递城市大脑在提升政府公共服务质量、促进政府治理创新方面的绩效声誉信息；二是向公众传递政府在通过城市大脑采集和整合公众个人数据信息时严格遵守有关法律法规要求的程序声誉信息；三是向公众传递政府利用城市大脑保护与科技企业相比处于弱势地位的公众的个人信息数据权益不受侵害的道德声誉信息。由于城市大脑的高技术集成性，政府较之于科技企业并不占据技术优势，所以较少从技术声誉的角度进行声誉建构与合法性塑造。

而在借助情景模拟随机问卷实验的方法对绩效声誉、程序声誉和道德声誉三种声誉干预策略实际效果的检验中发现，政府当前应用较为普遍的，对于城市大脑在提升政府公共服务质量、促进政府治理创新方面效用的宣传和绩效声誉建构，并未对公众关于城市大脑正当性、利益和风险的主观认知产生直接影响，也未对公众对城市大脑的合法性认知产生直接影响，只是在主观感知与合法性认同之间，隐私意识对合法性认同的直接影响之间，以及风险感知对个人兴趣与合法性认同的中介关系、风险感知对隐私意识与合法性认同的中介关系产生了一定的调节作用。而有关政府在采集个人信息数据过程中，将严格遵守相关法律法规的规定，确保程序正义的程序声誉，能够直接显著降低公众对城市大脑的风险感知，提升公众对于城市大脑的合法性认同。在叙事中强化政府以公权力制约不法分子滥采滥用公众个人信息、维护在社会中处于极度弱势地位的公众权益的"卫士"形象的道德声誉建构，更能够显著提升公众对于城市大脑的风险感知和正当性感知，但却未能对城市大脑的利益感知与合法性认同产生直接影响。

对于公众而言，对城市大脑的社会合法性判断，需要同时考虑城市大脑的数据整合需求和数据资源开发作用给公众带来的损益平衡，以及城市大脑给社会带来的成效，到底在多大程度上被公众真实获得和感受到。在城市大脑尚未大规模建设完成，也未能给社会公众带来普遍获得感的当下，对城市大脑绩效声誉的塑造和建构，就难以产生良好的效果（Rose et al.，2018）。

而对于政府遵循法律法规的程序声誉的建构,塑造政府的法治形象,能够给予公众一种风险防控的预期,也更能增进公众对于政府行为的信任和认同。因此,加强制度建设对于提升公众的合法性认同具有重要意义(Warkentin et al.,2018;孙宇,2020;陈卓荣,2021)。

着重强调政府在治理数据滥采滥用、维护公众权益方面的努力,虽然能够提升公众对于建设城市大脑正当性的感知,却同时也激发了公众对于数据隐私的保护意识,提高了公众对于城市大脑风险的感知。针对西方情境下公众对于智能技术接受度的研究表明,增强公众对数据采集过程的安全感知,才是提升公众接受和认可度的关键(Belanche-Gracia et al.,2015)。尽管道德声誉的建构彰显了政府在技术、政治与社会互动中扮演的公众利益捍卫者的英雄形象,但由于这仅仅是存在于纸面上的一种构想与尝试,公众无法确定城市大脑能否实现这种功能,难以获得真正的安全感,反而加剧了公众对于隐私和信息安全的担忧,冲抵了政府道德形象的正面效应。

在对焦点小组的讨论中,受访人在听取三种声誉建构表述后反馈的信息,也表明了上述观点:

"我觉得我们杭州城市大脑建得早一点,这个效果大家看得到,这样宣传没有问题,大家肯定是认可的。但是你要放在全国其他地方,别的地方没有建的,老百姓感受不到,可能就没有什么效果的哦,你可能需要再考虑考虑。"(HZ06-20201114)

"法律法规很重要,它体现的是一种态度,这个是对全社会的共同约束,是一种制度保障,我认为这些法律出台以后,我就能更加心安,至少出问题我可以有依据去追责。"(HZ08-20201114)

"这个道德形象表述给人的直观感觉是传递了现在数据滥采滥用形势很严峻的这个信息,但是打击电信诈骗主要是依靠公安系统在做吧。而且你要说现在电信诈骗发生以后,真正能追回多少损失,很难。根本上还是要靠自己(预防),所以公安也主要是起个宣传的作用,让我们避免被骗。"(HZ09-20201114)

"政府制定新的法律保护老百姓的个人信息和个人隐私,这是好事啊,既能约束企业,也能对政府自己的行为产生一定的制约,这个肯定是能让我感觉到未来风险能够降低的。"(XF02-20200516)

"政府确实应该好好治治那些收集我们个人信息,然后骚扰我们,搞电信诈骗的。但是你说这个通过城市大脑来做,我觉得不是,肯定还是要通过法律,通过公安。我倒是觉得,城市大脑也收集这么多信息,也不一定就能

保证安全。"(XF04-20200516)

"他说的这些数字,说这个(城市大脑)多么多么好,我们又感觉不到,怎么可能相信呢?……要宣传,应该搞一些老百姓感觉得到的东西,我们这里堵车又不像北京那么严重,你说堵车缓解了肯定不行。"(XF06-20200516)

总之,无论是追求"绩效创新"还是"社会正义",政府对于城市大脑的声誉建构与宣传,重点在于契合公众的需求并让公众获得真实的体验和感受。空洞的宣传和过度的形象包装,难以获得公众的认可,甚至会引致相反的效果。对于政府而言,寻求公众对于城市大脑及其应用的合法性认同,也并非简单的"就事论事",在智能治理的时代背景下,公众的合法性认同反映的是对政府整体治理效能的社会评价,是政府实现"善治"需要追求的核心价值。

## 7.2 主要结论

针对本研究关注的三个研究问题,结合以上分析,本研究主要得出了以下结论。

**研究结论一:在现有文献综述基础上,通过对我国城市大脑治理实践中政府、企业与公众互动过程的探索性研究发现,政府利用城市大脑进行智能治理的实践会激发治理能力与合法性之间的张力。社会合法性决定了智能治理能否持续推进。随着智能治理实践的深入,公众的态度从期待转向忧虑与抗拒,促使政府采取行动塑造城市大脑的社会合法性。**

在大数据、人工智能推动政府治理创新的过程中,技术与政府存在一种相互影响的"互嵌"关系。一方面,技术的进步为政府治理创新带来了新的工具和手段,但与此同时,政府的技术弱势也导致权力空心化和对政府自身能力的削弱。另一方面,智能治理的实现,有赖于对来自社会公众高精度、细颗粒度数据的采集和整合,需要公众让渡自己的信息数据权益,但公众对于个人隐私和信息安全的关注,也对政府深入、持续的数据采集和整合形成了一种制约。政府技术能力的不足、个人信息数据采集整合与隐私安全保护之间的矛盾,导致智能治理面临合法性危机。

为了应对合法性问题,政府在不断强化自身技术能力和主导权的同时,积极探索声誉建构与社会合法性塑造的途径,主要包括绩效声誉建构、程序声誉建构、道德声誉建构三种策略。绩效声誉策略旨在向公众传递城市大脑在提升政府公共服务质量、促进政府治理创新方面的绩效信息;程序声誉策略旨在向公众塑造政府在通过城市大脑采集和整合公众个人数据信息时严格遵守有关法律法规要求的法治化形象；道德声誉策略旨在树立政府利用城市大脑保护与科技企业相比处于弱势地位的公众的个人信息数据权益不受侵害的英雄形象。

**研究结论二：通过对"城市大脑公众认知"问卷调查数据的多元回归分析发现，城市大脑社会合法性的形成受公众个人兴趣、隐私意识以及所处环境中智能治理技术嵌入成效的影响，主观感知对社会合法性的形成具有中介作用，技术嵌入对社会合法性的形成具有调节作用。**

公众对于城市大脑及其应用的合法性认同，是现实条件促动主观感知变化，进而带来合法性认同变化的过程。其中，隶属于现实条件的因素有两类，一类是个人素质因素，一类是技术嵌入因素。个人兴趣、隐私意识两种个人素质因素和公众日常生活环境的智能技术嵌入程度，会显著影响公众对城市大脑的主观感知与合法性认同。个人兴趣和技术嵌入性越高，合法性认同也越高。与研究假设相反的是，隐私意识越高，公众对于城市大脑的合法性认同也越高，尽管这与现有理论和实践经验存在出入，但结合中国的现实情境，公众对个人信息和隐私安全的担忧主要来自企业滥采滥用个人数据信息的行为，而政府对数据的归集和整合则被视为一种保护公众隐私的安全屏障，在逻辑上和实际情境中都是成立的。

**研究结论三：在政府对绩效声誉、程序声誉、道德声誉的建构行动中，只有程序声誉有助于提升城市大脑的社会合法性。而从社会合法性形成的内在机制来看，三种声誉建构行为均会产生反向调节作用，进一步加剧公众的复杂心态。**

实验结果表明，公众对于城市大脑合法性认同的形成并非基于既定环境和条件下完全封闭的判断和认知过程，也会受到外部干预的影响。政府的绩效声誉建构，虽然未能直接影响公众关于城市大脑正当性、利益和风险的主观认知和公众对城市大脑的合法性认知，但对于公众的认知过程具有一定的调节作用。而对程序声誉的建构，能够直接显著降低公众对城市大脑的风险感知，提升公众对于城市大脑的合法性认同，也会对公众的自我认知过程产生调节作用。道德声誉干预显著提升了公众对于城市大脑的风险感知和正当性感知，但未能对城市大脑利益感知与合法性认同产生直接影响。

不同的声誉干预策略对公众的合法性认同产生的效果不同，但政府声誉干预产生效果需要建立在这种声誉宣传能够与公众的真实需求和切身体验与感受形成共鸣的基础上。在声誉干预对既有条件促使社会合法性形成的内在机制调节作用中,三种声誉干预策略都产生了反向调节作用,进一步加剧公众的复杂心态。公众拥有个人损益衡量标准和对正当性的评判尺度,适度的声誉塑造需要建立在公众对于城市大脑的效用感知与公众需求相契合的基础上。空洞的宣传和过度的形象包装,难以获得公众的认可,甚至会起反作用。

## 7.3 研究创新与不足

### 7.3.1 研究创新

本研究的主要创新点如下:

(1) **本研究在前人研究基础上,整合了社会接受与社会许可的相关概念模型,提出了城市大脑社会合法性的解释框架,从公众认同的视角,揭示了城市大脑及其应用社会合法性的形成机制,为理解智能治理情境下的公众心理认知、态度与行为的动态变化提供了可供参考的理论基础,对现有知识体系进行了补充和完善**。本研究以公众对于城市大脑及其应用的合法性认同为切入点,探索治理能力与治理的社会合法性之间"张力"的表征,识别公众合法性认知形成的内在机制与外部制度要素,构建了现实条件影响主观感知,进而影响社会合法性的理论模型。传统的技术统治论观点认为,技术能够形塑公众认知,使公众顺从技术带来的智能治理变革。但本研究发现,技术嵌入的加深,也会激发公众对智能治理中个人隐私风险的理性认知和思考,弱化公众对智能治理社会合法性的认同。技术工具论的观点则认为,政府可以利用技术带来的治理能力和成效展开合法性塑造,提升公众对智能治理的社会合法性认同。但本研究发现,政府的合法性塑造行动,对智能治理社会合法性的形成产生了反作用。这些发现表明,公众在选择认同或遵从时,并非处于"没头脑假设"(The Mindlessness Hypothesis)的状态。公众具有独立人格与理性判断力,失当的行为和脱离公众真实感受与需求的宣传,都会导致适得其反的效果。

(2) **本研究基于对中国智能治理实践案例的深入研究和公众调查数据的分析,提出了公众隐私意识与智能治理社会合法性关系新的解释逻辑,强调了政府行为与公众真实需求的适切性在智能治理社会合法性形成过程中的重要意义,为中国和世界利用新兴技术,开展智能治理实践,实现政府与社会公众的良性互动提供了新的政策视角**。不同于当前国内流行的"中国公众对隐私不敏感,愿意用隐私换取便利"的观点,本研究发现,社会智能化转型步伐的加快和各类智能技术嵌入程度的加深,正在激发公众对于保护个人隐私的心理认知与行动,社会对个人信息安全和数据权属问题的关注迅速升温,对加强个人信息数据保护的呼声日益高涨。亦不同于基于西方社会情境的研究所强调的"公众隐私意识越高,对智能治理实践越抗拒"的观点,本研究发现,公众的隐私意识越高,越信任由政府主导的个人信息数据采集和开发行为。这些发现表明,影响公众隐私意识与其对智能治理社会合法性认同关系的关键,不在于公众对便利或个人自由的追求,而在于对政府行为是否正当、是否与公众个人关切和需求相匹配的认知。特别是在新兴技术及垄断性科技平台快速扩张的今天,社会对于政府会充分保护处于技术劣势的公众个人信息数据权益,充当个人隐私安全屏障的信任,奠定了智能治理社会合法性的基础。因此,无论对中国还是世界而言,以人为本,始终把公众的利益和福祉置于首要位置,应是智能技术发展和智能治理创新实践的核心秉持和根本目标。

### 7.3.2 研究不足

本研究在数据获取、研究方法和研究对象方面存在以下局限:

(1) 从数据获取上看,为了解决本研究选题视角较新导致的实证数据缺乏的问题,在质性研究环节,本研究采用了参与式观察的方式进行现象发掘与理论归纳,希望获得最真实的信息。但这一过程不可避免地会因为观察者主观因素的代入而对研究对象产生一定的引导作用,且无法同时对多个案例进行观察,导致研究案例的代表性和丰富性受到影响。在定量研究环节,本研究采用了通过网络平台发放调查问卷和开展情景模拟问卷实验的方式,利用网络途径发放调查问卷本身就会导致样本代表性受到较大影响。此外,尽管本研究在问卷设计环节采用了多种方法提高填写者对问卷问题理解的一致性,但由于网络调查问卷的填写无法在访问员实时监督下完成,在一定程度上仍会对研究的外部效度造成一定影响。

(2) 从研究方法上看,本研究利用多元回归分析对公众合法性认同的形成机制进行解释,强调了研究的内部效度,但仍然存在结构效度不足的可能性。由于本研究所关注的政府的合法性塑造行为,目前在实践中还处于探索设计阶段,并未大规模实施,因此,本研究采用了等组后测设计的情景模拟问卷实验的方式,对相关干预效果进行检验。调查实验在情境启动方面存在较大的操作困难,不同被试对模拟情景干预表述的理解差异可能会对实验效果造成一定的负面影响。在后续研究中,仍需要进一步完善研究方法上的不足,以加强研究的因果解释力。

(3)由于本研究所关注的城市大脑属于新兴技术产物,现阶段国内大部分地区的城市大脑建设实践都还处于初期的技术架构搭建和功能开发阶段,真实的效果尚未大规模涌现,政府对于城市大脑的声誉建构与合法性塑造也还处于探索设计的状态,社会公众对于城市大脑的真实认知以及政府声誉干预策略的真实效果,还需要做持续性的追踪和观察。

### 7.3.3 研究展望

未来,本研究的选题和研究方向可以向两个方面拓展和延伸:

一是以更广阔的研究对象选取为基础,进一步探索智能化转型背景下治理能力与治理的社会合法性的关系。本研究关注的城市大脑是智能化情景下,新兴技术与政府治理创新相结合的产物,对于智能治理具有较强的代表性。但从已有实践来看,城市大脑尚属新兴事物,大规模建成以后的真实效果及社会影响的涌现有待持续追踪观察。而政府声誉建构与合法性塑造的探索也可能在实践中进一步丰富和完善,有待深入观察提炼和检验。此外,政府利用大数据和智能技术实现治理能力提升的手段和路径并不仅仅限于城市大脑。未来可以从不同的智能治理创新实践表现,公众对于不同类型智能治理创新真实效用的评价与合法性认同,政府多元化的声誉建构与合法性塑造行动策略挖掘和效果检验等角度出发,进行更加深入的实证测量和研究,检验并进一步丰富本研究的相关解释结论。

二是以更加多元化的方法选择建立更加科学稳健的因果解释。受到本选题研究对象较为新颖的影响,本研究在开展过程中,因可获取的数据较少而在方法选择与数据分析中面临较大限制,难以对公众合法性认知真实的变化动态进行测量和捕捉。随着我国和全球智能治理实践的深入,以及相关实证数据的积累和丰富,在未来的研究中,可以采取包括社会实验法、大数据分析法以及针对时间序列数据、面板数据的相关统计分析方法,深入探讨影响公众合法性认知形成的相关要素与机制,提升研究的内外部效度与结构效度。

# 参 考 文 献

Acemoglu D, Restrepo P. Robots and jobs: Evidence from US labor markets[J]. Journal of Political Economy, 2020, 128(6): 2188-2244.

Acemoglu D, Restrepo P. The race between man and machine: Implications of technology for growth, factor shares, and employment[J]. American Economic Review, 2018, 108(6): 1488-1542.

Acquisti A, Brandimarte L, Loewenstein G. Privacy and human behavior in the age of information[J]. Science, 2015, 347(6221): 509-514.

Aghion P, Jones B F, Jones C I. Artificial intelligence and economic growth//Agrawal A, Gans J, Goldfarb A. The economics of artificial intelligence: An agenda[M]. Chicago: University of Chicago Press, 2019: 237-282.

Aho B, Duffield R. Beyond surveillance capitalism: Privacy, regulation and big data in Europe and China[J]. Economy and Society, 2020, 49(2): 187-212.

Ajzen I, Fishbein M. Understanding attitudes and predicting social behavior[M]. Englewood Cliffs, NJ: Prentice-Hall, 1980.

Ajzen I. From intentions to actions: A theory of planned behavior[M]//Kuhl J, Beckmann J. Action control: From cognitive to behavior. Heidelberg: Springer, 1985: 11-39.

Ajzen I. The theory of planned behavior[J]. Organizational Behavior and Human Decision Processes. 1991, 50(2): 179-211.

Alhakami A S, Slovic P. A psychological study of the inverse relationship between perceived risk and perceived benefit[J]. Risk Analysis, 1994, 14(6): 1085-1096.

Alon-Barkat S, Gilad S. Political control or legitimacy deficit? Bureaucracies' symbolic responses to bottom-up public pressures[J]. Policy & Politics, 2016, 44(1): 41-58.

Alon-Barkat S, Gilad S. Compensating for poor performance with promotional symbols: Evidence from a survey experiment[J]. Journal of Public Administration Research and Theory, 2017, 27(4): 661-675.

Andersson U, Forsgren M, Holm U. The strategic impact of external networks: Subsidiary performance and competence development in the multinational corporation[J]. Strategic Management Journal, 2002, 23(11): 979-996.

Andrews L. Public administration, public leadership and the construction of public value in the age of the algorithm and "big data"[J]. Public Administration, 2019, 97(2):

296-310.

Androutsopoulou A, Karacapilidis N, Loukis E, et al. Transforming the communication between citizens and government through AI-guided chatbots[J]. Government Information Quarterly,2019,36(2): 358-367.

Ashforth B E, Gibbs B W. The double-edge of organizational legitimation[J]. Organization Science,1990,1(2): 177-194.

Auerswald P E, Branscomb L M. Valleys of death and darwinian seas: Financing the invention to innovation transition in the United States[J]. The Journal of Technology Transfer,2003,28(3-4): 227-239.

Baekgaard M, Serritzlew S. Interpreting performance information: Motivated reasoning or unbiased comprehension[J]. Public Administration Review,2015,76(1): 73-82.

Baron R M, Kenny D A. The moderator-mediator variable distinction in social psychological research: Conceptual, strategic, and statistical considerations[J]. Journal of Personality and Social Psychology,1986,51(6): 1173-1182.

Belanche-Gracia D, Casaló-Ariño L V, Pérez-Rueda A. Determinants of multi-service smartcard success for smart cities development: A study based on citizens' privacy and security perceptions[J]. Government Information Quarterly, 2015, 32(2): 154-163.

Berry F S. Sizing up state policy innovation research[J]. Policy Studies Journal,1994, 22(3): 442-456.

Bijker W E, Law J. Shaping technology/building society: Studies in sociotechnical change [M]. Cambridge: MIT Press,1994.

Bijker W E, Hughes T P, Pinch T. The social construction of technological systems: New directions in the sociology and history of technology[M]. Cambridge: MIT Press,2012.

Black L. The social licence to operate: a management framework for complex times[M]. London: Routledge,2013.

Boon J, Salomonsen H H, Verhoest K. A reputation for what, to whom, and in which task environment: A commentary[J]. Regulation & Governance, 2021, 15(2): 428-441.

Boon J, Verhoest K, Wynen J. What determines the audiences that public service organizations target for reputation management?[J]. Policy & Politics,2020,48(2): 295-314.

Boutilier R G, Thomson I. Modelling and measuring the social license to operate: fruits of a dialogue between theory and practice[M]. Queensland, Australia: International Mine Management,2011.

Boutilier R G. Frequently asked questions about the social licence to operate[J]. Impact Assessment and Project Appraisal,2014,32(4): 263-272.

Boutilier R G. Stakeholder politics: Social capital, sustainable development, and the corporation[M]. Sheffield, UK: Greenleaf, 2009.

Bradford B, Yesberg J A, Jackson J, et al. Live facial recognition: Trust and legitimacy as predictors of public support for police use of new technology[J]. The British Journal of Criminology, 2020, 60(6): 1502-1522.

Bryson J M, Crosby B C, Bloomberg L. Public value governance: Moving beyond traditional public administration and the new public management[J]. Public Administration Review, 2014, 74(4): 445-456.

Bryson J, Winfield A. Standardizing ethical design for artificial intelligence and autonomous systems[J]. Computer, 2017, 50(5): 116-119.

Bunnell F. Social licence in British Columbia: Some implications for energy development[J]. Journal of Ecosystems and Management, 2013, 14(2): 1-16.

Business for Social Responsibility (BSR). The social license to operate[Z]. San Francisco, 2003.

Busuioc E M, Lodge M. The reputational basis of public accountability[J]. Governance, 2016, 29(2): 247-263.

Butler Jr J K, Cantrell R S. A behavioral decision theory approach to modeling dyadic trust in superiors and subordinates[J]. Psychological Reports, 1984, 55(1): 19-28.

Camerer C, Issacharoff S, Loewenstein G, et al. Regulation for conservatives: Behavioral economics and the case for "Asymmetric Paternalism"[J]. University of Pennsylvania Law Review, 2003, 151(3): 1211-1254.

Capelos T, Provost C, Parouti M, et al. Ingredients of institutional reputations and citizen engagement with regulators[J]. Regulation & Governance, 2016, 10(4): 350-367.

Carpenter D P. State building through reputation building: Coalitions of esteem and program innovation in the national postal system, 1883-1913[J]. Studies in American Political Development. 2000, 14(2): 121-155.

Carpenter D P. Groups, the media, agency waiting costs, and FDA drug approval[J]. American Journal of Political Science, 2002, 46(3): 490-505.

Carpenter D P. Reputation and power: Organizational image and pharmaceutical regulation in the FDA[M]. Princeton, NJ: Princeton University Press, 2010.

Carpenter D P, Krause G A. Reputation and public administration[J]. Public Administration Review, 2012, 72(1): 26-32.

Castells M. The informational city: Information technology, economic restructuring, and the urban-regional process[M]. Oxford: Blackwel, 1989.

Čerka P, Grigienė J, Sirbikytė G. Liability for damages caused by artificial intelligence[J]. Computer Law & Security Review, 2015, 31(3): 376-389.

Christensen C M. The innovator's dilemma: when new technologies cause great firms to fail[M]. Cambridge: Harvard Business Review Press, 2013.

Christensen T, Lægreid P, Rykkja L H. Organizing for crisis management: Building governance capacity and legitimacy[J]. Public Administration Review, 2016, 76(6): 887-897.

Christensen T, Lodge M. Reputation management in societal security: A comparative study[J]. American Review of Public Administration, 2018, 48(2): 119-132.

Christensen T, Lægreid P. The coronavirus crisis—crisis communication, meaning-making, and reputation management[J]. International Public Management Journal, 2020, 23(5): 713-729.

Cialdini R B, Goldstein N J. Social influence: Compliance and conformity[J]. Annual Review of Psychology, 2004, 55(1): 591-621.

Cialdini R B. Influence: Science and practice[M]. Boston: Pearson education, 2009.

Cleland M. Unpacking social licence: Toward a framework for addressing the social licence challenge facing the natural resource sector[Z]. Canada West Foundation, 2013.

Clemons R S, Mcbeth M K, Kusko E. Understanding the role of policy narratives and the public policy arena: Obesity as a lesson in public policy development[J]. World Medical & Health Policy, 2012, 4(2): 1-26.

Cook F L, Jacobs L R, Kim D. Trusting what you know: Information, knowledge, and confidence in Social Security[J]. The Journal of Politics, 2010, 72(2): 397-412.

Couldry N, Mejias U A. Data colonialism: Rethinking big data's relation to the contemporary subject[J]. Television & New Media, 2019, 20(4): 336-349.

Creemers R. Cyber China: Upgrading propaganda, public opinion work and social management for the twenty-first century[J]. Journal of Contemporary China, 2017, 26(103): 85-100.

Curtis L, Edwards C, Fraser K L, et al. Adoption of social media for public relations by nonprofit organizations[J]. Public Relations Review. 2010, 36(1): 90-92.

Dafoe A. AI governance: A research agenda[R]. Governance of AI Program, Future of Humanity Institute, University of Oxford: Oxford, UK, 2018.

Davis F D, Bagozzi R P, Warshaw P R. User acceptance of computer technology: a comparison of two theoretical models [J]. Management Science, 1989, 35 (8): 982-1003.

Davis F D. Perceived usefulness, perceived ease of use, and user acceptance of information technology[J]. MIS Quarterly, 1989, 13(3): 319-340.

Day S G, Schoemaker J P. Wharton on managing emerging technologies[M]. New York: John Wiley & Sons Inc. , 2000.

Deephouse D L. Does isomorphism legitimate?[J]. Academy of Management Journal, 1996, 39(4): 1024-1039.

de Fine Licht J. Do we really want to know? The potentially negative effect of transparency in decision making on perceived legitimacy[J]. Scandinavian Political

Studies,2011,34(3): 183-201.

de Fine Licht J. Transparency actually: How transparency affects public perceptions of political decision making[J]. European Political Science Review, 2014, 6(2): 309-330.

de Fine Licht J. Policy area as a potential moderator of transparency effects: An experiment[J]. Public Administration Review,2014,74(3): 361-371.

Devine-Wright P. Place attachment and public acceptance of renewable energy: A tidal energy case study[J]. Journal of Environmental Psychology,2011,31(4): 336-343.

Dowling J, Pfeffer J. Organizational legitimacy: Social values and organizational behavior [J]. Pacific Sociological Review,1975,18(1): 122-136.

Dunleavy P, Hood C. From old public administration to new public management[J]. Public Money & Management,1994,14(3): 9-16.

Duyck P, Pynoo B, Devolder P I, et al. User acceptance of a picture archiving and communication system[J]. Methods of Information in Medicine, 2008, 47(2): 149-156.

Eagly A H, Chaiken S. The psychology of attitudes[M]. Fort Worth, Texas: Harcourt Brace Jovanovich College Publishers,1993.

Echeverría J, Tabarés R. Artificial intelligence, cybercities and technosocieties[J]. Minds and Machines,2017,27(3): 473-493.

Eggers W, Fishman T, Kishnani P. AI-augmented human services: Using cognitive technologies to transform program delivery[R]. Deloitte Development LCC,2017.

Eisenhardt K M. Building theories from case study research[J]. Academy of Management Review,1989,14(4): 532-550.

Ellul J. The technological order[J]. Technology and culture,1962,3(4): 394-421.

Elmaghraby A S, Losavio M M. Cyber security challenges in Smart Cities: Safety, security and privacy[J]. Journal of Advanced Research,2014,5(4): 491-497.

Fishbein M, Ajzen I. Belief, attitude, intention, and behavior: An introduction to theory and research[M]. Reading, MA: Addison-Wesley,1975.

Ford R M, Williams K J. How can social acceptability research in Australian forests inform social licence to operate? [J]. Forestry: An International Journal of Forest Research,2016,89(5): 512-524.

Franks D M, McNab K, Brereton D, et al. Designing mining technology for social outcomes: Final report of the technology futures project[R]. St. Lucia, QLD, Australia: Centre for Social Responsibility in Mining & the Minerals Industry Safety and Health Centre, Sustainable Minerals Institute, The University of Queensland,2013.

Frederickson G, Simon H, Waldo D[J]. Public Administration Times,2001,24(3): 8.

Fuei, L K. Automation, computerization and future employment in Singapore[J]. Journal of Southeast Asian Economies,2017,34(2): 388-399.

Fukuyama F. What is governance?[J]. Governance,2013,26(3): 347-368.

Fung A. Varieties of participation in complex governance[J]. Public Administration Review,2006,66(s1): 66-75.

Gallois C, Ashworth P, Leach J, et al. The language of science and social licence to operate[J]. Journal of Language and Social Psychology,2017,36(1): 45-60.

Gasser U, Almeida VA. A layered model for AI governance [J]. IEEE Internet Computing,2017,21(6): 58-62.

Gefen D, Karahanna E, Straub DW. Trust and TAM in online shopping: An integrated model[J]. MIS Quarterly,2003,27(1): 51-90.

Gehman J, Lefsrud L M, Fast S. Social license to operate: Legitimacy by another name? [J]. Canadian Public Administration,2017,60(2): 293-317.

Ghiselli E E, Campbell J P, Zedeck S. Measurement theory for the behavioral sciences [M]. New York: WH Freeman,1981.

Gibson J L, Caldeira G A, Spence L K. Why do people accept public policies they oppose? Testing legitimacy theory with a survey-based experiment[J]. Political Research Quarterly,2005,58(2): 187-201.

Gilad S, Alon-Barkat S, Braverman A. Large-scale social protest: A business risk and a bureaucratic opportunity[J]. Governance,2016,29(3): 371-392.

Gilfillan S C. The sociology of invention[M]. Cambridge: MIT Press,1935.

Gioia D A, Schultz M, Corley K G. Organizational identity, image, and adaptive instability [J]. The Academy of Management Review,2000,25(1): 63.

Glaser B G, Strauss A L. Discovery of grounded theory: Strategies for qualitative research[M]. New York: Routledge,2017.

Golding D, Krimsky S, Plough A. Evaluating risk communication: Narrative vs. technical presentations of information about Radon[J]. Risk Analysis,2010,12(1): 27-35.

Gore A. Earth in the balance: Ecology and the human spirit[M]. Boston: Plume,1992.

Gore A. The Digital Earth: Understanding Our Planet in the 21st Century[R]. At the California Science Center, Los Angeles, California,1998.

Granovetter M. Economic action and social structure: the problem of embeddedness[J]. American Journal of Sociology,1985,91(3): 481-510.

Greitens S C. Authoritarianism online: What can we learn from Internet data in nondemocracies?[J]. PS: Political Science & Politics,2013,46(2): 262-270.

Grimmelikhuijsen S, Jilke S, Olsen A L, et al. Behavioral public administration: Combining insights from public administration and psychology [J]. Public Administration Review,2017,77(1): 45-56.

Grimmelikhuijsen S, Meijer A J. Effects of transparency on the perceived trustworthiness of a government organization: Evidence from an online experiment[J]. Journal of

Public Administration Research and Theory,2014,24(1): 137-157.

Grimmelikhuijsen S. Linking transparency, knowledge and citizen trust in government: An experiment[J]. International Review of Administrative Sciences,2012,78(1): 50-73.

Grüne-Yanoff T, Hertwig R. Nudge versus boost: How coherent are policy and theory? [J]. Minds and Machines,2016,26(1-2): 149-183.

Guadagno R E. Compliance: A classic and contemporary review[M]// Harkins S G, Williams K D, Burger J M. The Oxford handbook of social influence. New York: Oxford University Press,2017: 107-127.

Guenduez AA, Mettler T, Schedler K. Technological frames in public administration: What do public managers think of big data?[J]. Government Information Quarterly,2020,37(1): 101406.

Gunningham N, Kagan R A, Thornton D. Social license and environmental protection: why businesses go beyond compliance[J]. Law & Social Inquiry, 2004, 29(2): 307-341.

Günther W A, Mehrizi M H, Huysman M, et al. Debating big data: A literature review on realizing value from big data[J]. The Journal of Strategic Information Systems, 2017,26(3): 191-209.

Guo Y, Ren T. When it is unfamiliar to me: Local acceptance of planned nuclear power plants in China in the post-fukushima era[J]. Energy Policy,2017,100: 113-125.

Guo Y, Wei Y. Government communication effectiveness on local acceptance of nuclear power: Evidence from China[J]. Journal of Cleaner Production,2019,218: 38-50.

Gupta S, Kumar A. Social licence to operate: A review of literature and a future research agenda[J]. Social Business,2018,8(2): 187-203.

Gurinskaya A. Predicting citizens' support for surveillance cameras. Does police legitimacy matter?[J]. International Journal of Comparative and Applied Criminal Justice,2020,44(1-2): 63-83.

Gurkaynak G, Yllmaz I, Doygun T, et al. Questions of intellectual property in the artificial intelligence realm[J]. The Robotics Law Journal. 2017,3(2): 9-11.

Habermas J. Toward a rational society: Student protest, science, and politics[M]. Translated by Jeremy J. Shapiro. Boston: Beacon Press,1971.

Hagedoorn J. Understanding the cross-level embeddedness of interfirm partnership formation[J]. Academy of Management Review,2006,31(3): 670-680.

Harari Y N. Why technology favors tyranny[J]. The Atlantic,2018(10): 10-16.

Harford,T. Messy: The power of disorder to transform our lives[M]. New York: Penguin,2017.

Harris-Lovett S R, Binz C, Sedlak D L, et al. Beyond user acceptance: A legitimacy framework for potable water reuse in California[J]. Environmental Science &

Technology,2015,49(13):7552-7561.

Hayes A F. Introduction to mediation, moderation, and conditional process analysis: A regression-based approach[M]. 2nd ed. New York: Guilford publications,2018.

Hearit K M. "Mistakes were made": Organizations, apologia, and crises of social legitimacy[J]. Communication Studies,1995,46(1-2):1-7.

Heintzman R, Marson B. People, service and trust: is there a public sector service value chain? [J]. International Review of Administrative Sciences,2005,71(4):549-575.

Helson H. Adaptation-level theory[M]. New York: Harper and Row,1964.

Herrnstein R J, Loewenstein G F, Prelec D, et al. Utility maximization and melioration: Internalities in individual choice[J]. Journal of Behavioral Decision Making,2010, 6(3):149-185.

Hou Y, Brewer G A. Substitution and supplementation between Co-functional policy instruments: Evidence from state budget stabilization practices [J]. Public Administration Review,2010,70(6):914-924.

Howard-Grenville J, Coglianese C, Nash J. Constructing the license to operate: Internal factors and their influence on corporate environmental decisions[J]. Law & Policy, 2008,30:73-107.

Howlett M, Mukherjee I, Woo J J. From tools to toolkits in policy design studies: The new design orientation towards policy formulation research[J]. Policy & Politics, 2015,43(2):291-311.

Hughes T P. Technological Momentum[M]//Merritt R S, Leo M. (eds.) Does technology drive history? The dilemma of technological determinism. Cambridge: MIT Press,1994: 101-114.

Huijts N M, Molin E J, Steg L. Psychological factors influencing sustainable energy technology acceptance: A review-based comprehensive framework[J]. Renewable and Sustainable Energy Reviews. 2012,16(1):525-531.

James O. Performance measures and democracy: Information effects on citizens in field and laboratory experiments[J]. Journal of Public Administration Research and Theory,2011,21(3):399-418.

Jansson G, Erlingsson GÓ. More e-government, less street-level bureaucracy? On legitimacy and the human side of public administration[J]. Journal of Information Technology & Politics,2014,11(3):291-308.

Jim Keith. Mind control, world control: The encyclopedia of mind control [M]. Kempton: Adventure unlimited press,1998.

Jones M D, Mcbeth M K. Narrative policy framework: Clear enough to be wrong? [J]. Policy Studies Journal,2010,38(2):329-353.

Jones M D, Song G. Making sense of climate change: How story frames shape cognition [J]. Political Psychology,2014,35(4):447-476.

Jones, M D. Cultural characters and climate change: How heroes shape our perception of climate science[J]. Social Science Quarterly,2014,95(1): 1-39.

Joyce S, Thomson I. Earning a social licence to operate: social acceptability and resource development in Latin America[J]. Can Mining Metallur Bull,2000,93: 49-52.

Kelman H C. Compliance, identification, and internalization three processes of attitude change[J]. Journal of Conflict Resolution,1958,2(1),51-60.

Kendall-Taylor A, Frantz E, Wright J. The digital dictators: how technology strengthens autocracy[J]. Foreign Affairs,2020,99: 103-114.

Kibler E, Kautonen T, Fink M. Regional social legitimacy of entrepreneurship: Implications for entrepreneurial intention and start-up behaviour [J]. Regional Studies,2014,48(6): 995-1015.

Kim D J, Ferrin D L, Rao H R. A trust-based consumer decision-making model in electronic commerce: The role of trust, perceived risk, and their antecedents[J]. Decision Support Systems,2008,44(2): 544-564.

Kim P H, Ferrin D L, Cooper C D, et al. Removing the shadow of suspicion: the effects of apology versus denial for repairing competence-versus integrity-based trust violations[J]. Journal of Applied Psychology,2004,89(1): 104-118.

Kingdon J W, Stano E. Agendas, alternatives, and public policies[M]. Boston: Little, Brown,1984.

Klein K J, Kozlowski S W. From micro to meso: Critical steps in conceptualizing and conducting multilevel research[J]. Organizational Research Methods,2000,3(3): 211-236.

Kogan N, Lee K J. Exploratory research on success factors and challenges of Smart City Projects[J]. Asia Pacific Journal of Information Systems,2014,24(2): 141-89.

Kostova T, Zaheer S. Organizational legitimacy under conditions of complexity: The case of the multinational enterprise[J]. Academy of Management review,1999,24(1): 64-81.

Kurzweil R. The singularity is near: When humans transcend biology[M]. New York: Penguin,2005.

Lacey J, Carr-Cornish S, Zhang A, et al. The art and science of community relations: Procedural fairness at Newmont's Waihi Gold operations, New Zealand [J]. Resources Policy,2017,52: 245-254.

Latour B. Reassembling the social: An introduction to Actor-Network-Theory[M]. New York: Oxford University Press,2006.

Layzer J. Fish stories: Science, advocacy, and policy change in New England fishery management[J]. Policy Studies Journal,2006,34(1): 59-80.

Lee D, Ryzin G V. Measuring bureaucratic reputation: Scale development and validation [J]. Governance,2019,32(1): 177-191.

Lewis E. Public entrepreneurship: Toward a theory of bureaucratic political power[M]. Bloomington: Indiana University Press,1980.

Liang F, Das V, Kostyuk N, et al. Constructing a data-driven society: China's social credit system as a state surveillance infrastructure[J]. Policy & Internet, 2018, 10(4): 415-453.

Lilkov D. Made in China: Tackling digital authoritarianism[J]. European View, 2020, 19(1): 110.

Linos E, Quan L T, Kirkman E. Nudging early reduces administrative burden: Three field experiments to improve code enforcement[J]. Journal of Policy Analysis and Management,2020,39(1): 243-265.

Lockert, Å S, Bjørnå H, Haugen K H, et al. Reputation reform strategies in local government: investigating Denmark and Norway[J]. Local Government Studies, 2019: 1-22.

Luke H, Brueckner M, Emmanouil N. Unconventional gas development in Australia: A critical review of its social license[J]. The Extractive Industries and Society, 2018, 5(4): 648-662.

Luke H. Social resistance to coal seam gas development in the Northern Rivers region of Eastern Australia: proposing a diamond model of social license to operate[J]. Land Use Policy,2017,69: 266-280.

Lyall C. New modes of governance: developing an integrated policy approach to science, technology,risk and the environment[M]. London: Routledge,2017.

Lybecker D L, Mcbeth M K, Kusko E. Trash or treasure: recycling narratives and reducing political polarisation[J]. Environmental Politics,2013,22(2): 312-332.

Lyon D. Surveillance, Snowden, and big data: Capacities, consequences, critique[J]. Big data & society,2014,1(2): 1-13.

Lyu Y. Artificial intelligence: enabling technology to empower society[J]. Engineering, 2020,6(3): 205-206.

Makridakis, S. The forthcoming Artificial Intelligence (AI) revolution: Its impact on society and firms[J]. Futures,2017,90: 46-60.

Maor M. Theorizing bureaucratic reputation [M]//Wæraas A, Maor M (Eds). Organizational reputation in the public sector. London: Routledge,2015.

Maor M. Strategic communication by regulatory agencies as a form of reputation management: A strategic agenda[J]. Public Administration,2020,98: 1044-1055.

Maor M, Gilad, et al. Organizational reputation, regulatory talk, and strategic silence[J]. Journal of Public Administration Research & Theory,2013,23(3): 581-608.

Martin N J, Rice J L. Building better government IT: Understanding community beliefs and attitudes toward smart card technologies [J]. Behaviour & Information Technology,2010,29(4): 433-444.

Matheus R, Janssen M, Maheshwari D. Data science empowering the public: Data-driven dashboards for transparent and accountable decision-making in smart cities[J]. Government Information Quarterly, 2020, 37(3): 101284.

Mayer R C, Davis J H, Schoorman F D. An integrative model of organizational trust[J]. Academy of Management Review, 1995, 20(3): 709-734.

Mayne Q, Hakhverdian A. Education, socialization, and political trust[M]//Zmerli S, van der Meer T(Eds). Handbook on Political Trust. Cheltenham, UK: Edward Elgar Publishing, 2017: 176-196.

Mcbeth M K, Shanahan E A. Public opinion for sale: The role of policy marketers in Greater Yellowstone policy conflict[J]. Policy Sciences, 2004, 37(3-4): 319-338.

Mccomas K, Shanahan J. Telling stories about global climate change: Measuring the impact of narratives on issue cycles[J]. Communication Research, 1999, 26(1): 30-57.

McHugh A. In good standing: The public value of reputation management[J]. Waterford Institute of Technology, 2014.

Measham T G, Zhang A. Social licence, gender and mining: Moral conviction and perceived economic importance[J]. Resources Policy, 2019, 61: 363-368.

Meesters M, Wostyn P, van Leeuwen J, et al. The Social Licence to Operate and the legitimacy of resource extraction [J]. Current Opinion in Environmental Sustainability, 2020, 49: 7-11.

Mehr H. Artificial intelligence for citizen services and government [Z]. Ash Cent. Democr. Gov. Innov. Harvard Kennedy Sch. , no. August, 2017: 1-12.

Meyer J W, Scott W R(eds). Organizational environments: Ritual and rationality[M]. Beverly Hills, CA: Sage, 1983.

Meyer J W, Rowan B. Institutionalized organizations: Formal structure as myth and ceremony[J]. American Journal of Sociology, 1977, 83(2): 340-363.

Miniard P W, Cohen J B. Isolating attitudinal and normative influences in behavioral intention models[J]. Journal of Marketing Research, 1979, 16: 102-110.

Moffat K, Zhang A. The paths to social licence to operate: An integrative model explaining community acceptance of mining[J]. Resources policy, 2014, 39: 61-70.

Moniz A, Krings B J. Robots working with humans or humans working with robots? Searching for social dimensions in new human-robot interaction in industry[J]. Societies, 2016, 6(3), 23.

Morrison J. The Social License: How to keep your organization legitimate[M]. London: Palgrave Macmillan, 2014.

Mouzelis N P. Post-marxist alternatives: The construction of social orders[M]. London: Palgrave Macmilla, 1999.

Mullinix K J, Leeper T J, Druckman J N, et al. The generalizability of survey experiments

[J]. Journal of Experimental Political Science,2015,2(2): 109-138.

Mutz D C. Population-based survey experiments[M]. Princeton: Princeton University Press,2011.

Myers C D,Tingley D. The influence of emotion on trust[J]. Political Analysis,2016, 24(4): 492-500.

Nahapiet J,Ghoshal S. Social capital,intellectual capital,and the organizational advantage [J]. Academy of Management Review,1998,23(2): 242-266.

Nelsen J L. Social licence to operate[J]. International Journal of Mining,Reclamation and Environment,2006,20(3): 161-162.

Nelson R. The Co-evolution of technology, industrial structure, and supporting institutions[J]. Industrial and Corporate Change,1994,(3): 47-63.

Ney S,Thompson M. Cultural discourses in the global climate change debate[M]// Jochem E, Sathaye J A, Bouille D (eds). Society, behaviour, and climate change mitigation. Dordrecht: Springer,2000: 65-92.

Nimkoff M F. Sociology[M]. Boston: Hougton Mifflin Co. ,1964.

Nunnally J C,Bernstein I H. Psychometric Theory[M]. 3rd ed. New York: McGraw-Hill,1994.

Nunnally J C. Psychometric Theory[M]. 2nd ed. New York: McGraw-Hill,1978.

Ogburn,F. W. Social Change[M]. New York: Vinking Press,1922.

Ogilvie S, McCarthy A, Allen W, et al. Unmanned aerial vehicles and biosecurity: Enabling participatory-design to help address social licence to operate issues[J]. Forests,2019,10(8): 695.

Oliver C. Strategic responses to institutional processes[J]. Academy of Management Review,1991,16(1): 145-179.

Otway H J,Maurer D,Thomas K. Nuclear power: The question of public acceptance[J]. Futures,1978,10(2): 109-118.

Owen J R, Kemp D. Social licence and mining: A critical perspective[J]. Resources Policy,2013,38(1): 29-35.

Parsons R,Lacey J,Moffat K. Maintaining legitimacy of a contested practice: How the minerals industry understands its "social licence to operate"[J]. Resources Policy, 2014,41: 83-90.

Parsons R, Moffat K. Constructing the meaning of social licence [J]. Social Epistemology,2014,28(3-4): 340-363.

Parsons T. Structure and process in modern societies[M]. New York: Free Press,1960.

Parsons R,Lacey J. Maintaining discursive legitimacy of a contested practice: How the Australian minerals industry understands its SLO[C]//Proceedings of the 5th Australasian Caucus of the Standing Conference on Organisational Symbolism, Melbourne,Australia,2012.

Parycek P, Sachs M. Open government-information flow in Web 2.0[J]. European Journal of ePractice, 2010, 9(1): 1-70.

Pasquale F. The black box society[M]. Cambridge: Harvard University Press, 2015.

Pfeffer J. Management as symbolic action: the creation and maintenance of organizational paradigm[J]. Research in Organizational Behavior, 1981(3): 1-52.

Perrow C. Organizational analysis: A sociological view[M]. Belmont: Wadsworth, 1970.

Perry B, Uuk R. AI governance and the policymaking process: key considerations for reducing AI risk[J]. Big Data and Cognitive Computing, 2019, 3(2): 26.

Polanyi K. The great transformation: The political and economic origins of our time [M]. Boston: Bacon Press, 1944.

Polyakova A, Meserole C. Exporting digital authoritarianism: The Russian and Chinese models. Policy Brief, Democracy and Disorder Series [M]. Washington, DC: Brookings, 2019.

Poppo L, Schepker D J. Repairing public trust in organizations[J]. Corporate Reputation Review. 2010, 13(2): 124-141.

Porumbescu G. Linking transparency to trust in government and voice[J]. The American Review of Public Administration, 2017, 47(5): 520-537.

Prno J, Slocombe D S. A systems-based conceptual framework for assessing the determinants of a social license to operate in the mining industry[J]. Environmental Management, 2014, 53(3): 672-689.

Prno J, Slocombe D S. Exploring the origins of "social license to operate" in the mining sector: Perspectives from governance and sustainability theories [J]. Resources policy, 2012, 37(3): 346-357.

Prno J. An analysis of factors leading to the establishment of a social licence to operate in the mining industry[J]. Resources Policy, 2013, 38(4): 577-590.

Raufflet E, Baba S, Perras C, et al. Social license[M]//Idowu S O, Capaldi N, Zu L, Gupta A D(eds). Encyclopedia of Corporate Social Responsibility. New York: Springer, 2013: 2223-2230.

Ricketts M S. The use of narratives in safety and health communication[D]. Manhattan: Kansas State University, 2007.

Rindova V P, Pollock T G, Hayward M L. Celebrity firms: The social construction of market popularity[J]. Academy of management review, 2006, 31(1): 50-71.

Roberts N C, King P J. Policy entrepreneurs: Their activity structure and function in the policy process[J]. Journal of Public Administration Research and Theory, 1991, 1(2): 147-175.

Rogers E M. Diffusion of innovation[M]. New York: The Free Press, 1983.

Rose J, Flak L S, Sæbø Ø. Stakeholder theory for the E-government context: Framing a value-oriented normative core[J]. Government Information Quarterly, 2018, 35(3):

362-374.

Rosenstock I M. Public acceptance of influenza vaccination programs[J]. American Review of Respiratory Disease,1961,83(2P2): 171-174.

Rudolph T J, Evans J. Political trust, ideology, and public support for government spending[J]. American Journal of Political Science,2005,49(3): 660-671.

Salim E. Extractive industries review, striking a better balance[M]. Washington DC: International Finance Corporation and The World Bank,2003: 1-92.

Santiago A L, Demajorovic J, Rossetto D E, et al. Understanding the fundamentals of the Social Licence to Operate: Its evolution, current state of development and future avenues for research[J]. Resources Policy,2021,70: 101941.

Schanin Y. Organizational reputation, public protest, and the strategic use of regulatory communication[M]//Wæraas A, Maor M(Eds). Organizational reputation in the public sector. New York: Routledge,2015: 153-174.

Scherer M U. Regulating artificial intelligence systems: Risks, challenges, competencies, and strategies[J]. Harvard Journal of Law & Technology,2015,29: 353-400.

Schillemans T. Does horizontal accountability work? Evaluation potential remedies for the accountability deficits of agencies[J]. Administration and Society,2011,43(4): 387-416.

Schoon I, Cheng H, Gale C R, et al. Social status, cognitive ability, and educational attainment as predictors of liberal social attitudes and political trust[J]. Intelligence,2010,38(1): 144-50.

Schot J, Rip A. The past and future of constructive technology assessment[J]. Technological Forecasting and Social Change,1997,54(2-3): 251-268.

Selznick P. TVA and the Grass Roots[M]. Berkeley: University of California Press,1949.

Shanahan E A, Mcbeth M K, Hathaway P L. Narrative policy framework: The influence of media policy narratives on public opinion[J]. Politics & Policy,2011,39(3): 373-400.

Sharif N, Huang Y. Industrial automation in China's "Workshop of the World"[J]. The China Journal,2019,81(1): 1-22.

Sharon G, Moshe M, Ben-Nun B P. Organizational reputation, the content of public allegations, and regulatory communication[J]. Journal of Public Administration Research & Theory,2015,25(2): 451-478.

Simmons A J. Justification and legitimacy: Essays on rights and obligations[M]. Cambridge: Cambridge University Press,2001.

Simon H A, Drucker P F, Waldo D. Development of theory of democratic administration: Replies and comments[J]. The American Political Science Review,1952,46(02): 494-503.

Simon H A. Rational decision making in business organizations[J]. The American Economic Review,1979,69(4): 493-513.

Slovic P,Lichtenstein S. Comparison of Bayesian and regression approaches to the study of information processing in judgement[J]. Organisation Behavior and Human Performance,1971,6: 649-744.

Stone,D. Policy paradox: The art of political decision making[M]. New York: W. W. Norton,2002.

Stoutenborough J W, Sturgess S G, Vedlitz A. Knowledge, risk, and policy support: Public perceptions of nuclear power[J]. Energy Policy,2013,62: 176-184.

Su Z,Xu X,Cao X. What explains popular support for government surveillance in China? [J]. Journal of Information Technology & Politics,2021,Epub ahead of print.

Suchman M C. Managing legitimacy: Strategic and institutional approaches[J]. Academy of Management Review,1995,20(3): 571-610.

Sutinen J G, Kuperan K. A socio-economic theory of regulatory compliance[J]. International Journal of Social Economics,1999,26(1/2/3),174-193.

Suzor N, Van Geelen T, Myers West S. Evaluating the legitimacy of platform governance: A review of research and a shared research agenda[J]. International Communication Gazette,2018,80(4): 385-400.

Taebi B. Bridging the gap between social acceptance and ethical acceptability[J]. Risk Analysis,2017,37(10): 1817-1827.

Tegmark M. Life 3.0: Being human in the age of artificial intelligence[M]. New York: Knopf,2017.

Theiss-Morse E,Barton D G. Emotion,cognition,and political trust[M]//Zmerli S,Van der Meer T W (eds). Handbook on political trust. Cheltenham: Edward Elgar Publishing,2017: 160-175.

Thomson I,Boutilier R G. Social License to Operate[M]//Darling P(Ed). SME Mining Engineering Handbook. Littleton, CO: Society for Mining, Metallurgy and Exploration,2011: 1779-1796.

Thresher R E, Jones M, Drake D A. Stakeholder attitudes towards the use of recombinant technology to manage the impact of an invasive species: Sea Lamprey in the North American Great Lakes[J]. Biological Invasions,2019,21(2): 575-586.

Tversky A, Kahneman D. Judgement under uncertainty: Heuristics and biases[J]. Science,1974,185: 1124-1131.

Tyler T R,Rasinski K. Procedural justice,institutional legitimacy,and the acceptance of unpopular US Supreme Court decisions: A reply to Gibson[J]. Law and Society Review,1991,25(3): 621-630.

Tyler T R,Wakslak C J. Profiling and police legitimacy: Procedural justice,attributions of motive, and acceptance of police authority[J]. Criminology, 2004, 42 (2):

253-282.

Van Rijnsoever F J, Van Mossel A, Broecks K P. Public acceptance of energy technologies: The effects of labeling, time, and heterogeneity in a discrete choice experiment[J]. Renewable and Sustainable Energy Reviews,2015,45: 817-829.

Van Ryzin G G. Outcomes, process, and trust of civil servants[J]. Journal of Public Administration Research & Theory,2011,21(4): 745-760.

Van Zoonen L. Privacy concerns in smart cities[J]. Government Information Quarterly, 2016,33(3): 472-480.

Venkatesh V, Morris M G, Davis G B, Davis F D. User acceptance of information technology: Toward a unified view[J]. MIS Quarterly,2003,1: 425-78.

Venkatesh V, Thong J Y, Chan F K, Hu P J, et al. Extending the two-stage information systems continuance model: Incorporating UTAUT predictors and the role of context[J]. Information Systems Journal,2011,21(6): 527-55.

Venkatesh V, Zhang X. Unified theory of acceptance and use of technology: US vs. China [J]. Journal of Global Information Technology Management,2010,13(1): 5-27.

Voyer M, van Leeuwen J. "Social license to operate" in the Blue Economy[J]. Resources Policy,2019,62: 102-113.

Wæraas A, Byrkjeflot H. Public sector organizations and reputation management: Five problems[J]. International Public Management Journal,2012,15(2): 186-206.

Walczak, S. Artificial neural networks and other AI applications for Business management decision support [J]. International Journal of Sociotechnology and Knowledge Development,2016,8(4): 1-20.

Waldo D. Development of theory of democratic administration[J]. The American Political Science Review,1952,46(1): 81-103.

Walker J L. The Diffusion of Innovations among the American States[J]. The American Political Science Review,1969,63(3): 880-899.

Wallner J. Legitimacy and public policy: Seeing beyond effectiveness, efficiency, and performance[J]. Policy Studies Journal,2008,36(3): 421-43.

Warkentin M, Sharma S, Gefen D, et al. Social identity and trust in internet-based voting adoption[J]. Government Information Quarterly,2018,35(2): 195-209.

Warshaw P R. A new model for predicting behavioral intentions: An alternative to fishbein[J]. Journal of Marketing Research,1980,17(2): 153-172.

Washington M, Zajac E J. Status evolution and competition: Theory and evidence[J]. Academy of Management Journal,2005,48(2): 282-296.

Wei Y, Guo Y, Su J. Dancing on a tightrope: The reputation management of local governments in response to public protests in China[J]. Public Administration, 2021,99(3): 547-562.

Wilburn K M, Wilburn R. Achieving social license to operate using stakeholder theory

[J]. Journal of International Business Ethics,2011,4(2):3-16.

Wilkes R. We trust in government, just not in yours: Race, partisanship, and political trust,1958-2012[J]. Social science research,2015,49:356-371.

Wirtz B W, Müller W M. An integrated artificial intelligence framework for public management[J]. Public Management Review,2019,21(7):1076-1100.

Wolsink M. Social acceptance revisited: gaps, questionable trends, and an auspicious perspective[J]. Energy research & social science,2018,46:287-295.

Wolsink M. Wind power and the NIMBY-myth: institutional capacity and the limited significance of public support[J]. Renewable energy,2000,21(1):49-64.

Wood P M. Technocracy rising: The trojan horse of global transformation[M]. Mesa: Coherent Publishing,2015.

Wu Y, Sun I Y, Hu R. Cooperation with Police in China: Surveillance Cameras, Neighborhood Efficacy and Policing [J]. Social Science Quarterly, 2020. doi: 10.1111/ssqu.12903.

Wüstenhagen R, Wolsink M, Burer M J. Social acceptance of renewable energy innovation: An introduction to the concept [J]. Energy policy, 2007, 35 (5): 2683-2691.

Xie Q, Song W, Peng X, et al. Predictors for e-government adoption: integrating TAM, TPB, trust and perceived risk[J]. The Electronic Library,2017,35(1):2-20.

Yeh H. The effects of successful ICT-based smart city services: From citizens' perspectives[J]. Government Information Quarterly,2017,34(3):556-565.

Yin R K. Case study research and applications: Design and methods[M]. Thousand Oaks: Sage publications,2017.

Zhang A, Measham T G, Moffat K. Preconditions for social licence: the importance of information in initial engagement[J]. Journal of Cleaner Production, 2018, 172: 1559-1566.

Zhang A, Moffat K, Lacey J, et al. Understanding the social licence to operate of mining at the national scale: a comparative study of Australia, China and Chile[J]. Journal of Cleaner Production,2015,108:1063-1072.

Zimmer M. Surveillance, privacy and the ethics of vehicle safety communication technologies[J]. Ethics and Information Technology,2005,7(4):201-210.

Zimmerman M A, Zeitz G J. Beyond survival: Achieving new venture growth by building legitimacy[J]. Academy of Management Review,2002,27(3):414-431.

Zuiderwijk A, Janssen M, Dwivedi Y K. Acceptance and use predictors of open data technologies: Drawing upon the unified theory of acceptance and use of technology [J]. Government Information Quarterly,2015,32(4):429-440.

Anthony Giddens,熊美娟. 阶级分化、阶级冲突与公民身份权利[J]. 公共行政评论, 2008,1(6):5-21.

## 参考文献

IBM 商业价值研究院.智慧的城市在中国[R].IBM,2009.
[奥]维特根斯坦.逻辑哲学导论[M].贺绍甲,译.北京:商务印书馆,1996.
鲍静,贾开.数字治理体系和治理能力现代化研究:原则、框架与要素[J].政治学研究,2019(3):23-32.
本清松,彭小兵.人工智能应用嵌入政府治理:实践、机制与风险架构——以杭州城市大脑为例[J].甘肃行政学院学报,2020(3):29-42.
毕祖曜.科学和技艺——从柏拉图到亚里士多德[J].西部学刊,2019(22):58-61.
常保国,戚姝."人工智能+国家治理":智能治理模式的内涵建构、生发环境与基本布局[J].行政论坛,2020,27(2):19-26.
陈芬.科技理性的价值审视[M].北京:中国社会科学出版社,2004.
陈劲,朱子钦,季与点,等.底线式科技安全治理体系构建研究[J].科学学研究,2020,38(8):1345-1357.
陈振明.评法兰克福学派的科学技术社会学理论[J].中国社会科学,1991(1):121-136.
陈振明.走向一种科学技术政治学理论——评"西方马克思主义"关于科学技术政治效应的观点[J].自然辩证法通讯,1997(2):24-30.
陈振明.政府治理变革的技术基础——大数据与智能化时代的政府改革述评[J].行政论坛,2015,22(6):1-9.
城市大脑全球标准研究组.城市大脑全球标准研究报告(2020摘要)[R].城市大脑全球标准研究组,中国科学院虚拟经济与数据科学研究中心,等,2020.
仇焕广,黄季焜,杨军中.关于消费者对转基因技术和食品态度研究的讨论[J].中国科技论坛,2007(3):105-108.
戴思源,孟天广.公共危机治理中的数字政务应用和社会参与[J].贵州大学学报(社会科学版),2020,38(6):22-29.
[德]哈贝马斯.交往与社会进化[M].张博树,译.重庆:重庆出版社,1989.
[德]哈贝马斯.合法性危机[M].刘北成,曹卫东,译.上海:上海人民出版社,2009.
[德]卡尔·马克思.机器、自然力和科学的应用[M].中国科学院自然科学研究所,译.北京:人民出版社,1978.
[德]卡尔·马克思,弗里德里希·恩格斯.马克思恩格斯全集(第十九卷)[M].中央编译局,译.北京:人民出版社,2006.
[德]卡尔·雅斯贝斯.历史的起源与目标[M].李夏菲,译.桂林:漓江出版社,2019.
[德]马克斯·霍克海默,西奥多·阿道尔诺.启蒙辩证法——哲学断片[M].渠敬东,曹卫东,译.上海:上海世纪出版集团,2006.
[德]马克斯·韦伯.经济与社会(上卷)[M].约翰内斯·温克尔曼,整理.林荣远,译.北京:商务印书馆,1997a.
[德]马克斯·韦伯.经济与社会(下卷)[M].约翰内斯·温克尔曼,整理.林荣远,译.北京:商务印书馆,1997b.
[德]乌尔里希·贝克.风险社会:新的现代性之路[M].张文杰,何博闻,译.南京:译林出版社,2018.

［德］尤尔根·哈贝马斯.交往行为理论：第一卷 行为合理性和社会合理性［M］.曹卫东,译.上海：上海人民出版社,2004.

［德］尤尔根·哈贝马斯.作为"意识形态"的技术与科学［M］.李黎,郭官义,译.上海：学林出版社,1999.

丁大尉,李正风,胡明艳.新兴技术发展的潜在风险及技术治理问题研究［J］.中国软科学,2013(6)：62-70.

［法］弗雷德里克·马特尔.智能：互联网时代的文化疆域［M］.君瑞图,左玉冰,译.北京：商务印书馆,2015.

［法］米歇尔·福柯.规训与惩罚［M］.刘北成,杨远婴,译.上海：上海人民出版社,1999.

［法］米歇尔·福柯.安全、领土与人口［M］.钱翰,陈晓径,译.上海：上海人民出版社,2018.

范柏乃,蓝志勇.公共管理研究与定量分析方法［M］.北京：科学出版社,2013.

傅荣校.城市数据大脑全维智能的推进逻辑［J］.杭州(周刊),2018(30)：26-29.

高丙中.社会团体的合法性问题［J］.中国社会科学,2000(2)：100-109.

高奇琦.智能革命与国家治理现代化初探［J］.中国社会科学,2020(7)：81-102.

［古希腊］柏拉图.柏拉图全集：第二卷［M］.北京：人民出版社,2003.

关婷,薛澜,赵静.技术赋能的治理创新：基于中国环境领域的实践案例［J］.中国行政管理,2019(4)：58-65.

郭凯明.人工智能发展、产业结构转型升级与劳动收入份额变动［J］.管理世界,2019,35(7)：60-77.

郭于华.透视转基因：一项社会人类学视角的探索［J］.中国社会科学,2004(5)：141-150.

韩水法.人工智能时代的人文主义［J］.中国社会科学,2019(6)：25-44.

何光喜,赵延东,张文霞,等.公众对转基因作物的接受度及其影响因素——基于六城市调查数据的社会学分析［J］.社会,2015,35(1)：121-142.

何明升.智慧生活：个体自主性与公共秩序性的新平衡［J］.探索与争鸣,2018(5)：21-25.

胡宁生,张成福,等.中国政府形象战略［M］.北京：中共中央党校出版社,1998.

黄萃,彭国超,苏竣.智慧治理［M］.北京：清华大学出版社,2017.

黄嘉.技术归化：理解用户与产品关系的关键视角［J］.自然辩证法研究,2012,28(1)：52-56.

黄晓春,周黎安."结对竞赛"：城市基层治理创新的一种新机制［J］.社会,2019,39(5)：1-38.

贾开.人工智能与算法治理研究［J］.中国行政管理,2019(1)：17-22.

江小涓.大数据时代的政府管理与服务：提升能力及应对挑战［J］.中国行政管理,2018(9)：6-11.

蒋凌飞,罗婧,陈玲.地方政府决策的社会合法性构建——以环境群体性事件为例［J］.

公共管理评论,2016(3):51-68.

蒋璐伊,王贤吉,金春林.人工智能在医疗领域的应用和准入[J].中国卫生政策研究,2018,11(11):78-82.

郎友兴.科技当向善:数字时代的弱势群体及其解决之道[J].浙江经济,2020(9):8-11.

李德仁,龚健雅,邵振峰.从数字地球到智慧地球[J].武汉大学学报(信息科学版),2010,35(2):127-132.

李德仁,邵振峰,杨小敏.从数字城市到智慧城市的理论与实践[J].地理空间信息,2011,9(6):1-5.

李景鹏.关于推进国家治理体系和治理能力现代化——"四个现代化"之后的第五个"现代化"[J].天津社会科学,2014(2):57-62.

李三虎.技术社会学的研究路径与中国建构[J].自然辩证法通讯,2015,37(1):91-98.

李文钊.双层嵌套治理界面建构:城市治理数字化转型的方向与路径[J].电子政务,2020(7):32-42.

李醒民.迈向科学的人文主义和人文的科学主义[J].中国政法大学学报,2013(4):5-29.

李修全.人工智能应用中的安全、隐私和伦理挑战及应对思考[J].科技导报,2017,35(15):11-12.

李雪松.新时代城市精细化治理的逻辑重构:一个"技术赋能"的视角[J].城市发展研究,2020,27(5):72-79.

梁正,吴培熠.数据治理政策的国际比较:历史、特征与启示[J].科技导报,2020,38(5):36-41.

梁正,余振,宋琦.人工智能应用背景下的平台治理:核心议题、转型挑战与体系构建[J].经济社会体制比较,2020(3):67-75.

廖申白.亚里士多德的技艺概念:图景与问题[J].哲学动态,2006(1):34-39.

刘冰.复合型邻避补偿政策框架建构及运作机制研究[J].中国行政管理,2019(2):122-127.

刘锋.构建全球城市大脑9个标准规范[J].中国建设信息化,2020(13):44-47.

刘复兴.论教育与机器的关系[J].教育研究,2019,40(11):28-38.

刘鹤.坚持和完善社会主义基本经济制度[N].人民日报,2019-11-22(006).

刘杨.正当性与合法性概念辨析[J].法制与社会发展,2008(3):12-21.

刘毅.现代性语境下的正当性与合法性:一个思想史的考察[D].北京:中国政法大学,2007.

刘永谋."新技术治理的隐忧":以智能治理和生化治理为例[J].当代美国评论,2019,3(1):39-48.

刘永谋.技术治理的逻辑[J].中国人民大学学报,2016,30(6):118-127.

刘玉强,齐昆鹏,赵公民.大型社会技术系统的实施验证——"事故"作为一种学习资源[M].系统科学学报,2018,26(4),35-40.

卢文岱,朱红兵.SPSS 统计分析[M].5 版.北京:电子工业出版社,2015.
陆方文.随机实地试验:理论、方法和在中国的运用[M].北京:科学出版社,2020.
吕德文.治理技术如何适配国家机器——技术治理的运用场景及其限度[J].探索与争鸣,2019(6):59-67.
马亮.电子政务使用如何影响公民信任:政府透明与回应的中介效应[J].公共行政评论,2016,9(6):44-63.
马亮.公众参与的政府绩效评估是否奏效:基于中国部分城市的多层分析[J].经济社会体制比较,2018(3):113-124.
马亮.公共管理实验研究何以可能:一项方法学回顾[J].甘肃行政学院学报,2015(4):13-23.
马庆国.管理统计:数据获取、统计原理、SPSS 工具与应用研究[M].北京:科学出版社,2002.
[美]阿尔弗雷德·D.钱德勒,詹姆斯·W.科塔达.信息改变美国:驱动国家转型的力量[M].万岩,邱艳娟,译.上海:上海远东出版社,2008.
[美]阿尔蒙德·鲍威尔.比较政治学:体系、过程和政策[M].曹沛霖,等译.北京:东方出版社,2007.
[美]艾尔·巴比.社会研究方法[M].邱泽强,译.11 版.北京:华夏出版社,2009.
[美]巴伯.科学与社会秩序[M].顾昕,等译.北京:读书·生活·新知三联书店,1991.
[美]戴维·伊斯顿.政治生活的系统分析[M].北京:华夏出版社,1999.
[美]赫伯特·马尔库塞.现代文明与人的困境——马尔库塞文集[M].李小兵,译.上海:三联书店,1989a.
[美]赫伯特·马尔库塞.单向度的人[M].刘继,译.上海:上海译文出版社,1989b.
[美]李普塞特.政治人:政治的社会基础[M].张绍宗,译.上海:上海人民出版社,1997.
[美]理查德·泰勒,卡斯·桑斯坦.助推:如何做出有关健康、财富与幸福的最佳决策[M].北京:中信出版社,2015.
[美]罗伯特·金·默顿.十七世纪英格兰的科学、技术与社会[M].范岱年,等译.北京:商务印书馆,2002.
[美]乔治·萨顿.科学史和新人文主义[M].北京:华夏出版社,1989.
[美]史蒂芬·戈德史密斯,苏珊·克劳福德.数据驱动的智能城市[M].车品觉,译.杭州:浙江人民出版社,2019.
[美]约瑟夫·熊彼特.经济发展理论[M].何畏,易家祥,译.北京:商务印书馆,1990.
[美]弗朗西斯·福山.国家构建:21 世纪的国家治理与世界秩序[M].黄胜强,等译.北京:中国社会科学出版社,2007.
孟庆国,樊博.电子政务的理论与实践[M].北京:清华大学出版社,2006.
孟天广,杨平,苏政.转型中国的公民意见与地方财政决策——基于对地方政府的调查实验[J].公共管理学报,2015,12(3):57-68.
孟天广.从因果效应到因果机制:实验政治学的中国路径[J].探索,2017(5):30-38.

苗争鸣,尹西明,许展玮,等.颠覆性技术异化及其治理研究——以"深度伪造"技术的典型化事实为例[J].科学学与科学技术管理,2020,41(12):83-98.
莫少群.技术社会学研究的兴起与现状[J].南京师大学报(社会科学版),2003(4):55-61.
庞金友.人工智能与未来政治的可能样态[J].探索,2020(6):84-96.
彭亚平.技术治理的悖论:一项民意调查的政治过程及其结果[J].社会,2018,38(3):46-78.
彭亚平.照看社会:技术治理的思想素描[J].社会学研究,2020,(6):212-236.
彭亚平.治理和技术如何结合?——技术治理的思想根源与研究进路[J].社会主义研究,2019(4):71-78.
秦晖.权力、责任与宪政——关于政府"大小"问题的理论与历史考查[J].社会科学论坛,2005(2):10-37.
任莉颖.用问卷做实验:调查—实验法的概论与操作[M].重庆:重庆大学出版社,2018.
汝鹏,郭跃,苏竣.可再生能源创新的社会可接受度:概念类型、决定因素与治理框架[J].煤炭经济研究,2011,31(5):7-12.
舒全峰.领导力、公共服务动机与中国农村集体行动[M].北京:清华大学出版社,2020.
苏竣,魏钰明,黄萃.社会实验:人工智能社会影响研究的新路径[J].中国软科学,2020(9):132-140.
苏竣.公共科技政策导论[M].北京:科学出版社,2014.
眭纪刚.技术与制度的协同演化:理论与案例研究[J].科学学研究,2013,31(7):991-997.
孙利天.现代性的追求和内在超越[J].中国社会科学,2016(2):5-9.
孙伟平.关于人工智能的价值反思[J].哲学研究,2017(10):120-126.
孙宇.校准前沿数字技术赋能国家治理的"仪表盘"[J].国家治理,2020(35):37-42.
谭海波,孟庆国.政府3.0:大数据时代的政府治理创新[J].学术研究,2018(12):57-61.
谭海波.公共行政价值:回顾与反思——基于现代性的分析视角[J].山东行政学院报,2012(2):1-5.
谭九生,杨建武.智能时代技术治理的价值悖论及其消解[J].电子政务,2020(9):29-38.
谭铁牛.人工智能的创新发展与社会影响[J].中国人大,2019(3):36-43.
汪仕凯.后发展国家的治理能力:一个初步的理论框架[J].复旦学报(社会科学版),2014(3):161-168.
汪玉凯.智慧城市:从"技术承诺"到"权利接口"[EB/OL].(2020-08-07)[2020-08-20]https://www.ccps.gov.cn/dxsj/202008/t20200807_142713.shtml.
王佃利,展振华.范式之争:新公共管理理论再思考[J].行政论坛,2016,23(5):38-42.
王过渡.技术社会学初探[J].自然辩证法研究,1986(1):41-47.

王建,黄煦,崔周全,等.矿业领域社会许可的产生与意义[J].中国矿业,2016,25(6):30-34.

王名,刘国翰.公民社会与治理现代化[J].开放时代,2014(6):12-25.

王浦劬,赖先进.中国公共政策扩散的模式与机制分析[J].北京大学学报(哲学社会科学版),2013,50(6):14-23.

王浦劬.全面准确深入把握全面深化改革的总目标[J].中国高校社会科学,2014(1):4-18.

王叁寿."数据财政",经济发展重要抓手[N].环球时报,2019-08-15(015).

王绍光,胡鞍钢.中国国家能力报告[M].沈阳:辽宁人民出版社,1993.

王诗宗.治理理论及其中国适用性[M].杭州:浙江大学出版社,2009.

王小芳,王磊."技术利维坦":人工智能嵌入社会治理的潜在风险与政府应对[J].电子政务,2019(5):86-93.

王学昭,甘泉,王燕鹏,等.颠覆性技术创新的前瞻性治理[J].中国科学院院刊,2020,35(5):620-628.

温忠麟,侯杰泰,张雷.调节效应与中介效应的比较和应用[J].心理学报,2005(2):268-274.

温忠麟,刘红云,侯杰泰.调节效应和中介效应分析[M].北京:科学教育出版社,2012.

温忠麟,叶宝娟.有调节的中介模型检验方法:竞争还是替补?[J].心理学报,2014,46(5):714-726.

翁士洪,顾丽梅.治理理论:一种调适的新制度主义理论[J].南京社会科学,2013(7):49-56.

吴致远.有关技术中性论的三个问题[J].自然辩证法通讯,2013,35(6):116-121.

肖滨.信息技术在国家治理中的双面性与非均衡性[J].学术研究,2009(11):31-36.

肖峰.人工智能时代"工作"含义的哲学探析——兼论"软工作"的意义与"工作哲学"的兴起[J].中国人民大学学报,2018,32(5):122-129.

[匈]卢卡奇.历史与阶级意识[M].杜章智,任立,燕宏远,译.北京:商务印书馆,1996.

徐晓林."数字城市":城市政府管理的革命[J].中国行政管理,2001(1):17-20.

薛澜,赵静.走向敏捷治理:新兴产业发展与监管模式探究[J].中国行政管理,2019(8):28-34.

颜佳华,王升平.论科学主义与人文主义思潮对行政学研究的影响[J].湘潭大学学报(哲学社会科学版),2007(1):21-27.

杨海红,邱惠丽,李正风.托马斯·休斯"技术—社会系统"思想探微[J].自然辩证法研究,2020,36(8):26-30.

[英]J.D.贝尔纳.科学的社会功能[M].陈体芳,译.北京:商务印书馆,1982.

[英]安东尼·吉登斯.民族——国家与暴力[M].胡宗泽,等译.北京:生活·读书·新知三联书店,1998.

[英]卢西亚诺·弗洛里迪.第四次革命:人工智能如何重塑人类现实[M].王文革,译.杭州:浙江人民出版社,2016.

［英］斯图亚特·霍尔.现代性的多重结构［A］//周宪主编.文化现代性精粹读本.北京：中国人民大学出版社,2006.

［英］约翰·德斯蒙德·贝尔纳.历史上的科学［M］.伍况甫,彭家礼,译.北京：科学出版社,2015.

［英］约翰·基恩.公共生活与晚期资本主义［M］.刘利圭,等译.北京：社科文献出版社,1999.

于文轩,许成委.中国智慧城市建设的技术理性与政治理性——基于147个城市的实证分析［J］.公共管理学报,2016,13(4)：127-138.

俞可平.治理与善治［M］.北京：社会科学文献出版社,2000.

禹信,崔之元.人工智能与公共管理研究：技术可能性、议题重构和治理创新［J］.中国行政管理,2020(3)：6-11.

郁建兴,黄飚.超越政府中心主义治理逻辑如何可能——基于"最多跑一次"改革的经验［J］.政治学研究,2019(2)：49-60.

喻丰,许丽颖.人工智能之拟人化［J］.西北师大学报(社会科学版),2020,57(5)：52-60.

郧彦辉.数字利维坦：信息社会的新型危机［J］.中共中央党校学报,2015(6)：46-51.

翟云.整体政府视角下政府治理模式变革研究——以浙、粤、苏、沪等省级"互联网+政务服务"为例［J］.电子政务,2019(10)：34-45.

张爱荣,陈俊芳,匡仪,等.环境和生态意识催生的社会许可问题：缘起与应对［J］.心理科学进展,2018,26(10)：1711-1723.

张会平,李茜,邓琳.大数据驱动的公共服务供给模式研究［J］.情报杂志,2019,38(3)：166-172.

张建锋.数字政府2.0：数据智能助力治理现代化［M］.中信出版社,2019.

张劲松.人是机器的尺度——论人工智能与人类主体性［J］.自然辩证法研究,2017,33(1)：49-54.

张康之.合法性的思维历程：从韦伯到哈贝马斯［J］.教学与研究,2002(3)：63-68.

张鹏,蒋余浩.政务数据资产化管理的基础理论研究：资产属性、数据权属及定价方法［J］.电子政务,2020(9)：61-73.

张书维,李纾.行为公共管理学探新：内容、方法与趋势［J］.公共行政评论,2018,11(1)：7-36.

张书维,王宇,周蕾.行为公共政策视角下的助推与助力：殊途同归［J］.中国公共政策评论,2018,15(2)：20-38.

张书维,申翊人,周洁.行为公共管理学视角下公共决策的社会许可机制："一提两抑"［J］.心理学报,2020,52(2)：240-256.

张蔚文,金晗,冷嘉欣.智慧城市建设如何助力社会治理现代化？——新冠疫情考验下的杭州"城市大脑"［J］.浙江大学学报(人文社会科学版),2020,50(4)：117-129.

张文显.法治与国家治理现代化［J］.中国法学,2014(4)：5-27.

赵大宇,田鹏颖.马克斯·韦伯的社会技术哲学思想述评［J］.社会科学辑刊,2005(6)：29-33.

赵墨典,包国光.柏拉图论"技艺"的本质和分类[J].科学技术哲学研究,2019,36(1):94-99.
郑戈.法律与现代人的命运:马克斯·韦伯法律思想研究导论[M].北京:法律出版社,2006.
郑晓松.社会塑形技术的三种路径[J].哲学分析,2017,8(5):145-156.
中国信息通信研究院产业与规划研究所.智慧城市产业图谱研究报告(2020年)[R].中国信通院,2020.
周飞舟.锦标赛体制[J].社会学研究,2009,24(3):54-77.
周黎安.中国地方官员的晋升锦标赛模式研究[J].经济研究,2007(7):36-50.
朱旭峰,黄珊.电子政务、市民特征与用户信息行为——基于天津市市民调查的实证研究[J].公共管理学报,2008(2):49-57.
朱旭峰.为全球前沿科技治理提供中国方案[J].国家治理,2020(35):3-6.

# 附录 A　调查问卷

调研时间：＿＿年＿＿月＿＿日＿＿时＿＿分　　问卷编号：＿＿＿＿＿＿

**城市大脑与政府数据采集公众认知与接受度调查问卷**

> 您好！
> 　　我们是清华大学公共管理学院城市大脑研究课题组的成员，正在进行一项调查，目的是了解公众对于城市大脑技术及政府数据采集的认知情况及接受度。非常感谢您参与此次调查，您的支持将是本研究成功的关键。
> 　　问卷中问题的回答，没有对错之分，只要反映您的真实意向即可。访问大约需要十分钟。我们承诺，您的个人信息将严格保密，问卷数据只做研究之用。希望您协助我们完成这次访问，谢谢您的合作！

您对日常生活中的新技术感兴趣吗？
□ 完全不感兴趣　□ 不太感兴趣　□ 不确定　□ 比较感兴趣
□ 非常感兴趣

全国哪个城市最先开始部署建设"城市大脑"？
□ 贵阳　□ 北京　□ 深圳　□ 上海　□ 杭州

"城市大脑"技术是由哪一家企业最先开发出来的？
□ 百度　□ 华为　□ 阿里巴巴　□ 腾讯　□ 360

您在使用手机 App 或电脑软件时，会不会仔细阅读它弹出的"隐私政策与免责声明"，如下图所示？
□ 从来不阅读　□ 一般不阅读　□ 不确定　□ 经常阅读
□ 每次都阅读

如下图所示，当您使用手机上的软件时，在它弹出的"共享位置信息"选项框中，您一般会如何选择？
□ 不允许　□ 允许一次　□ 使用 App 时允许

如右图所示,如果您在上一题选择了"使用 App 时允许",在它进一步弹出的消息框中,您会选择?

☐ 仅保持使用期间

☐ 更改为始终允许

(质量控制题项)您接下来的五分钟里是否有比较着急的事情?

☐ 是　☐ 否

城市大脑是创新运用大数据、云计算、人工智能等前沿科技,对分散在政府、企业、社会的各类数据进行整合归集,形成的城市大数据仓库和智能治理中枢。请您阅读以下材料,然后回答问题,谢谢您的配合!

【材料一】

"为提升政府治理数字化、智能化水平,A 市于 2019 年率先在全国部署建设城市大脑,并对分散在各个渠道的市民个人信息数据进行整合归集,以便为市民提供精准化管理服务。这些信息数据包括:

1. **个人身份信息**,如身份证、护照、驾驶证、居住证、社保卡、军官证、工作证、电话号码等;

2. **个人生物识别信息**,如面部识别特征、指纹等;

3. **个人财产信息**,如征信信息、存款信息、房产信息、信贷信息等;

4. **个人家庭生活信息**,如家中水电气消耗情况、生活垃圾产出情况、家庭成员情况等；

5. **个人健康生理信息**，如医疗诊断记录、生育信息、既往病史、家族病史等；

6. **个人活动轨迹信息**，如定位记录、通信记录、酒店住宿记录、道路交通抓拍记录等。"

对于材料一中需要对您的个人数据信息进行采集和整合才能顺利运转的城市大脑，您是否接受？

□ 完全不接受　□ 不太接受　□ 不确定　□ 比较接受
□ 完全接受

如果有关部门通过城市大脑将您的个人数据信息整合后，用于开发免费提供公共服务的 App 或小程序，您是否认可？

□ 完全不认可　□ 不太认可　□ 不确定　□ 比较认可
□ 完全认可

如果有关部门通过城市大脑将您的个人数据信息整合并做脱敏处理（例如采取匿名化等隐私保护措施）后，向企业和社会开放，以创造更大经济价值，您是否认可？

□ 完全不认可　□ 不太认可　□ 不确定　□ 比较认可
□ 完全认可

以下有若干关于**城市大脑数据整合与应用开发给本地居民和社会带来的风险**的说法，请您根据您的认同度作出选择：

|  | 完全不同意—中立—完全同意 （1—3—5） | | | | |
| --- | --- | --- | --- | --- | --- |
| 城市大脑对个人数据信息的整合会使我完全处于被监控的状态下 | 1 | 2 | 3 | 4 | 5 |
| 城市大脑对数据整合后，一旦数据泄露，会带来更大的危害 | 1 | 2 | 3 | 4 | 5 |
| 城市大脑可能会使无法利用电子设备的弱势群体更加边缘化 | 1 | 2 | 3 | 4 | 5 |
| 掌握城市大脑数据资源的组织和个人可能借此寻租，谋取私利 | 1 | 2 | 3 | 4 | 5 |
| 城市大脑的建设及运营维护会耗费大量公共财政资金，得不偿失 | 1 | 2 | 3 | 4 | 5 |

以下有若干关于**城市大脑数据整合与应用开发给本地居民和社会带来的利益**的说法，请您根据您的认同度作出选择：

|  | 完全不同意—中立—完全同意 （1—3—5） | | | | |
| --- | --- | --- | --- | --- | --- |
| 城市大脑可以为本地居民提供更加高效优质的公共服务 | 1 | 2 | 3 | 4 | 5 |
| 城市大脑可以有效增强本地政府应对突发事件的应急管理能力 | 1 | 2 | 3 | 4 | 5 |
| 城市大脑对城市运行状况的监测可以减少违法犯罪行为的发生 | 1 | 2 | 3 | 4 | 5 |
| 城市大脑的海量数据资源可以帮助本地招商引资 | 1 | 2 | 3 | 4 | 5 |
| 城市大脑对数据资源的整合利用可以提升本地财政收入 | 1 | 2 | 3 | 4 | 5 |
| 城市大脑可以促进本地数据安全保护技术能力的提升 | 1 | 2 | 3 | 4 | 5 |
| 城市大脑可以促进政府更快制定数据安全保护的政策与制度 | 1 | 2 | 3 | 4 | 5 |

您了解大数据、云计算、人工智能等技术的相关知识吗？
□ 完全不了解　　□ 不太了解　　□ 不确定　　□ 比较了解
□ 非常了解

您一般通过什么渠道获取各种科技信息？（请选择最常用的一项）
☐ 互联网　　☐ 广播或电视新闻　　☐ 报纸　　☐ 展板、宣传栏
☐ 其他＿＿＿（请填写）

您认为目前用于数据安全保护的相关技术手段可以有效保障您个人数据信息的安全吗？
☐ 完全不可以　☐ 应该不可以　☐ 不确定　☐ 应该可以
☐ 完全可以

以下有若干关于您对时事政治兴趣的问题，请您根据您的感兴趣程度做出选择：

|  | 完全不感兴趣—不确定—非常感兴趣（1—3—5） | | | | |
|---|---|---|---|---|---|
| 您对党和国家领导人的新闻消息感兴趣吗 | 1 | 2 | 3 | 4 | 5 |
| 您对国际局势新闻感兴趣吗 | 1 | 2 | 3 | 4 | 5 |
| 您对引起舆论关注的社会事件感兴趣吗 | 1 | 2 | 3 | 4 | 5 |
| 您对本地领导干部的新闻消息感兴趣吗 | 1 | 2 | 3 | 4 | 5 |
| 您对本地发生的新奇事件感兴趣吗 | 1 | 2 | 3 | 4 | 5 |

您一般通过什么渠道获取各种时事政治信息？（请选择最常用的一项）
☐ 互联网　　☐ 广播或电视新闻　　☐ 报纸　　☐ 展板、宣传栏
☐ 其他＿＿＿（请填写）

以下有若干关于您对本地有关部门向公众提供公共服务的评价问题，请您根据您的满意度作出选择：

|  | 非常不满意—不确定—非常满意（1—3—5） | | | | |
|---|---|---|---|---|---|
| 公共服务资源充足程度 | 1 | 2 | 3 | 4 | 5 |
| 公共服务资源分布均衡程度 | 1 | 2 | 3 | 4 | 5 |
| 获得公共服务的便利程度 | 1 | 2 | 3 | 4 | 5 |
| 公共服务的普惠性程度 | 1 | 2 | 3 | 4 | 5 |
| 本地有关部门决策时对公众利益诉求和意见建议重视程度 | 1 | 2 | 3 | 4 | 5 |
| 本地有关部门向公众提供的信息的可信赖程度 | 1 | 2 | 3 | 4 | 5 |

您认为有关部门制定的相关监管政策、制度是否可以为维护公众个人

数据信息安全提供有效的制度保障？
☐ 完全不可以  ☐ 应该不可以  ☐ 不确定  ☐ 应该可以
☐ 完全可以

（质量控制题项）您对日常生活中的新技术感兴趣吗？
☐ 非常感兴趣  ☐ 比较感兴趣  ☐ 不确定  ☐ 不太感兴趣
☐ 完全不感兴趣

您的性别为：
☐ 男  ☐ 女

您的年龄：_____岁（12～80 单选），网龄：_____年（1～30 单选）

您每天平均花费多少小时用于上网：_____小时（0～24 单选）

您的教育程度为：
☐ 小学及小学以下  ☐ 初中  ☐ 高中（含中专）  ☐ 大专
☐ 本科  ☐ 硕士  ☐ 博士

您的月收入为：
☐ 一千元及以下  ☐ 一千至五千元  ☐ 五千至一万元
☐ 一万至两万元  ☐ 两万元及以上

您的政治面貌是：
☐ 中共党员（含预备党员）  ☐ 共青团员  ☐ 民主党派  ☐ 群众

您平时住在哪个城市？（地址列表）
请选择地址_____省（自治区、直辖市）_____市（州、盟）_____县（市、区、旗）

您所属工作单位的性质是：
☐ 政府部门  ☐ 事业单位  ☐ 国有企业  ☐ 民营企业
☐ 外资企业
☐ 个体商户  ☐ 农民  ☐ 学生  ☐ 无业
☐ 其他_____（请填写）

您的民族是：_____（民族列表）

附：三组实验干预材料（实验组的干预材料会在问卷的【材料一】之后呈现给填写人）

（1）绩效声誉干预组

【材料二】

"一直以来，公共服务效率不高是困扰城市健康发展的一个痼疾。城市大脑利用前沿科技发展的最新成果，对城市数据资源进行整合归集和应用开发,实现了对城市运行、居民生活的全面监测和精准治理,有效提升了城市公共服务的效率和质量。

根据统计,一年多来,A 市基于城市大脑开发的智能政务服务系统,有效提升了城市公共服务的效率和质量,**市民办理各类证照的行政审批时间缩短 90%以上**,原本一个月才能办成的证件,现在只用一天就能办成。

**智能金融服务系统将市民申请小额信贷的时间缩短了 99%**,从信用评估到钱款到账最快只需要 2 分钟。

智能医疗服务系统,实现了线上挂号、线上缴费、轻症与慢性病线上诊疗,以及域内不同医院之间医学影像与医学检验报告互认等功能,**将市民看病的等候时间缩短了 40%,人均门诊费用降低了 30%**。

智能交通服务系统,**将市民寻找、等待停车位的时间缩短了 70%,高峰时段道路通行效率最高提升了 50%**。

智能社区服务系统,实现了对拥有低龄儿童、高龄老人、残障人士家庭的精准服务,**将社区服务响应速度提升了 80%**。"

(2) 程序声誉干预组

【材料二】

"针对社会各界对于个人隐私和数据权保障等问题的关切,近年来,国家密集制定、出台了《**中华人民共和国网络安全法**》《**中华人民共和国个人信息保护法**》《**中华人民共和国数据安全法**》等法律,新颁布的《**中华人民共和**

国民法典》也对公众个人信息权属做了规定。A市为规范城市大脑数据资源的使用，先后制定了《**城市数据共享开放管理办法**》和《**城市大脑赋能城市治理促进条例**》，明确规定：

'各有关单位和个人在采集公众个人信息数据时，必须事先获得公众授权同意。

各有关单位和个人在利用城市大脑平台对于涉及公众个人信息的数据进行整合、共享、开放时，必须进行加密和匿名化等脱敏处理。

任何单位和个人，未经政府有关部门批准，不得擅自利用公众个人信息数据，开展以营利为目的的商业活动。

对于获政府有关部门批准，利用脱敏后的公众个人信息数据进行相关应用服务产品开发的单位和个人，应及时向社会公示所利用数据类型、审批详情、加密与脱敏措施、所获收益及收益分配办法。

任何单位和个人，故意非法窃取、泄露、篡改公众个人信息数据，或因违反相关规定，导致公众个人信息泄露、篡改、丢失的，都将被严肃追究法律责任。'

为了充分保护公众的合法权益，避免公众个人信息数据泄露给公众人身、财产安全和个人隐私带来风险和危害，除了不断强化数据安全保护技术外，城市大脑对相关数据的整合严格遵循了国家和地方有关的法律法规和监管政策，并对相关数据资源的使用权限进行了严格的限制。"

（3）道德声誉干预组

【材料二】

"近年来，随着智能手机、智能手环等设备的大规模普及，相关手机应用软件开发企业积累了大量用户个人信息数据。但由于部分企业对用户数据保护意识不强，以及数据分散分布给政府监管造成较大困难，导致不法分子通过各种途径窃取公众个人信息数据，对公众进行电信网络诈骗的案件频繁发生，社会危害严重。

而受限于专业知识和能力的不足，在面对自身信息数据被肆意采集和滥用的情况时，**人民群众往往不具有与应用软件开发企业讨价还价和保护自身权益的能力，处于极端弱势的地位。**

A 市自建设城市大脑以来，通过整合归集各类社会数据资源，不断强化对异常 App、异常银行账户、异常手机号码、异常转账交易等疑似电信诈骗风险动态的监测侦查能力，开发出的智能反诈识别系统，在过去一年多时间里，**成功实行反欺诈识别 3200 余次，帮助群众挽回潜在损失 791 万元。发现违法违规收集使用个人信息的应用软件近 100 个**，在将相关情况上报国家管理部门后，国家对这些问题应用软件进行了集中整治，有力保护了人民群众的隐私和财产安全。

建设部署城市大脑，借助行政力量，逐步对被不同组织占据的个人信息数据进行收拢整合、集中建库，引导社会各界树立对数据公共性的认知和数据安全保护意识，是政府运用新技术手段，提升对数据要素资源的监管和治理能力、防范数据资源滥采滥用风险、打击电信网络诈骗、保护弱势群众的信息数据权益、维护公共利益的一项伟大尝试。"

# 附录 B 访谈提纲(中央机关)

**调研单位**：清华大学公共管理学院
**调研人员**：魏钰明
**调研目的**：学术研究
**调研主题**：我国智慧城市建设相关情况、各地区城市大脑建设评价
**调研形式**：访谈
**调研提纲**：
1. 能否请您简单介绍一下我国智慧城市建设的背景情况？
2. 您觉得我国各地区智慧城市建设中的亮点主要是什么？
3. 您觉得我国各地区智慧城市建设中存在哪些问题？
4. 您怎么看待最近兴起的城市大脑建设热潮？
5. 您对于各地区未来的智慧城市建设有什么样的期待和建议？

# 附录 C  访谈提纲（地方政府）

调研单位：清华大学公共管理学院
调研人员：魏钰明
调研目的：学术研究
调研主题：本地智慧城市建设和城市大脑建设情况
调研形式：访谈
调研提纲：

## 一、城市大脑概况

1. 本地建设城市大脑的背景是什么？与智慧城市建设有什么关系？
2. 目前本地城市大脑的建设情况如何？
3. 城市大脑当前以及未来应用主要布局在哪些领域？发挥哪些作用？
4. 您觉得在城市大脑建设过程中，本地政府做出了哪些比较有特色的创新举措？
5. 本地大数据局与城市大脑之间的关系是怎样的？
6. 目前，维护城市大脑数据安全的措施有哪些？

## 二、平台搭建主体

1. 政府在城市大脑平台搭建过程中发挥了什么样的作用？
2. 政府各部门的数据是如何收集归拢实现整合的？
3. 城市大脑平台搭建过程中，有哪些企业参与？这些企业分别发挥了什么样的作用？
4. 您觉得在城市大脑建设过程中，政府与参建企业的关系是怎样的？

## 三、宣传工作

1. 目前政府有没有针对本地城市大脑建设布局向民众进行过宣传？
   1.1 如果有，主要是通过什么样的形式进行宣传？
2. 在城市大脑建设布局过程中，是否面向民众进行过相关的民意调查？（比如在数据采集环节，可能会涉及民众知情同意等伦理问题）
   2.1 如果有，居民对城市大脑建设的反响如何？
3. 您觉得当前本地民众是否已经对城市大脑有了一定的感知和认识？

4. 以城市大脑为基础的城市治理范式转型需要时间过渡,面对转型期可能出现的问题,例如民众对城市大脑数据采集的不信任或不适应,政府是否做相应的应对预案和措施?

5. 您觉得应该如何推动民众进一步认识和适应以城市大脑为基础的城市治理新范式?政府在这方面是否做过相应的规划和布局?

6. 就您了解,您知道目前本地是否发生过因为政府数据采集或人脸识别等技术应用而导致的公众抗议等现象吗?

### 四、对政府治理能力的影响

1. 本地城市大脑在政府公共服务方面的应用有哪些?现已开通的应用有哪些?

2. 您觉得城市大脑是否提升了政府部门的行政效率?

3. 您觉得城市大脑是否增加了政府公共服务供给的种类?

4. 您觉得城市大脑布局以后,居民对政府公共服务的满意度是否提升?

5. 您觉得城市大脑布局以后,对于政府内部机构的协同治理产生了什么样的作用?

6. 您觉得城市大脑布局对公务员的工作职责提出了哪些新的要求?

7. 您觉得目前政府部门与城市大脑平台结合过程中存在哪些问题和困难?

8. 您觉得本地能够在全国率先进行城市大脑建设的内部驱动力是什么?

### 五、基层治理与社会互动

1. 城市大脑在基层社区治理层面有哪些应用?发挥了什么样的作用?

2. 作为一个数据中枢,基层民众的个体数据是如何被采集归拢到城市大脑平台中的?

3. 本地城市大脑是否设置了让民众自主进行信息和数据反馈的接口和渠道?(举例:如民众发现某处路灯或窨井盖坏了,可以通过手机上传相关图片、地点等信息,告知市政部门)

    3.1 如果有,目前民众的参与度如何?

4. 您觉得在对民众的个体数据采集过程中,应该如何平衡治理效率和居民隐私保护之间的关系?

5. 目前社会上有一种声音,是要求政府推动实现数据开放,您觉得城市大脑的相关数据能否向社会开放?政府在这方面是否做过相应的规划和布局？

**六、疫情防控与应急管理**

1. 在本次疫情防控中,城市大脑是否发挥了作用？主要体现在哪些方面？

2. 您觉得未来城市大脑在类似于新冠疫情这类突发事件中还可以有哪些作为？

# 附录D 焦点小组讨论提纲

主持人围绕以下问题组织讨论:

**2017年**

1. 您是否了解本地智慧城市建设的有关情况?
2. 您是否听说过本地区围绕信息产业、数字产业设立的经济开发区?
3. 在本地智慧城市建设中,您最关心什么问题?
4. 您觉得政府建设智慧城市最主要的目标是什么?
5. 在过去这些年里,老百姓的呼声和意见建议是否越来越受到政府的重视?
6. 您更愿意相信网络上流传的信息,还是相信政府公开发布的信息?
7. 您是否了解本地正在推进的行政审批制度改革?比如设立行政审批局,一个章解决所有行政审批问题。

**2020年**

1. 您是否了解本地智慧城市建设的有关情况?
2. 您是否听说过本地区围绕信息产业、数字产业设立的经济开发区?
3. 在本地智慧城市建设中,您最关心什么问题?
4. 您觉得政府建设智慧城市最主要的目标是什么?
5. 您是否听说本地政府建设城市大脑?
6. 在过去这些年里,老百姓的呼声和意见建议是否越来越受到政府的重视?
7. 您更愿意相信网络上流传的信息,还是相信政府公开发布的信息?
8. 您觉得最近这些年自己个人的信息数据被滥采滥用的状况严重吗?
9. 如果政府建设城市大脑也需要采集整合您的各种个人信息,您会支持吗?
10. 如果政府要对企业滥采滥用的行为进行整治,把数据收归国有,您支持吗?
11. 请您阅读以下一段材料,谈谈您阅读以后的直观感受(材料即为调查问卷设置的情景模拟表述)

# 附录 E 中央和国家部委智慧城市相关政策

| 时间 | 发布单位 | 文件名称 | 主要内容 |
|---|---|---|---|
| 2011年7月 | 科技部 | 《国家"十二五"科学和技术发展规划》 | 首次明确提出着力发展智慧城市等相关技术,促进信息化带动工业化 |
| 2011年12月 | 国家测绘地理信息局 | 《全国测绘地理信息局长会议文件》 | 指出地理信息技术和地理信息资源对建设智慧城市的重要性,首次提出开展智慧城市试点攻关 |
| 2012年1月 | 国家测绘地理信息局 | 《2012年测绘地理信息工作要点》 | 首次明确提出选取2~3个城市,开展智慧城市建设试点 |
| 2012年2月 | 国家测绘地理信息局 | 《关于加快数字城市建设推广应用工作的通知》 | 提出在已经完成数字城市建设的城市中遴选3个左右开展智慧城市试点 |
| 2012年4月 | 工业和信息化部 | 《软件和信息技术服务业"十二五"发展规划》 | 提出发展一批面向智慧城市的云计算服务示范应用 |
| 2012年6月 | 国务院 | 《关于大力推进信息化发展和切实保障信息安全的若干意见》 | 首次提出推动城市管理信息共享,推广网格化管理模式,引导智慧城市建设健康发展 |
| 2012年11月 | 住房和城乡建设部 | 《国家智慧城市试点暂行管理办法》 | 提出了国家智慧城市试点申报和管理的相关内容 |
| 2012年11月 | 住房和城乡建设部 | 《国家智慧城市(区、镇)试点指标体系(试行)》 | 明确了国家智慧城市试点建设的相关指标要求 |

续表

| 时间 | 发布单位 | 文件名称 | 主要内容 |
|---|---|---|---|
| 2012年12月 | 国家测绘地理信息局 | 《关于开展智慧城市时空信息云平台建设试点工作的通知》 | 提出组织开展智慧城市时空信息云平台建设试点工作 |
| 2013年1月 | 住房和城乡建设部 | 《关于做好国家智慧城市试点工作的通知》 | 确定北京市东城区等37个地级市、50个区县、3个镇，共计90个城市（区县、镇）为国家智慧城市第一批创建试点，明确智慧城市建设任务 |
| 2013年2月 | 国务院 | 《关于推进物联网有序健康发展的指导意见》 | 提出要应用物联网等新一代信息技术建设智慧城市 |
| 2013年5月 | 住房和城乡建设部 | 《关于开展国家智慧城市2013年度试点申报工作的通知》 | 明确了智慧城市试点申报的组织和推荐要求，每省限推荐2个试点 |
| 2013年8月 | 住房和城乡建设部 | 《关于公布2013年度国家智慧城市试点名单的通知》 | 确定北京经济技术开发区等103个城市（区县、镇）为2013年度国家智慧城市试点 |
| 2013年8月 | 国务院 | 《关于促进信息消费扩大内需的若干意见》 | 明确提出要加快智慧城市建设并在有条件的城市开展智慧城市试点示范 |
| 2013年9月 | 工业和信息化部 | 《信息化发展规划》 | 提出要提高城市运行管理的智能化水平，引导智慧城市建设健康发展 |
| 2014年3月 | 中共中央、国务院 | 《国家新型城镇化规划（2014—2020年）》 | 从国家级规划的层面，将绿色城市、智慧城市、人文城市作为新型城市的三项内容 |
| 2014年8月 | 住房和城乡建设部、科技部 | 《关于开展国家智慧城市2014年试点申报工作的通知》 | 进一步细化了智慧城市试点申报和评价的要求与标准 |

续表

| 时间 | 发布单位 | 文件名称 | 主要内容 |
|---|---|---|---|
| 2014年8月 | 国家发改委、工信部、科技部、公安部、财政部、国土部、住建部、交通部等8部委 | 《关于促进智慧城市健康发展的指导意见》 | 明确了我国智慧城市建设目标。提出到2020年，建成一批特色鲜明的智慧城市，聚集和辐射带动作用大幅增强，综合竞争优势明显提高，在保障和改善民生服务、创新社会管理、维护网络安全等方面取得显著成效 |
| 2014年10月 | 国家发改委等25个部门 | 《促进智慧城市健康发展部际协调工作制度及2014—2015年工作方案》 | 明确由国家标准委会同有关部门研究制定智慧城市评价指标体系，加快推进智慧城市建设 |
| 2015年1月 | 国家发改委 | 《关于加快推进低碳城（镇）试点工作的通知》 | 提出要结合各地电子政务、智慧城市建设，鼓励建设信息化智能管理综合平台，实现政务服务、企业生产、居民生活信息集成、共享和应用 |
| 2015年1月 | 国务院 | 《关于促进云计算创新发展培育信息产业新业态的意见》 | 提出要充分发挥云计算、大数据在智慧城市建设中的服务支撑作用 |
| 2015年2月 | 国家标准委、国家发改委、住建部 | 《关于开展新型城镇化标准体系建设工作的指导意见》 | 要求加强智慧城市标准制订、修订工作 |
| 2015年4月 | 住房和城乡建设部、科技部 | 《关于公布国家智慧城市2014年度试点名单的通知》 | 明确了2014年度新增的84个国家智慧城市试点，13个扩大范围试点和41个国家智慧城市专项试点 |
| 2015年5月 | 国家发改委、中央综治办、科技部等 | 《关于加强公共安全视频监控建设联网应用工作的若干意见》 | 提出结合智慧城市和网格化服务管理系统建设，推动公共安全视频监控建设集约化、联网规范化、应用智能化 |

续表

| 时间 | 发布单位 | 文件名称 | 主要内容 |
|---|---|---|---|
| 2015年5月 | 国家测绘地理信息局 | 《关于推进数字城市向智慧城市转型升级有关工作的通知》 | 提出开展向智慧城市时空信息云平台转型升级试点工作 |
| 2015年7月 | 国务院 | 《关于积极推进"互联网＋"行动的指导意见》 | 明确提出要引导智慧城市等领域基础共性标准、关键技术标准的研制及推广 |
| 2015年8月 | 国务院 | 《关于印发促进大数据发展行动纲要的通知》 | 指出要结合信息惠民工程实施和智慧城市建设，推动政务数据共享，提升民生服务 |
| 2015年11月 | 国家标准委 | 《关于下达〈智慧城市评价模型及基础评价指标体系第1部分：总体框架〉等23项国家标准制修订计划的通知》 | 明确了智慧城市国家标准制度与修改计划的相关内容 |
| 2015年11月 | 国家标准委、中央网信办、国家发改委 | 《关于开展智慧城市标准体系和评价指标体系建设及应用实施的指导意见》 | 明确了未来五年智慧城市建设标准制定工作的时间表和工作目标 |
| 2016年2月 | 中共中央、国务院 | 《关于进一步加强城市规划建设管理工作的若干意见》 | 提出到2020年，建成一批特色鲜明的智慧城市，通过智慧城市建设和其他一系列城市规划建设管理措施，不断提高城市运行效率 |
| 2016年3月 | 十二届全国人大四次会议 | 《中华人民共和国国民经济和社会发展第十三个五年规划纲要》 | 提出以基础设施智能化、公共服务便利化、社会治理精细化为重点，充分运用现代信息技术和大数据，建设一批新型示范性智慧城市的任务 |
| 2016年5月 | 住房和城乡建设部 | 《关于开展智慧城市创建工作情况总结的通知》 | 要求对三批智慧城市试点工作进行总结，为推进新型特色智慧城市建设奠定基础 |

续表

| 时间 | 发布单位 | 文件名称 | 主要内容 |
| --- | --- | --- | --- |
| 2016年7月 | 国务院 | 《关于印发"十三五"国家科技创新规划的通知》 | 提出研发智慧城市公共服务一体化运营平台,开展新型智慧城市群的集中应用创新示范 |
| 2016年8月 | 国家发改委、中央网信办 | 《新型智慧城市建设部协调工作组2016—2018年任务分工》 | 明确对未来三年我国智慧城市建设进行了总体部署,对各部门、各领域工作进行了统筹协调 |
| 2016年9月 | 国务院 | 《关于加快推进"互联网＋政务服务"工作的指导意见》 | 提出要分级分类推进新型智慧城市建设,打造透明高效的服务型政府 |
| 2016年11月 | 国家发改委、中央网信办、国家标准委 | 《关于组织开展新型智慧城市评价工作务实推动新型智慧城市健康快速发展的通知》 | 明确了新型智慧城市的定位,要求各地区根据《新型智慧城市评价指标(2016年)》开展建设评价工作 |
| 2016年11月 | 国务院 | 《印发"十三五"国家战略性新兴产业发展规划的通知》 | 将智慧城市建设与应用作为战略性新兴产业的重点应用服务方向 |
| 2016年12月 | 国务院 | 《"十三五"国家信息化规划》 | 到2018年,分级分类建设100个新型示范性智慧城市,到2020年,新型智慧城市建设取得显著成效 |
| 2016年12月 | 国务院办公厅 | 《"互联网＋政务服务"技术体系建设指南》 | 提出要创新应用云计算、大数据、移动互联网等新技术,推动新型智慧城市建设 |
| 2017年5月 | 中央网信办、国家质检总局、国家标准委 | 《"十三五"信息化标准工作指南》 | 明确提出要加快研究制定新型智慧城市相关建设、管理与服务标准体系 |
| 2017年7月 | 国务院 | 《新一代人工智能发展规划》 | 提出构建城市智能化基础设施、城市大数据平台,推进城市运营管理全生命周期智能化 |

续表

| 时间 | 发布单位 | 文件名称 | 主要内容 |
|---|---|---|---|
| 2017年9月 | 国家测绘地理信息局 | 《智慧城市时空大数据与云平台建设技术大纲》（2017版） | 指导各地加快推进智慧城市时空大数据与云平台建设，强化智慧城市基础设施支撑 |
| 2017年11月 | 国家测绘地理信息局 | 《关于加快推进智慧城市时空大数据与云平台建设试点工作的通知》 | 明确了智慧城市时空信息云平台建设试点数量和进一步推进相关工作的要求 |
| 2017年12月 | 中央网信办、国家发改委等五部委 | 《关于开展国家电子政务综合试点的通知》 | 确定在基础条件较好的省（自治区、直辖市），开展为期两年的国家电子政务综合试点 |
| 2018年5月 | 国家互联网信息办公室 | 《数字中国建设发展报告（2017年）》 | 首次由国家互联网信息办公室发布中国数字化建设成就及新型智慧城市分级分类推进建设成就 |
| 2018年10月 | 国家市场监督管理总局、国家标准委 | 《关于批准发布〈智慧城市信息技术运营指南〉等23项国家标准和46项国家标准外文版的公告》 | 批准发布了六项智慧城市相关标准 |
| 2019年1月 | 国家标准委 | 《关于发布〈新型城镇化标准化试点项目管理办法（试行）〉的公告》 | 明确了智慧城市领域新型城镇化标准化试点项目范围 |
| 2019年1月 | 自然资源部 | 《智慧城市时空大数据与云平台建设技术大纲》（2019版） | 指出智慧城市建设是建设智慧社会的重要组成部分，时空大数据平台是智慧城市建设与运行的基础支撑，要求进一步推进智慧城市时空大数据与云平台建设 |

续表

| 时间 | 发布单位 | 文件名称 | 主要内容 |
| --- | --- | --- | --- |
| 2019年3月 | 国家发改委 | 《2019年新型城镇化建设重点任务》 | 提出优化提升新型智慧城市建设评价工作,指导地级以上城市整合建成数字化城市管理平台 |
| 2019年12月 | 住房和城乡建设部 | 《关于成立部科学技术委员会智慧城市专业委员会的通知》 | 组织建立了住房和城乡建设部科学技术委员会智慧城市专业委员会,明确了专职能和人员。 |
| 2020年4月 | 国家发改委 | 《关于印发〈2020年新型城镇化建设和城乡融合发展重点任务〉的通知》 | 提出实施新型智慧城市行动 |
| 2020年7月 | 国家发展改革委办公厅 | 《关于加快落实新型城镇化建设补短板强弱项工作 有序推进县城智慧化改造的通知》 | 提出有序引导各地区因地制宜推进县城智慧化改造 |
| 2020年9月 | 国家互联网信息办公室 | 《数字中国建设发展进程报告(2019年)》 | 阐述了新型智慧城市分级分类推进,省级智慧城市辐射带动作用提升,智慧城市群建设创新等态势 |
| 2020年11月 | 住建部、国家发改委、民政部 | 《关于推动物业服务企业发展居家社区养老服务的意见》 | 明确提出物业服务企业对接智慧城市和智慧社区数据系统 |
| 2020年12月 | 工业互联网专项工作组 | 《关于印发〈工业互联网创新发展行动计划(2021—2023年)〉的通知》 | 提出在智慧城市等领域加强工业互联网规模化应用,形成智慧城市融通生态 |
| 2021年3月 | 十三届全国人大四次会议 | 《中华人民共和国国民经济和社会发展第十四个五年规划和2035年远景目标纲要》 | 提出以数字化助推城乡发展和治理模式创新,分级分类推进新型智慧城市建设 |

续表

| 时间 | 发布单位 | 文件名称 | 主要内容 |
|---|---|---|---|
| 2021年3月 | 国家发改委、中央网信办、教育部 | 《关于印发〈加快培育新型消费实施方案〉的通知》 | 提出推进新型城市基础设施建设,完善智慧城市领域标准体系,建设智慧城市时空大数据平台,协同发展智慧城市与智能网联汽车 |
| 2021年4月 | 国家发改委 | 《关于印发〈2021年新型城镇化和城乡融合发展重点任务〉的通知》 | 重点阐述了建设新型智慧城市,拓展丰富智慧城市应用场景 |
| 2021年4月 | 住建部、工信部 | 《关于确定智慧城市基础设施与智能网联汽车协同发展第一批试点城市的通知》 | 明确了第一批6个智慧城市基础设施与智能网联汽车协同发展试点城市 |
| 2021年7月 | 工信部、中央网信办、国家发改委 | 《关于印发〈5G应用"扬帆"行动计划（2021—2023年）〉的通知》 | 将5G＋智慧城市列为重点领域 |
| 2021年7月 | 中央网信办、国家发改委、工信部 | 《关于加快推进互联网协议第六版(IPv6)规模部署和应用工作的通知》 | 提出智慧城市、智慧安防等公共物联网终端同步支持IPv6,推动政务数据中心、政务云平台、智慧城市平台IPv6改造 |
| 2021年7月 | 国家互联网信息办公室 | 《数字中国发展报告(2020年)》 | 阐述了我国新型智慧城市建设向纵深推进新型智慧城市建设的着力点向县域和社区延伸 |
| 2021年9月 | 工信部、中央网信办、科技部 | 《关于印发〈物联网新型基础设施建设三年行动计划（2021—2023年）〉的通知》 | 提出在智慧城市等重点领域,加快部署感知终端、网络和平台,并在社会治理建设指引专栏阐述智慧城市建设要求 |
| 2021年10月 | 中共中央 国务院 | 《国家标准化发展纲要》 | 提出推动新型城镇化标准化建设,健全智慧城市标准 |

续表

| 时间 | 发布单位 | 文件名称 | 主要内容 |
| --- | --- | --- | --- |
| 2021年10月 | 中国残联、住建部、中央网信办 | 《关于印发无障碍环境建设"十四五"实施方案的通知》 | 将信息无障碍作为新型智慧城市、数字乡村建设的重要组成部分，纳入文明城市、新型智慧城市评比指标 |
| 2021年12月 | 住建部、工信部 | 《关于确定智慧城市基础设施与智能网联汽车协同发展第二批试点城市的通知》 | 明确第二批10个智慧城市基础设施与智能网联汽车协同发展试点城市 |
| 2021年12月 | 国务院 | 《关于印发"十四五"数字经济发展规划的通知》 | 以专栏形式阐述新型智慧城市和数字乡村建设工程相关要求 |
| 2022年4月 | 自然资源部办公厅 | 《关于全面推进实景三维中国建设的通知》 | 提出为智慧城市时空大数据平台等提供实景三维数据支撑 |
| 2022年5月 | 民政部、中央政法委、中央网信办 | 《关于深入推进智慧社区建设的意见》 | 提出按照智慧城市和现代社区的发展要求建设智慧社区 |
| 2022年7月 | 市场监管总局等16部门 | 《关于印发贯彻实施〈国家标准化发展纲要〉行动计划的通知》 | 提出完善智慧城市、城市可持续发展等重点领域标准体系 |
| 2022年7月 | 国家互联网信息办公室 | 《数字中国发展报告（2021年）》 | 阐述了我国智慧城市整体"智治"的新态势 |
| 2022年10月 | 国务院 | 《关于数字经济发展情况的报告》 | 指出我国新型智慧城市建设取得积极进展，提出下一步统筹推进智慧城市和数字乡村融合发展 |
| 2022年10月 | 工信部、教育部、文旅部、广播电视总局、体育总局 | 《关于印发〈虚拟现实与行业应用融合发展行动计划（2022—2026年）〉的通知》 | 提出虚拟现实+智慧城市、智慧城市领域"VR/AR智慧商圈"工程 |

续表

| 时间 | 发布单位 | 文件名称 | 主要内容 |
|---|---|---|---|
| 2022年12月 | 中共中央 国务院 | 《关于构建数据基础制度更好发挥数据要素作用的意见》 | 提出在智慧城市等重点领域培育数据要素流通和交易服务生态 |

资料来源：笔者根据清华大学政府文献中心政策文献数据库检索整理制作，根据近期政策发布情况已作补充更新。

# 附录 F  智慧城市相关国家标准清单

| 序号 | 标准号/立项号(状态) | 标准名称 | 归口单位 |
|---|---|---|---|
| 1 | GB/T 33356—2016(已发布) | 新型智慧城市评价指标 | 信标委[1] |
| 2 | GB/T 34678—2017(已发布) | 智慧城市技术参考模型 | 信标委 |
| 3 | GB/T 34680.1—2017(已发布) | 智慧城市评价模型及基础评价指标体系 第1部分：总体框架及分项评价指标制定的要求 | 信标委 |
| 4 | GB/T 34680.3—2017(已发布) | 智慧城市评价模型及基础评价指标体系 第3部分：信息资源 | 信标委 |
| 5 | GB/T 35775—2017(已发布) | 智慧城市时空信息技术设施 评价指标体系 | 自然资源部(测绘地理) |
| 6 | GB/T 35776—2017(已发布) | 智慧城市时空信息技术设施 基本规定 | 自然资源部(测绘地理) |
| 7 | GB/T 34680.4—2018(已发布) | 智慧城市评价模型及基础评价指标体系 第4部分：建设管理 | 智标委[2] |
| 8 | GB/T 36332—2018(已发布) | 智慧城市 领域知识模型、核心概念模型 | 信标委 |
| 9 | GB/T 36333—2018(已发布) | 智慧城市 顶层设计指南 | 信标委 |
| 10 | GB/T 36334—2018(已发布) | 智慧城市 软件服务预算管理规范 | 信标委 |
| 11 | GB/T 36445—2018(已发布) | 智慧城市 SOA标准应用指南 | 信标委 |
| 12 | GB/T 36620—2018(已发布) | 面向智慧城市的物联网技术应用指南 | 信标委 |

[1] 全国信息技术标准化技术委员会(SAC/TC28,简称"信标委")。
[2] 全国智能建筑及居住区数字化标准化技术委员会(SAC/TC426,简称"智标委")。

续表

| 序号 | 标准号/立项号(状态) | 标准名称 | 归口单位 |
|---|---|---|---|
| 13 | GB/T 36621—2018(已发布) | 智慧城市 信息技术运营指南 | 信标委 |
| 14 | GB/T 36622.1—2018(已发布) | 智慧城市 公共信息服务支撑平台 第1部分:总体要求 | 信标委 |
| 15 | GB/T 36622.2—2018(已发布) | 智慧城市 公共信息服务支撑平台 第2部分:目录管理与服务要求 | 信标委 |
| 16 | GB/T 36622.3—2018(已发布) | 智慧城市 公共信息服务支撑平台 第3部分:测试要求 | 信标委 |
| 17 | GB/T 36625.1—2018(已发布) | 智慧城市 数据融合第1部分:概念模型 | 信标委 |
| 18 | GB/T 36625.2—2018(已发布) | 智慧城市 数据融合第2部分:数据编码规范 | 信标委 |
| 19 | GB/T 37043—2018(已发布) | 智慧城市 术语 | 信标委 |
| 20 | GB/T 36625.5—2019(已发布) | 智慧城市 数据融合第5部分:市政基础设施数据元素 | 信标委 |
| 21 | GB/T 37971—2019(已发布) | 信息安全技术 智慧城市安全体系框架 | 信安标委[①] |
| 22 | GB/T 38237—2019(已发布) | 智慧城市 建筑及居住区综合服务平台通用技术要求 | 智标委 |
| 23 | GB/Z 38649—2020(已发布) | 信息安全技术 智慧城市建设信息安全保障指南 | 信安标委 |
| 24 | GB/T 39465—2020(已发布) | 城市智慧卡互联互通 充值数据接口 | 智标委 |
| 25 | GB/T 34680.2—2021(已发布) | 智慧城市评价模型及基础评价指标体系 第2部分:信息基础设施 | 通标委[②] |
| 26 | GB/T 36625.3—2021(已发布) | 智慧城市 数据融合 第3部分:数据采集规范 | 通标委 |
| 27 | GB/T 36625.4—2021(已发布) | 智慧城市 数据融合 第4部分:开放共享要求 | 通标委 |
| 28 | GB/T 40028.2—2021(已发布) | 智慧城市 智慧医疗 第2部分:移动健康 | 通标委 |

① 全国信息安全标准化技术委员会(SAC/TC260,简称"信安标委")。
② 全国通信标准化技术委员会(SAC/TC485,简称"通标委")。

续表

| 序号 | 标准号/立项号(状态) | 标准名称 | 归口单位 |
| --- | --- | --- | --- |
| 29 | GB/T 40656.1—2021(已发布) | 智慧城市 运营中心 第1部分：总体要求 | 通标委 |
| 30 | GB/T 40689—2021(已发布) | 智慧城市 设备联接管理与服务平台技术要求 | 信标委 |
| 31 | GB/T 40994—2021(已发布) | 智慧城市 智慧多功能杆 服务功能与运行管理规范 | 城市公共设施服务标委① |
| 32 | GB/T 41150—2021(已发布) | 城市和社区可持续发展 可持续城市建立智慧城市运行模型指南 | 城市可持续发展标委② |
| 33 | GB/T 34680.5—2022(已发布) | 智慧城市评价模型及基础评价指标体系 第5部分：交通 | 信标委 |
| 34 | GB/T 33356—2022(已发布) | 新型智慧城市评价指标 | 信标委 |
| 35 | GB/Z 42192—2022(已发布) | 智慧城市基础设施 绩效评价的原则和要求 | 城市可持续发展标委 |
| 36 | GB/T 42420—2023(已发布) | 智慧城市基础设施 突发公共卫生事件居住社区基础设施数据获取和报送规范 | 城市可持续发展标委 |
| 37 | GB/T 42442.1—2023(已发布) | 智慧城市 智慧停车 第1部分：总体要求 | 信标委 |
| 38 | GB/T 42455.1—2023(已发布) | 智慧城市 建筑及居住区 第1部分：智慧社区信息系统技术要求 | 智标委 |
| 39 | GB/T 42458—2023(已发布) | 智慧城市 突发公共卫生事件数据有效利用评估指南 | 信标委 |
| 40 | 20150021-T-339(在审) | 公众电信网增强智慧城市管理系统总体技术要求 | 通标委 |
| 41 | 20152348-T-339(在研) | 智慧城市 跨系统信息交互第1部分：总体框架 | 通标委 |
| 42 | 20152347-T-339(在研) | 智慧城市 跨系统信息交互第二2部分：技术要求及测试规范 | 通标委 |
| 43 | 20152345-T-339(在研) | 智慧城市 跨系统信息机交互第3部分：接口协议及测试规范 | 通标委 |

① 全国城市公共设施服务标准化技术委员会(SAC/TC537,简称"城市公共设施服务标委")。
② 全国城市可持续发展标准化技术委员会(SAC/TC567,简称"城市可持续发展标委")。

续表

| 序号 | 标准号/立项号(状态) | 标准名称 | 归口单位 |
| --- | --- | --- | --- |
| 44 | 20161920-T-469(在研) | 智慧城市 智慧医疗 第1部分：框架及总体要求 | 国家卫健委 |
| 45 | 20210852-T-469(在批) | 城市和社区可持续发展 智慧可持续城市成熟度模型 | 城市可持续发展标委 |
| 46 | 20210854-T-469(在批) | 城市和社区可持续发展 智慧城市运行模型 应对突发公共卫生事件的指南 | 城市可持续发展标委 |
| 47 | 20213294-T-469（征求意见） | 智慧城市 成熟度模型 | 信标委 |
| 48 | 20213293-T-469(在批) | 智慧城市 人工智能技术应用场景分类指南 | 信标委 |
| 49 | 20213295-T-469（征求意见） | 智慧城市 城市智能服务体系构建指南 | 信标委 |
| 50 | 20213305-T-469(在批) | 智慧城市 感知终端应用指南 | 信标委 |
| 51 | 20213306-T-469(在审) | 智慧城市 城市运行指标体系 总体框架 | 信标委 |
| 52 | 20213309-T-469（征求意见） | 智慧城市 用于公众信息服务的终端总体要求 | 信标委 |
| 52 | 20213390-T-469(在批) | 智慧城市基础设施 评估和改善成熟度模型 | 城市可持续发展标委 |
| 54 | 20213549-T-333（征求意见） | 智慧城市 建筑及居住区 第2部分：智慧社区评价 | 智标委 |
| 55 | 20214278-T-469（征求意见） | 智慧城市 公共卫生事件应急管理平台通用要求 | 信标委 |
| 56 | 20214281-T-469(在审) | 智慧城市 智慧停车 第3部分：平台技术要求 | 信标委 |
| 57 | 20214284-T-469（征求意见） | 智慧城市 智慧停车 第2部分：数据要求 | 信标委 |
| 58 | 20214353-T-469（征求意见） | 智慧城市 智慧多功能杆 系统总体要求 | 信标委 |
| 59 | 20214492-T-469（征求意见） | 智慧城市 城市运行指标体系 智能基础设施 | 信标委 |
| 60 | 20214992-T-312(在审) | 智慧城市服务体验感知评价通则 公共安全信息应用 | 公安部 |

续表

| 序号 | 标准号/立项号（状态） | 标准名称 | 归口单位 |
|---|---|---|---|
| 61 | 20220115-T-469（在研） | 智慧城市 基础设施——电力基础设施——火电站基础设施质量评价方法和运营维护要求 | 城市可持续发展标委 |
| 62 | 20220117-T-469（在审） | 智慧城市 基础设施-智慧城市基础设施数据交换与共享指南 | 城市可持续发展标委 |
| 63 | 20220768-T-469（在研） | 智慧城市 评价模型及基础评价指标体系 第6部分：公共服务 | 信标委 |
| 64 | 20220778-T-469（在研） | 智慧城市 城市智能中枢参考架构 | 信标委 |
| 65 | 20220896-T-469（在研） | 智慧城市 城市交通基础设施智能监测技术要求 | 信标委 |
| 66 | 20221355-T-469（在研） | 智慧城市 知识可信赖评估 第1部分：框架 | 信标委 |
| 67 | 20221459-T-469（在研） | 智慧城市 对象标识系统总体要求 | 信标委 |
| 68 | 20221808-T-469（在研） | 智慧城市 城市数字孪生 第1部分：技术参考架构 | 信标委 |
| 69 | 20221946-T-333（在研） | 智慧城市 市政基础设施 燃气系统通用要求 | 住房和城乡建设部 |

资料来源：作者基于"全国标准信息公共服务平台"（https://std.samr.gov.cn/）检索整理制作，根据近期国家标准及国家标准计划发布情况已作补充更新。

# 后　记

　　本书开篇引用了英国著名学者、科学学的奠基人贝尔纳（John Desmond Bernal）在其著作《科学的社会功能》中的一句话："科学技术的发展本身既为我们揭开了改善人类生活的前景，也为我们开辟了毁灭人类的可能性。"科学技术的双刃剑效应是人类历史上经久不衰的经典议题。如今，随着第四次科技革命的到来，科学技术的使能作用进一步增强，社会各界对于科学技术负面影响的忧虑也进一步放大。

　　但科学技术是中立的，以什么样的方式、目的运用科学技术，取决于人类社会自身的选择。在利益多元化的今天，如何推动科技向善，避免科技作恶，是所有研究者共同面临的重要议题。我的导师苏竣教授，长期深耕公共科技政策研究，为促进科技创新成果更好地服务于人类福祉付出了大量心血和努力。从2015年跟随苏老师攻读博士学位起，我也在苏老师的引领和指导下，持续关注"科学技术的社会影响"这个大问题。我在研究中尝试从公共政策及其背后的制定者与目标群体——公众——之间的互动规律来探讨这个问题：在微观层面，辨析科学技术引致社会变革中政府与公众的行为特征与影响因素；在宏观层面，探索科学技术发展路径优化与公众价值信念引导的有效治理方案。

　　2018年，在学校、学院和苏老师的共同支持下，我非常荣幸地被选派前往美国哈佛大学肯尼迪政府学院开展为期一年的联合培养和访问学习，继续深化我的研究。彼时，正值中美贸易战开打，全球最大的发达国家与发展中国家科技竞争和价值观冲突的加剧，使得很多专家学者都对两国关系、世界局势以及未来科技与社会发展的走向，抱以深深的忧虑。得益于肯尼迪政府学院优渥的学术资源和环境，我也有幸与前美国总统科技顾问约翰·霍尔德伦（John Holdren）、美国国防部前部长艾什·卡特（Ash Carter）、我所在的艾什民主治理与创新中心主任安东尼·赛奇（Anthony Saich）等知名专家学者和来自多个国家的学生、研究人员就这些问题进行了交流。尽管在立场上存在一些差异，但与他们的交流给我的研究带来了深刻启发。我逐渐认识到，我们正身处一个剧烈变化的时代，国与国、人与人之间利益、价值观乃至文化信仰的波动、转变都呈现出愈演愈烈的趋势,当中的分歧与矛盾正变得越来越难以调和。在此背景下,想要让科学技术更具人文温度、更有益于人类社会的良性发展,不但要通过借鉴历史经验、分析过去的数据来为当下提供政策启示,更要关注正在发生的变革,准确观测、记录处于变局中的个人、组织的实时反馈,这些信息和数据,对科学研究的开展和治理政策的制定都极具现实意义。

对微观个体实时动态的关注和变化情况的测量是社会科学研究的长项。然而,在人类社会发生系统化变革的当口,层出不穷的颠覆性科技创新,不断爆发的"灰犀牛"和"黑天鹅"事件,已经耗散了大部分社会注意力,对个体的关注反而滞后和弱化了。基于这样一种共识性认知,苏老师带领我们和来自清华大学、北京大学、浙江大学、中国人民大学等高校的专家学者一起,率先提出了"开展人工智能社会实验,探索智能社会治理中国道路"的倡议,主张通过开展长周期、宽领域、多学科交叉的社会实验,借助科学循证的手段记录、测量和研究在人工智能等颠覆性新兴科技应用推动社会数字化智能化转型过程中,微观个体发生的动态变化及其对新技术、新举措的评价反馈。这一倡议获得了社会各界的认同,并很快变成一项国家行动。而我也在对人工智能社会实验工作的实践探索中,选定以公众对政府运用城市大脑开展智能治理实践的认同作为我博士论文的研究选题,撰写了我的博士论文,并在反复修改之后,最终形成了这本书稿。

对于一项博士论文研究来说,选择一个新兴领域并围绕其中正在发生的动态变化开展研究是颇为冒险的。新兴领域往往带有巨大的不确定性,这种不确定性经常会给研究的问题提出、数据采集、结论形成等每一个环节造成致命威胁。在我撰写博士论文期间,这种不确定性也给我带来了很多折磨与困扰。在研究刚开始时,由于全国各地城市大脑建设和智能治理实践刚刚起步,可供观测的应用场景极为有限,我曾深感无处下手。研究开展过程中,我也曾因为公众对城市大脑的认识和感知不够深入,数据采集工作进展缓慢而陷入自我怀疑,倍感焦虑。甚至在最后论文答辩的现场,评审专家们还针对我研究中提及的"公众隐私意识"这个变量是否会随时间推移而变化展开了激烈讨论。好在经过与苏老师和其他专家学者的探讨沟通,以及前后多轮次的实地调研访谈、资料收集,我得以一路披荆斩棘,对研究进行丰富和完善。

令我感到欣慰的是,虽然受限于时间因素影响,本书的研究内容只能为大家展现出智能治理与公众认同变化动态的一个截面,但是它依然较为科学地反映了现阶段公众对于政府利用智能技术开展治理创新实践的真实认知。其中对于城市大脑社会合法性形成机制的实证分析,也为回应西方社会一些无端的指责提供了有力证据。我本人也在浩如烟海的文献追索中,在对受访人嬉笑怒骂的记录中,察觉到研究的可爱与可贵之处,坚定了我继续从事学术科研工作,把这项研究深入推进下去的决心。

在本书即将付梓之际,我要深深感谢我的导师苏竣教授。大鱼前导,小鱼随行,在过去七年的言传身教中,苏老师一心为国为民的责任感、严谨的治学态度、宽广的胸怀、平和的风范、渊博的学识,为我树立了人生的榜样。读博期间,无论是学术研究还是日常生活,苏老师都给予了我莫大的关心与帮助。我的博士研究,从研究选题到理论对话,从实证调研到数据分析,从结论提炼到最终成稿,都是在苏老师的一次次指导和建议下逐步得到升华。读博的前几年,我的母亲不幸罹患癌症,突如其来的打击,犹如晴天霹雳,让我一度跌进绝望的谷底。也是在苏老师的鼓励和支持下,我得以同时兼顾学业与照顾母亲的责任,陪伴母亲走过她最后的时光。2020年年初,在我博士论文研究的攻坚阶段,突如其来的新冠疫情,又让作为湖北人的我饱尝居家之苦。还是得益于苏老师的教导与宽心,我最终安定心神,克服困难,把研究扎实地向前推进。明师之恩,诚为过于天地,重于父母多矣!苏老师的教诲与关爱对我有再造之功,我将铭记于心,感激终身!

感谢清华大学公共管理学院以及本科就读的北京大学政府管理学院为我传道授业的每位老师!我性格腼腆,总是不好意思跟老师们交流。但在我求知求助时,每位老师都无比慷慨、耐心地为我答疑解惑,排忧解难,让我如沐春风。特别感谢参与我博士论文开题报告、中期审查、预答辩、评审、答辩等环节并给予宝贵指导意见的老师们!

感谢在清华大学智能社会治理研究院和科教政策研究中心的大家庭里一路陪伴我、指导我、关心我、帮助我,每当我遭遇困顿和挫折时,都在第一时间给我坚强支撑的黄萃老师、汝鹏老师、孟祥利老师、刘运辉老师及郭跃、谢其军、张芳、陈晓红、徐磊、李彰、任弢、舒全峰、夏迪、廉威等各位同门的兄弟姐妹,还有在清华大学公共管理学院博15班同甘共苦的全体同窗好友和在我游走于全国各地开展实证调研时每一位曾给予我教导、关心、帮助的人,你们是我成长之路上的阳光与力量。

感谢在我读博期间曾经与我一道跋山涉水,探求世界之美妙,给予我宽慰与欢乐的小伙伴申良和、王帅帅、黎泉、何邦振、丁度源、曾晓枫、雷雨佳、袁旦、陈舒萍等好友。还有不善言辞,但给予我最真切关心的挚友曾罂婧、愿你在天堂依然幸福快乐。

感谢我的妻子贾梦妍,在我修改书稿过程中陪伴左右,给予我无微不至的照顾,帮助我克服因新冠疫情被封控在家时的种种焦虑与不安,使我能够积极平和地专注于书稿完善。感谢我的父亲,用他的行动,教会了我如何做一个孝顺的儿子,一个称职的丈夫,一个卓越的父亲,一个优秀的男人。感谢我的阿姨,在我父亲最痛苦的时候,出现在他的生命里,让他获得新的希望,让我得以安心前行。

感谢我的母亲黄清华女士。她把自己短暂的49年生命,拿出一半,毫无保留地奉献给了我,让我18岁之前的每个一日三餐都有她的陪伴,让我成为最幸福的儿童与少年。我无私的母亲,直到生命的最后一刻,最放不下的依然是怕我承受不住她离开人世的打击。在她离开的四年里,每个本该家人团聚的节日夜晚,她都要走进我孤独的梦中与我做伴,从未缺席。

我还要感谢坚强的自己。面对接连失去至亲与挚友的沉重打击,学会了把回忆深埋心底,领悟到亲情友情的珍贵,而不再畏惧会被人生不可避免的波澜、别离击溃。面对生活的重重重压,始终给自己留出一部分思考与行动的空间,让自己体验到活出自我的可贵,亦不会畏惧在未来的日子里随波逐流,丢掉坚持而泯然众人矣。

这本由博士论文修改而成的书是我人生中的第一本学术专著,我要衷心感谢清华大学研究生院和清华大学出版社联合组织的"清华大学优秀博士学位论文丛书"出版项目对我出版此书的支持。由于缺乏经验,在书稿修订与出版过程中,我也曾多次求教于清华大学出版社的责任编辑商成果老师。商老师始终耐心细致地帮我解决问题,为本书的质量把关,让我深受感动。在此,我也要向她表示诚挚的感谢。

读博期间,学院老师经常教导我们,要努力做"顶天立地"的研究,既要对前沿理论有所创新,也要为一线实践带来启发。作为一个初出茅庐的青年学者,我深知自己的知识积累和思想深度十分有限。面对人类社会智能化转型的宏大背景,这项博士阶段的研究,离"顶天立地"的目标还有很大差距。书中对于许多问题的思考还不够深入,一些更深层次的问题仍有待在后续的研究中加以补充、回应和解决。敬请广大读者海涵并不吝赐教。

在我对书稿进行最后修改和完善的这几天,新冠疫情再度席卷北京,我也又一次居家。尽管持续蔓延的新冠肺炎疫情、新冒出头的猴痘疫情,以及此起彼伏的地区冲突和国际争端,使得世界局势乌云密布,搅得每个人心里不得安宁,但我却在对本书所讨论的"社会合法性何以形成"这一问题的进一步思考中寻获了光明。我的脑海里连续浮现出我在2019年10月中美贸易战放缓之际、2020年6月抗击新冠疫情"武汉保卫战"胜利之初的两个时间段,前往全国各地调研时所遇到的每位受访人那充盈着信心、干劲和希望的眼神,这一个个眼神都在不停地告诉我:坚信人类能够用坚韧和智慧突破现实的阻碍与困难,迎来更加美好的明天。

魏钰明

2022年5月于清华园